# 跨年級教學的實踐與眺望

## 小校教學創新

洪儷瑜、陳聖謨　主編

洪儷瑜、梁雲霞、林素貞、張倫睿、李佩臻、陳金山
洪千惠、洪文芬、詹翠文、余威杰、陳文正、劉俊億
陳淑卿、乃瑞春、何佩容、羅廷瑛、簡瑋成、蕭莉雯
常本照樹、許恆禎、葉珍玲、林忻叡　著

# 主編序

## 站在先行者的肩膀、眺望更寬廣的未來

　　人類曾經以為小孩就是大人的縮小版，一直到發展心理學研究不同階段兒童的身心理特徵，才揭開小孩與大人的差異不僅在數量、尺寸上，二者在特徵、發展歷程和關鍵因素的差異逐漸被發現，因此慢慢出現不同階段適性的營養、學習目標和教育方法。同理，學校的大小以及所處社區環境的差異，是否僅是經費、員額、課程設計數量的差異而已？到底其編制、運作和學生對教育的需求是否也有質的差異？如何讓學生在偏鄉小校所受的教育品質得到保障，應該是國家教育的目標。我國已在2017年公布《偏遠地區學校教育發展條例》，此法令確實為偏鄉小校的經營增加不少彈性和資源，但小校在此條件下發展適合自己的特色，確實是下一步的努力目標。

　　教育部國民及學前教育署在2014年開始委託相關單位研究混齡教學的相關法令和推動條件，也在同年9月委託本人主持研發混齡教學的專業培訓課程和推動之機制。基於考慮國內未來推動的可行性，本專案特採用聯合國教科文組織（UNESCO）推薦的「跨年級教學」一詞，做為推動相關的培訓和建立專業資源的基礎，期待提醒國人思考「混齡」一詞的適切性[1]。另外，基於考慮推動初期的經驗是國內接受此教學法最原始的狀況，不論是成效、困難和問題都是未來推動工作參考的資源，因此本專案團隊決定邀請參與的研究同仁、學校、教師，利用學術研究方

---

[1] 有關跨年級教學的部分，可參考本專案之網站 https://sites.google.com/site/multigradent-nu/，或是教育部國民及學前教育署委託國立臺北教育大學設立的 CIRN 國民中小學課程與教學資源整合平臺網站（https://cirn.moe.edu.tw/Module/index.aspx?sid=1102）的相關資訊和影片。

式整理這個階段的實踐成果並在研討會發表。本專案也於 2017 年和國家教育研究院教育制度與政策中心合辦「偏鄉學校教育與教學創新國際研討會」，結合本專案之成果和該中心近年來進行偏鄉教育相關研究透過研討會發表，並徵求相關論文投稿，同時邀請發表者投稿、匿名審查、修改，最後獲得本書的 13 篇文章成冊出版。

　　本書主要分為兩個部分。第一部分「實踐之路」主要是國內實施的經驗，共有八章，其中前六章都是 104、105 學年度參與本人主持的跨年級教學推動相關專案「國民小學實施跨年級教學方案試辦計畫」和「國民小學實施跨年級教學方案推動與輔導計畫」之參與同仁或學校所發表的。前兩章的資料來自參與學校的全面狀況：第一章「跨年級教學在臺灣推動之初期現況與問題探討」，由第一階段團隊針對 103～104 學年度的整體實施現況和問題；第二章「跨年級教學教師之備課歷程探究」，由團隊輔導校長陳金山針對本專案參與學校在備課的實施和困難上所進行的研究成果。

　　接著的四章以個別學校為對象：第三章「在質變中尋求蛻變之路：一所村落小校實施跨年級教學之行動研究」，由洪千惠等人分享該校實施的行動研究，包括：躍入、澄清、浸潤、探究等四個階段；第四章「一所偏鄉國小推動跨年級教學之研究」，由陳文正等人探討校內推動的歷程，包括實施的原因、關鍵因素、成果和挑戰；第五章「一枝草，一點露：偏鄉小校個別學習計畫之建構與應用」，由陳淑卿等人在打破班級實施跨年級教學之際，因需求而發展出個別化學習計畫之行動研究；第六章「先行者的故事：跨年級教學在偏鄉小學的實踐歷程」，由本人和擅長報導寫作的何佩容以實際參與者的敘事方式，描繪校內主要角色在校推動跨年級教學的實踐歷程。期待透過不同層次的圖像，從所有的參與學校到單一學校，再到實際參與的人員等三種不同向度做不同形式的探討，以個案、行動和主題的研究，企圖為國內小校推動跨年級教學留下完整的初期資料。

第一部分的最後兩章是其他主題在小校實施的成果，係來自「偏鄉學校教育與教學創新國際研討會」的發表論文，包括：羅廷瑛的第七章「數學奠基活動模組實施國小學生跨年級教學之個案研究」，以及簡瑋成的第八章「翻轉教室應用於跨年級教學之理念與策略」，也是值得小校創新教學參考。

　　第二部分「他山之石」共有五章，主要是「偏鄉學校教育與教學創新國際研討會」專題演講稿，首先感謝北海道大學常本照樹教授同意授權翻譯出版；另邀請幾位學生和同仁協助分享他們熟悉國家的相關經驗：蕭莉雯介紹日本的複式學級，葉珍玲介紹法國和加拿大法語區實施跨年級教學的經驗，還有居住在德國的林忻叡報導布蘭登堡邦之實施經驗。最後則是由專案共同主持人臺北市立大學梁雲霞教授和其他專案同仁，將 2018 年專案組團訪問鹿兒島小校實施複式教學的觀課紀錄進行詮釋與反思，說明日本如何讓小校不因人數少而影響教育品質[2]。這五章所分享的他國經驗，包括：政策、法規、運作資源和教學實例等不同面向，期待讓國人更了解維護小校品質所需要的努力和可能的方針。

　　凡走過必留下痕跡，臺灣想翻轉小校品質之歷程中所做的努力也是如此，實踐研究可以讓經驗更為淬鍊、更有脈絡和理論的對照，而出版可讓實踐的經驗長久和寬廣的流傳。如果我們希望人口不要過度集中、國土不要過度開發、能保留不同居住環境供國人選擇[3]，小校的保留與創新不應僅是小校校長、師生的問題，應該是國人須共同面對的。期待本書的分享提供國人對小校問題的思維更加多元，也更有創新之解。

　　本書之出版感謝長期鑽研小校教學的嘉義大學陳聖謨教授共同擔任主編工作，協助文章的審查與編輯，更感謝支援稿件的同仁和學生們，

---

2 日本鹿兒島複式教學實例可參考本專案網站之下載區「鹿兒島小校辦學海外參訪實錄」https://sites.google.com/site/multigradentnu/xia-zai-zhuan-qu? authuser=0

3 係由「偏鄉學校教育與教學創新國際研討會」專題演講的芬蘭學者 Eeva Kaisa Hyry-Beihammer 所提出的小校教學創新之價值。

尤其是國家教育研究院的助理研究員宋峻杰博士協助取得常本照樹教授的授權同意和翻譯。專案助理張倫睿和賴俐婷協助徵文和審查過程的所有事務，以及心理出版社林敬堯總編輯概允協助出版，心理出版社專業編輯的支援和校對審稿，讓本書得以順利出版，特此致上誠摯的謝意。

主編 珍儷旂

於國立臺灣師範大學博愛樓

2019 年 8 月 6 日

# 目次

## 第一部分　實踐之路

## 第二部分　他山之石

# 第一部分

## 實踐之路

# 1

# 跨年級教學在臺灣推動之初期現況與問題探討[1]

洪儷瑜[2]、梁雲霞[3]、林素貞[4]、張倫睿[5]、李佩臻[6]

　　我國的少子化趨勢導致學校學生人數驟減，從 2002 至 2012 年的十年，國民中小學少了約 67 萬名學生（教育部，2013），學生人數過少也讓小校問題浮出檯面，報章媒體報導一人學校（潘欣中、翁禎霞，2010），甚至產生空無一人的廢校局面（林清海，2012）。少子化持續衝擊國內小校，明顯衝擊班級學生數 50 人以下的學校，100 學年度全國國小有 223 所，到了 106 學年度已增到 419 所，校數增加約近九成，其班級學生數平均低於 10 人，有些教學活動將因班級人數的限制而難以進行；其中 20 人以下的小學，也從 100 學年度的 15 所，增加到 106 學年度的 36 所，增幅達一倍以上（教育部，2017a），20 人以下學校可知其班級學生數平均不到 4 人。一直以來，小校人數過少是否整併，或小校的教育品質與資源問題也隨之引起各方討論（劉世閔，2012），甚至小

---

1　裁併校以學生人數 100 人以下為標準，本研究關注在教學，考慮挑戰教學設計和師生互動的班級人數應該在 50 人，故以 50 人以下作為小校數量分析基準。
2　國立臺灣師範大學特殊教育學系教授。
3　臺北市立大學教育學系教授。
4　國立高雄師範大學特殊教育學系教授。
5　國立臺灣師範大學特殊教育學系專任助理，中山醫學大學臨床心理研究所碩士班學生。
6　國立臺灣師範大學特殊教育學系碩士，新竹縣竹北市東興國小特教教師。

校學生之學習表現遠低於同縣市學校（陳淑麗、洪儷瑜，2011），最廣為討論的議題是學校經營成本的問題（蘇巧如，2006）。國內對於日趨嚴重的小校問題歷經裁併引起的爭議（林孟儀、林妙芬，2006；劉世閔，2012），行政院教育預算委員在「行政院教育經費基準委員會102年度第2次委員會議」決議，教育部宜研擬適合小校的教學配套措施，隨後委託國家教育研究院就混齡編班[7]之相關法規與現況進行調查（鄭章華、曾大千，2014），發現國內小校早已有混齡合班教學的事實。

教育部在2014年4月召開會議討論推動混齡教學之可行性，本研究團隊受邀參加，也受委託研發相關的教師專業知能和支持未來偏遠學校推動此教學法之專業資源，當時本研究團隊參考國際文獻主張提議：國內小校要推動的應該是跨年級教學（multi-grade instruction）而非混齡教學（mixed-age instruction）。另外，考慮許多小校之教師和行政領導之資源有限，跟著教育部現有的年級課綱進行教學改革比較務實，因此本團隊就以跨「年級」教學作為發展教學專業之理念，於2014年開始接受教育部國民及學前教育署（以下簡稱國教署）委託「國民小學實施跨年級教學方案試辦計畫」之專案，國教署也同意參考本專案之建議做為未來修法之依據。由於國教署人事變遷，教育部隨後於2017年11月通過之《偏遠地區學校教育發展條例》仍採用「混齡教學」一詞。雖然國內正式法規採用「混齡教學」，但鑑於國內近年來在混齡教學一詞運用之意義多元，且國內教育相關法規都以年級為依據，本研究團隊基於未來溝通之精確性，教學設計和編班的重點應該在年級，且符應現有國際文獻之用詞，本文仍採用「跨年級教學」一詞。

由於跨年級教學在國內教育較少見，因此本研究擬在國教署委託之專案中，探討臺灣公立小校在專案之支援下實施跨年級教學之可行性、其成效和困難，以做為未來國內推動小校教學改革之規劃和實施之參考。

---

7 本文除了在區分用詞之外，其他文內都以「跨年級」一詞代替multi-grade和multi-age。

在進入介紹本專案之前，先就小校教學相關名詞和其概念、臺灣解決偏鄉小校教學困境之相關政策發展、跨年級教學之相關研究，以及執行科學（implementation science）對於推動實證本位教學的引導等四個主題，陳述本研究之依據與背景。

## 壹、小校教學相關名詞和其概念

「multi-grade class」（多年級教室）或是「multi-grade teaching」（跨年級教學）是聯合國教科文組織（United Nations Educational, Scientific and Cultural Organization, UNESCO）所採用的名詞，其主要在確保每個學生的受教權，在偏鄉、貧窮、隔離的區域推動這樣的編班和教學模式。跨年級教學是指，教室的學生不僅是不同年齡、不同能力，也具不同年級的程度（UNESCO, 2013, p. 1）。英國學者 Little（1994）整理文獻後發現，類似的教學或教室使用名詞很多，包括：多層次（multi-level）、複式教室（composite classes）、垂直教室（vertical group）、家族教室（family class），還有國內常用的混齡教室（mix-age class），紐西蘭用「多年齡教室」（multi-age class），這些都是指將不同年齡的學生組成一個班級，主要是因為學生數難以依據年級編班，只好合併為一班，也稱為複式班級（composite class），此常見於澳洲和日本（蕭莉雯，2019；Little, 1994）。

雖然上述名詞在文獻上常被視為同義詞，但各名詞在不同使用場合所強調的重點仍有差異。洪儷瑜（2017）依據各教學法在學生之不同年齡、不同年級、課程目標、課程主題、是否同一教室等，將各名詞做一區分。就教學之課程目標和主題是否有差異，在有國訂課程綱要的國家中，跨年級教學因強調年級，教室裡教學也應遵循課綱所建議的年級課程目標，因此教學目標一定不同，而混齡教學則不一定強調教學課程需要因年級而異，未來十二年國民基本教育課綱的新住民語採混齡教學可

能是同班上一樣的課程，其教學目標不需依據年級就是一例，而複式和多層次教學在課程目標和主題就不一定相同，例如：日本的複式教學班級內，各年級都有自己的教材和教學目標（洪儷瑜，2019；蕭莉雯，2019）。就教學主題而言，跨年級教學和複式教學有不同課程標準，但在不同課程目標中，教師也可以設計相同主題，因此其教學主題相同或相異均可。多層次教學和垂直教學在教學設計上應該會採同樣主題，而混齡教學也可能因為教學設計不同，導致其教學主題不一定有差異。雖然Little（2001）認為，跨年級和混齡在已開發國家有統一入學年齡、沒有留級制度和統一課綱的情況，二者可視為同義詞，但臺灣的目前情境、教育法令和課綱都以年級為單位，且二者有上述的差異，為了未來國內小校推動時所需強調的重點，也藉此引導教師和家長了解跨年級教學之重點，故本專案參採UNESCO的用詞和定義：跨年級教學為「由教師在同一節課中，在同一教學場域對不同年級之學生進行教學」（UNESCO, 2013, p. 1）。

小班混齡編班教學是否需要參考國訂課程綱要，例如：《偏遠地區學校教育發展條例》第10條第4款所述的「混齡編班或混齡教學；其課程節數，不受課程綱要有關階段別規定之限制」（教育部，2017b），由此僅說明開放課程時數之規定，如果採實驗教育之學校，其混齡教學之課程領域和目標或主題則可以不受課程綱要之規定，目前臺灣實施的混齡實驗教育即是如此。跨年級教學強調教學班級內合併多個年級，在遵循課綱的教室裡，教師僅需要注意各年級間擬定適性的教學活動，不用擔心鄭章華、曾大千（2014）所提醒的檢視學生學習內容是否重複或遺漏等問題。

因應學生人數過少的小校，不僅限於在教室教學的改變，有些國家會縮減教師人數，讓學校減少教師人數編制。Veenman（1995）指出，紐西蘭有三分之一學校僅有1、2個教師，西澳大利亞有八成學校僅有3位教師。也有國家採用縮減班級設計，例如：葡萄牙有八成小學的班級數

在兩班以下，瑞士有四分之一學校的班級數在三班以下。可見因應小校的存在，行政上有縮減班級數、教師數量，教學上採用跨年級或多年級教學（Veenman, 1995），日本也提出依據學生人數對教師編制的規定（文部科學省，2017）。跨年級教學最極端的就是一個班級的學校（one-room school），著名的法國電影《山村猶有讀書聲》（*To Be and to Have*）就是一個班級和一位教師的學校紀錄片，這種學校也被稱為一位教師的學校（one teacher school），存在於歐美已開發國家，如瑞典、英格蘭、蘇格蘭、美國，也見於開發中國家，如斯里蘭卡、尚比亞等都有。

## 貳、偏鄉小校教學困境之相關政策發展

臺灣偏遠地區小學在日本統治時期就已實施複式教學，且在輔導偏鄉的師範學校也開授複式教學的師資培訓課程，如屏東師範學校。根據現年 70 歲以上的屏東師範學校校友所述，在師範學校聽過類似課程，當時分發到南屏東偏遠地區學校之同學也實施複式教學，可見光復之後，臺灣的偏遠地區學校仍保留日治時代的小校複式教學制度，當時的國民政府仍保留一村一校的政策（林孟儀、林妙芬，2006）。當 1960 年代臺灣開始推廣家庭節育計畫，家庭出生子女數由 1960 年代初期的 6 位子女，到 1970 年代降到 3 位，再到 1985 年降到少於 2 位（張馨方，2009），2000 年後少子化明顯衝擊學校教育；蘇千芬（2011）也提到，2004 年小一報到新生首次低於 30 萬名，當時 100 人以下的小學有 535 所，每班平均只有 10.5 位學生（蘇巧如，2006）。隨後監察院針對少子化小校問題進行調查而完成「教育部所屬預算分配結構之檢討報告書」，建議教育部應行文建議各縣市政府裁併百人以下的小型學校，以節省這些小學預估每年高達 51 億元的人事費（林孟儀、林妙芬，2006）。教育部特於 2006 年 2 月 14 日對小型學校整併策略提出「小型學校發展評估指標」供縣市政府參考運用，內容還包括小型學校整併的阻力、現階段

的因應策略等（蘇巧如，2006）。為了鼓勵各縣市政府裁併校，行政院主計處甚至在中央對各縣市教育設施補助經費中，列入裁併校補助項目（林孟儀、林妙芬，2006）。到 2010 年，根據教育部統計全國已裁廢104 所國民中小學（林海清，2012），後因併校爭議，教育部於 2015 年9 月公布《公立國民小學及國民中學合併或停辦準則草案》，開始對小校合併提出一些規定，期待輔導地方政府合理的廢併小校之行動，也於2017 年 1 月正式公布《公立國民小學及國民中學合併或停辦準則》，針對併校和停辦提出參考原則。

因應少子化衝擊小校問題，除了學校整併策略外，行政院也指示參考其他方法，在其「教育經費基準委員會 102 年度第 2 次委員會議」中決議：「鑑於少子女化趨勢下，實施混齡教學之必要性，請師資培育及藝術教育司會同國教署就混齡教學所需之配套措施，如：法規制度、課程綱要、教學方法等，委請國家教育研究院進行研究，並於下次會議報告研究結果」（教育部，2013）。國教署依此決議於 2014 年委請國家教育研究院之助理研究員鄭章華、曾大千（2014）針對混齡編班之相關法規與現況進行調查，發現訪問的 10 個縣市和 1 所離島小校都已有跨年級合班教學之事實，國教署由此開始思考發展此教學策略之專業資源來協助小校採用，並於 2014 年 4 月召開會議邀請本專案團隊與其他諮詢委員和國家教育研究院專案團隊一起討論推廣此教學法之議題，隨後於同年9 月委託本專案團隊針對此教學方法之推廣進行研發；教育部隨後於 2015年也委託政治大學鄭同僚等人以實驗教育的方式在小校推動混齡教學。從此，偏遠地區小校的困境從校務經營的焦點，延展到適性教學和教師專業發展的思維。

上述在因應偏鄉小校教育困境的歷史，中央政府在近二十年的相關政策與行動，以及本團隊在接受委託專案之工作重點摘要，如表 1-1 所示。

表 1-1　臺灣近年來因應少子化小校經營困境之重要政策與其行動重點

| 年代 | 政府之規定、會議、專案 | 工作重點 |
|---|---|---|
| 民 93 年<br>（2004） | 監察院完成「教育部所屬預算分配結構之檢討報告書」 | 裁併百人以下小學 |
| 民 95 年<br>（2006） | 教育部「小型學校發展評估指標」 | 提供小校整併標準、阻力和策略 |
| 民 102 年<br>（2013） | 「行政院教育經費基準委員會102 年度第 2 次委員會議」 | 採用混齡教學，並發展相關配套措施 |
| 民 103 年<br>（2014） | 國教署委託國家教育研究院進行專案研究「國中小實施混齡教學相關法令分析及其課程教學配套措施之研究」 | 評估相關法規和學校實施狀況，做為未來發展配套措施之依據 |
| 民 103 年<br>（2014） | 國教署委託「國民小學實施跨年級教學方案試辦計畫」 | 探討實施跨年級教學之可行性和所需支援 |
| 民 104 年<br>（2015） | 國教署委託「偏鄉學校型態實驗教育計畫」 | 輔導偏鄉小校實施混齡實驗教育 |
| 民 105 年<br>（2016） | 國教署公布《公立國民小學及國民中學合併或停辦準則草案》 | 提供整併或停辦實施參考原則和程序，讓各縣市試辦參考 |
| 民 105 年<br>（2016） | 國教署委託「國民小學實施跨年級教學方案推動與輔導計畫」 | 發展跨年級教學所需之專業資源，協助小校和地方政府推動跨年級教學 |
| 民 106 年<br>（2017） | 國教署公布《公立國民小學及國民中學合併或停辦準則》 | 提供整併或停辦實施參考原則和程序 |
| 民 106 年<br>（2017） | 立法院公布《偏遠地區學校教育發展條例》 | 針對偏遠地區學校的教育措施、寬列經費、彈性運用人事及提高教師福利等措施，解決偏遠地區小校辦學困境，其中提出小校可採混齡編班、混齡教學 |

## 參、跨年級教學之相關研究

　　國教署委託國家教育研究院所進行的「國中小實施混齡教學相關法令分析及其課程教學配套措施之研究」，應該是近二十年來針對小校之跨年級（該專案採混齡）編班和實施現況較有系統的調查（鄭章華、曾大千，2014）。該專案沿用行政院會議的名詞「混齡」，調查 10 個縣市和 1 個離島之小校，發現這些小校已有跨年級合班教學之事實，但教師需要具有混齡教學的方法才能因應學生學習需求的差異。該研究對實施混齡教學提出三點建議：實施此教學方法應該考慮年級、學生身心發展和教學屬性；考量學科知識邏輯性影響教學實施之難易度；學校實施時應該整體檢驗課綱之能力指標、教學內容，以避免重複或疏漏。該報告也介紹現有實施跨年級教學的進行，分物理環境、教學活動和課程設計介紹現況：物理環境採開放空間、ㄇ字型座位安排；教學活動設計採活動式、操作式教學，另也運用小老師制度，讓學生從同儕互動中受益；就課程設計而言，歸類為三種：（1）主題式課程：自然、語文、社會；（2）活動式課程：體育、藝文、語文、數學；（3）問題解決：數學。他們發現國內現有跨年級教學之研究都限於學前階段，對於未來要在國民中小學的實施應該進行相關研究，對於教師實施跨年級教學之專業知能培訓也需要解決，以及各級政府、學校應對實施跨年級教學之教師提供之支持和資源。因此，國內小校實施跨年級教學之狀況是否在專家輔導和外在支援下，可以有不同的發展情形，將是本研究的研究目標之一。

　　國內其他探討跨年級教學的研究也多沿用行政院和國教署之用詞——混齡教學（鄭章華、曾大千，2014），僅有施承宏（1996）在他的碩士論文採用「無年級小學」，李佩臻因參與本專案而在其碩士論文採用「跨年級」一詞（李佩臻，2017）。林欣毅、鄭章華、廖素嫻（2016）針對兩所體制外的國中小以及體制內的國中和國小各一所實施

混齡教學之現況，透過訪談、現場觀察針對實施成因、方式和支持進行分析，結果發現教育理念和現實考量是實施混齡教學之原因，在混齡教學中採用的教學方式有探究、協同、合作和差異化教學，其提供支持包括專業成長、課程規劃和學校行政支持等。另有其他三篇都是於小學進行教學的研究，包括有：陳嘉彌（2008）針對小五一個班級對小三學生進行同儕輔導三個學期的成效，結果發現擔任師傅的學生在學業、社會表現均優於同班未擔任師傅的同儕，其在閱讀課程之跨年級同儕輔導，由教師先訓練擔任師傅的高年級同學，此教學方法也是跨年級教學方法之一。劉琴惠（2015）在偏鄉小學混合中高年級 6 位學生於閱讀課程中教導閱讀理解策略，其採用類似合作學習的文學圈進行跨中高年級學生教學，結果發現學生互動較多。李佩臻（2017）在一所偏鄉原住民小學，以行動研究探討三至四年級國語課後補救教學運用閱讀策略為主軸實施跨年級教學所面臨的問題和解決策略，共計有 10 位學生，每週上課兩次進行 13 週，共計 26 堂課，該研究發現採用閱讀策略作為國語科之跨年級教學設計是可行的，學生在 26 堂補救教學之後不僅在閱讀能力有進步，且對自己的學習也有信心。

　　跨年級教學的成效如何，如前文所述，國內研究都採調查或行動研究，陳嘉彌的研究雖有對照組，但其對照的是未擔任師傅的高年級學生，而非其他未參與跨年級的學生。有關跨年級教學符合實證標準的研究並不多，但在以下兩篇整合研究中可以對國外實施跨年級教學之成效略知一二。Little（1994）綜合美國、英國、哥倫比亞、印尼、菲律賓等國家和 UNESCO 統整亞太地區國家的經驗，在社會情意部分較多研究呈現比單一年級好，例如：隸屬感、人際互動、對學校正向態度，但在學業和認知部分與單一年級沒有顯著差異，由於該文僅簡述各篇研究之成效，未呈現具體數據和研究設計，難以說明。另一篇是 Veenman（1995）由文獻蒐集到 56 篇進行跨年級教學的研究，其中有 33 篇來自美國、4 篇加拿大、3 篇德國、3 篇英國、3 篇荷蘭、2 篇瑞典、2 篇芬蘭、2 篇澳洲，

以及哥倫比亞、巴基斯坦、多哥（Togo）、布吉納法索（Burkina Fasoo）各1篇，成效採跨年級教室和單一年級教室做比較，項目分認知和非認知領域，結果發現兩種教室在學業認知部分的成效沒有顯著差異，效果值（ES）僅有-.03，在非認知部分的結果比較分歧，效果值分別為.10和.15，這樣的效果值均未達到可採用的標準。可見不論在認知或非認知部分，跨年級教室未呈現比單一年級教室好，且與單一年級教學相較並未見顯著差異，換言之，跨年級教室的學生學習成效與單一年級教室差不多。

Veenman（1995）的研究同時整理文獻中的質性資料，提到實施跨年級教學的優點如下：

1. 學生有機會在跟單一年級的大班一樣的教室，可以與較多同學建立同儕關係，較有機會建立團體之歸屬感、安全感或友誼的支持。
2. 教導差異性的團體會更注意到個別化教學。
3. 對於年紀較大但學習較遲緩的學生，可以因為指導低年級同學而提高自信心。
4. 多年齡教室可以讓年紀較小的學童有較多機會觀察和模仿高年級的學生，也可以學到較多樣的行為，而不限於都是幼稚不成熟的模仿對象。
5. 多年級分組可以增進合作和不同形式的社會互動行為。
6. 在跨年級教室中，可以充實低年級學生的學習，高年級學生可以增加複習過去的學習之機會。
7. 跨年級教學可以解放課程綱要對於年級狹隘的期待，讓教學更符合學生的需求。

## 肆、執行科學對推動實證或教學改革之啟示

綜合上述有關小校實施跨年級教學之理念、成效與實施建議，師資

培育、專業資源、課程教學實施之原則等在國內外文獻都已有共識。如今，如何在國內推動跨年級教學，在現有政策、法規已具備的狀況下，國內小校是否如國家教育研究院調查之結果，從已有的學校經驗進行推廣即可。反觀日本在 1953 年（昭和 28 年）即發行《複式學級的學習指導手冊》，提供全國小校教師實施跨年級教學，發展至今對於編班、課程設計、教學、師資培訓等都有相當的制度（蕭莉雯，2019）；相較之下，國內在推動此教學尚有很多需要規劃的工作。

以 1990 代後期所提出的實證本位教育（evidence-based education, EBE）為例，如何將研究成果運用到教育現場，美國南佛羅里達大學 Fixsen、Naoom、Blase、Friedman 與 Wallance（2005）認為，推動實證本位教育（EBE）應該分兩個層次的工作：一個是找到教育現場工作者要實施的實證本位方法（evidence-based practice/program, EBP）；另一個則是如何讓非研發單位也能正確執行研發單位所推動的 EBP，甚至更普及性地推廣。就科學研究的立場，即是透過研究獲得實證有效的方案（EBP），接著用科學方法去探討類化 EBP 到其他非實驗的場域。

過去在類化實證有效的典範歷程都僅著重在推廣的活動，而忽略了推廣過程應該採用科學研究的方法去探討有效的歷程以及易見效或不易見效的項目。Fixsen 等人（2005）以及 McKay（2017）提出所謂的執行科學，就是一種推動改進執行的方法，其目的在確保成功推廣好的執行，因此其聚焦於學校執行單位的變項和情境脈絡，以及推動歷程的相關因素（McKay, 2017）。Fixsen 等人提醒大家，不要以為獲得實證本位的資料就可以解決現場的問題，而輕易忽略後設分析或回顧文章僅提供正確的知識，並未告知如何正確將這些知識推廣到目的地，「知道正確的方法是一回事，知道如何正確地執行正確的方法又是一回事」（洪儷瑜，2018），執行科學即是在探討如何正確地執行實證有效的方法之歷程。Fixsen 分析 1970 年代以後執行實證本位的大型研究計畫之成敗，提出執行科學必須先建立概念架構，包括：資源、溝通連結和目標等三要素，

如圖 1-1 所示。產生實證的研發單位是 EBP 的資源，最終目標是執行者或單位可以持續進行 EBP 或將其內化為工作計畫或制度，這二者間需要有溝通連結者，亦即協助在當地執行實證本位教育的角色或單位。由此架構來對應本專案的工作，本專案團隊即是資源，為了達到推廣跨年級教學之目標，在圖 1-1 的架構中，本專案應該與中間之溝通連結單位合作，探討影響其執行之間的脈絡與歷程，透過頻繁回饋了解可能影響的因素。

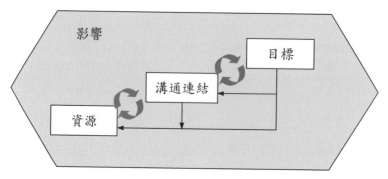

圖 1-1　Fixsen 在執行科學所提出之架構圖

　　因此，本專案團隊將現有國內外所得的跨年級教學或小校教學之成果，整理為未來推動的專業資源，參考上述執行科學的架構，將第一階段試辦跨年級教學的學校或推動歷程所得之量化和質性資料進行分析，除了探討可行性和可能成效與問題，也可以作為國內推動跨年級教學原始的階段，並作為未來跨年級教學或是偏鄉小校教育發展之參考。因此，本研究以 103～104 學年度教育部委託辦理之「國民小學實施跨年級教學方案試辦計畫」的 9 所小校之實施與輔導經驗作為研究樣本，達成預期之研究目的。

# 伍、研究方法

## 一、研究參與學校

本研究的參與學校是指在 103～104 學年度參與「國民小學實施跨年級教學方案試辦計畫」之學校。9 所參與學校來自四個縣市，都是由各縣市政府教育局（處）推薦，各校基本資料如表 1-2 所示，其中編號 05 之學校經第一階段的訪視後，發現該校實施跨年級教學都屬於課後社團或課後照顧、補救教學之活動，與本研究目標不符，經輔導和溝通後，校方不願意調整而退出。

表 1-2　參與本計畫之縣市和學校基本資料表

| 縣市 | 區域 | 學校 | 學生人數 |
|------|------|------|----------|
| T | 北 | 01 國小 | 24 |
|  |  | 02 國小 | 15 |
|  |  | 03 國小 | 18 |
|  |  | 04 國小 | 21 |
| N | 中 | 05 國小 | 55* |
| K | 南 | 06 國小 | 35 |
|  |  | 07 國小 | 41 |
| H | 東 | 08 國小 | 33 |
|  |  | 09 國小 | 42 |

註：*非在正式課程中實施，在實施現況分析不列入。

各參與學校經該縣市政府教育局（處）推薦，其參與動機有自願或薦派，經本專案溝通後，向本專案提出該校新學期之試辦計畫，再經審查符合本研究目標實施跨年級教學且學生人數在 50 人以下者即接受，受推薦的學校全數通過。

## 二、實施程序

本專案參考採圖 1-1 之執行科學架構，研究團隊定期開會整理研發相關資訊，包括：翻譯 UNESCO（2013）的《跨年級教學實用秘訣》（*Practical Tips for Teaching Multigrade Class*）、翻譯國外影片、設計初版的跨年級教學概論約 40 分鐘簡報，並將相關資源建立專案網站和粉絲頁，作為初步資源；期間透過訪視學校、輔導座談，了解學校之執行狀況和需求，團隊透過提供培力，在學校端經由訪視、分區座談等獲得試用之回饋，研究團隊並透過雙方互動，經由歸納逐漸建立或修改培力課程或資源。研究團隊與學校二者間之互動歷程如圖 1-2 所示。

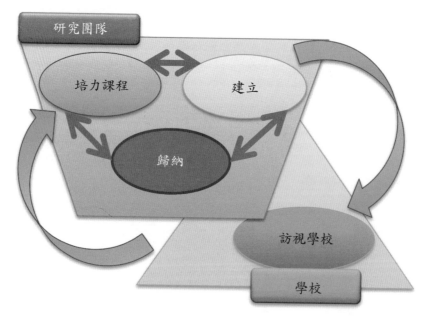

圖 1-2　本專案在專業資源和試辦學校之間的互動歷程

上述歷程依據試辦學校實施跨年級教學之推動分為三個階段：準備試辦、正式準備、正式試辦。各階段都有專案團隊之定期會議、研習、學校訪視、分區座談、實施成果分享等活動，各階段之進行工作項目如表 1-3 所示。

表 1-3　本專案團隊在不同階段提供參與試辦學校之輔導工作

| 階段 | 時間 | 專案輔導工作 |
|---|---|---|
| 準備試辦 | 2014 年 10 月～2015 年 1 月 | 了解試辦學校之實施經驗，以及提供研習、座談之培力活動 |
| | 2015 年 2 月 | 寒假集中研習二天 |
| | 2015 年 3～6 月 | 研究小組到各縣市進行分區研習、訪視學校 |
| 正式準備 | 2015 年 7 月 | 暑假期中成果分享，各校分享嘗試的經驗 |
| | 2015 年 7 月 | 各校提出申請計畫，研究小組審查 |
| | 2015 年 8 月 | 暑假跨年級教學增能集中研習 |
| 正式試辦 | 2015 年 9 月 | 研究小組到各縣市學區提供研習和座談 |
| | 2015 年 10～12 月 | 研究小組到校輔導、觀課和座談 |
| | 2015 年 11～12 月 | 各試辦學校在第一學期之成果發表 |

## （一）第一階段：準備試辦

本專案在第一階段準備提供各校 40 分鐘的簡報和國外實施影片的分享，共約 60 分鐘之研習課程，另提供各校實施準備問題之座談，約 90 分鐘的研習在各校或區域聯合辦理，並由研究主持人搭配 1 至 2 位具有小校經驗的資深校長共同訪視。本階段主要透過培力、訪視和座談，確定試辦學校實施跨年級教學之起點行為，在 2014 年底至 2015 年初（即 103 學年度上學期）期間完成每區研習和座談，其中發現編號 01、04、05、06、07 等五校均有實施跨年級教學的經驗，其他四所學校還在觀望，尚未實施。

研究團隊於 2015 年 2 月（103 學年度寒假）即辦理集中研習兩天，

研習內容主要來自幾個月來的初步研習之意見回饋、輔導經驗，並參考UNESCO 實用手冊和相關文獻，設計初步的增能研習課程，包括：介紹跨年級教學的理念與實施方式、基本學習能力發展與有效教學策略、國內現有實施方式分享，並安排座談，以供學校溝通本專案和校內各自之實施計畫與工作。

另外，安排各校在寒假研習與輔導團隊擬定嘗試試辦的計畫，對於已有經驗的學校則鼓勵其落實年級之差異化教學和符合課綱之年級能力指標的設計，團隊依據各校之起點不同給予差異化的輔導目標。

隨後在 103 學年度第二學期依據計畫實施跨年級教學，並安排研究團隊之輔導人員前往觀課和討論。輔導團隊前往每校訪視至少一次，分區座談至少二次，各校如有個別輔導需求可自行預約輔導校長前往輔導，算是各校開始往目標跨出一步的試辦階段。不論是團隊輔導或是輔導校長之訪視或分區座談，輔導團隊均於輔導完成後，即進行訪視或座談記錄，以作為團隊分析之參考。

## （二）第二階段：正式準備

此階段是整理一學期的準備試辦之經驗，且本團隊經上一學期互動回饋之累積完成正式系統的培訓課程，故稱之為準備實施階段。本階段主要在 2015 年暑假，為 104 學年度正式試辦做準備。本團隊於暑假期中成果發表會對參與學校提出的跨年級教學之定義、實施原則和試辦計畫重點，算是對參與正式提出具體要求，願意在 104 學年配合才納為正式試辦參與學校，編號 05 學校因校方無法配合而退出，最後共計有 8 所學校，來自北、南、東三區和三個縣市，每校學生人數在 15～42 人。

這幾所學校於 8 月開學前受邀到東部試辦學校之一進行兩天密集培訓課程，包括：跨年級教學、課程設計、學習能力評估與差異化教學、小組分組教學、教師學習社群經營等，並對下學年試辦計畫實施前進行一次分享與討論，此像是研究團隊與其實施跨年級教學蓄勢待發的象徵。

## （三）第三階段：正式試辦

　　試辦計畫實施階段是指，104 學年度第一學期所有參與學校必須在正式課程實施跨年級教學，且教學活動設計應該兼顧各年級課綱和學生之差異，鼓勵學校在嘗試試辦的基礎下繼續試辦專案介紹之不同課程模式或教學設計。本團隊於每校安排 2 位專案研究人員和資深輔導校長前往輔導，每學期訪視輔導人員在各校至少有一次的跨年級教學之觀課。由於第一階段專案於 2015 年底結束，第一學期試辦之成果分享於該年 11 月底辦理。

　　本研究主要的分析資料，包括各校之成果報告、到校輔導紀錄、縣市內分區小組輔導紀錄，以及期中、期末成果發表之報告，和研習所進行的教師與行政人員之意見調查和座談紀錄。各項資料都以多元資料交叉比對確認之。

　　本專案另提供教師和學生問卷調查，讓各校參與跨年級教學之教師和學生在期末針對所參加的跨年級教學表示態度和困難等意見。

## 陸、研究結果

## 一、跨年級教學之實施現況

　　為了解小校實施跨年級教學之狀況，以下針對參與之 8 所學校之現況分析，其中編號 03、04 學校僅有一學期資料，考慮本研究之目標在了解小校可以實施之狀況，故仍予以保留。以下就實施領域、跨年級數，以及學生人數進行分析。

## （一）實施領域與跨年級數

由表 1-4 可知，參與學校實施跨年級教學之領域多元，包括：語文、數學、藝術與人文、綜合活動、健康與體育，以及彈性課程，其中以健康與體育領域實施的學校為最多，所有學校都有選此領域；其次是彈性課程，有 6 校採用，再其次是藝術與人文有 5 校實施，而以數學領域是最少的，僅有 1 所學校嘗試實施。彈性課程中以閱讀、語文或寫作等語文教學為最多，但學校都是特色課程類似才藝社團，未見年級能力指標；由於學校早有採跨年級實施的經驗，經專案要求各校對此課程開始進行年級學習目標的區分。

各參與學校以編號 01、02 兩校實施領域最多，各實施 6 和 5 個領域。編號 01 學校有教師共備社群，故教師互相影響各領域紛紛加入實施；編號 02 學校由於校內多年輕教師或代理教師，且有英文專長教師，由主任帶領實施，但不頻繁且未見深入發展，故於下學期退出。

在多數領域的跨年級多採跨 2 個年級上課，共計 46 個教室，各領域都有；其次是 4 個年級，共 4 個教室，多在健康與體育或彈性課程；跨 3 個年級僅有 1 個教室最少，其因該校缺某一年級，且各年級人數過少，故無法形成跨 4 個年級的組合。跨一至六年級僅見於彈性課程，多為校本特色課程，該課程都有外聘教師或教練外加校內教師，教師人數都在 2 人以上。

## （二）學生人數

以跨年級教室之學生人數而言，如表 1-5 所示。班級人數最多的是跨 4 個年級的彈性課程，平均學生為 22.5 人，其次是跨 6 個年級的彈性課程共 21 人，這些教室內多採協同教學，安排 2 位以上教師在教室內。而在健康與體育課程中，通常是 1 位體育專長、1 位非體育專長教師協同擔任。

**表 1-4　跨年級教學實施之領域**

| | 語文領域 | | 數學領域 | 藝術與人文 | 綜合活動 | 健康與體育 | 彈性課程（含校本） | 總計 |
|---|---|---|---|---|---|---|---|---|
| | 國語 | 英文 | | | | | | |
| 01 國小 | 3+4 | | 3+4 | （生活）1+2 | 1+2 | 1+2 3+4 | 校本（詩詞吟唱）1～6 | 6 |
| 02 國小 | 1+2 3+4 5+6 | 1+2 3+4 5+6 | | | 1+2 3+4 5+6 | 1+2 3+4 5+6 | 閱讀 1+2 3+4 5+6 | 5 |
| 03 國小 | | | | | | 1+2 3+4+6 | 校本（輕艇、浮潛）1～6 閱讀寫作 1～6 | 3 |
| 04 國小 | | | | 1+2 3+4 5+6 | 1+2 3+4 5+6 | 1+2 3+4 5+6 | 閱讀 1+2 3+4 5+6 | 4 |
| 06 國小 | | | | | | 3+4+ 5+6 | | 1 |
| 07 國小 | | | | 3+4 5+6 | 1+2 | 1+2 3+4+ 5+6 | | 3 |
| 08 國小 | | | | 3+4 5+6 | | 3～6 | 寫作 3～6 | 3 |
| 09 國小 | | 3+4 5+6 | 3+4 5+6 | | | 1+2 3+4 5+6 | 校本（閱讀）3+4 5+6 | 4 |
| 總計 | 2 | 2 | 1 | 5 | 4 | 8 | 6 | |

表 1-5　跨年級教學各領域所跨年級數與教室學生平均人數（人）

| 領域 | 跨 2 個年級 | 跨 3 個年級 | 跨 4 個年級 | 跨 6 個年級 |
|---|---|---|---|---|
| 國語 | 5.8 | 0 | 0 | 0 |
| 英語 | 11.4 | 0 | 0 | 0 |
| 數學 | 8.0 | 0 | 0 | 0 |
| 藝術與人文 | 12.5 | 0 | 0 | 0 |
| 綜合活動 | 7.3 | 0 | 0 | 0 |
| 健康與體育 | 10.3 | 0 | 20 | 0 |
| 彈性課程 | 9.3 | 16 | 22.5 | 21 |

## 二、跨年級教學的成效與困難

　　本研究探討跨年級教學的成效，分別依據學生、教師和行政人員在期末問卷，以及教師和行政人員座談會所得，主要是來自參與者自陳的意見。

### （一）學生的態度

　　就學生而言，在各試辦學校第一學期辦理階段所得之學生意見問卷調查，8 所試辦學校共回收 239 位學生對於本學期進行的跨年級教學之意見，包括喜歡和效果，學生在這兩項的意見結果整理如表 1-6 所示。學生在問卷填寫實施之科目和是否喜歡跨年級一起上課，而科目分學科和非學科。學科包括語文、數學、自然、社會等，有 85.45% 的學生喜歡跨年級方式上課，66.09% 的學生認為跨年級的上課效果更好；非學科部分，如健康與體育、藝術與人文、綜合活動領域等，有 92.73% 的學生喜歡跨年級方式上課，74.64% 的學生認為跨年級的上課效果更好，因此不管學科或非學科，均有八成以上學生喜歡，六成以上學生肯定其學習效果。

表 1-6　接受跨年級教學之學生意見

| 領域 | 是否喜歡跨年級上課 | | 上課的效果 | | |
| --- | --- | --- | --- | --- | --- |
| | 喜歡 | 不喜歡 | 更好 | 差不多 | 更不好 |
| 學科<br>（n=94） | 85.45% | 14.55% | 66.09% | 24.35% | 9.57% |
| 非學科<br>（n=255） | 92.73% | 7.27% | 74.64% | 21.07% | 4.29% |

　　進一步整理學生在問卷所填寫之喜歡或不喜歡的理由，將學生的理由分類並依據學科和非學科整理出表 1-7 所列的 18 項理由，其中有 11 項是正向的、6 項是負向的、1 項是中性的表示沒有不同。在正向的理由中，最多人提及的前 5 項都是有關跨年級教室有利於社會學習之優勢，在學科領域僅指出 3 項：「人數多，學習比較有趣、好玩」、「可以互相討論，聽到更多意見」、「可以一起學習，很開心」；而在非學科部分肯定的理由有：「人數多才能玩遊戲、表演」、「可以交到朋友，不孤單」。其他有關學習的 5 項正向理由，包括：「有互相切磋及互相協助的機會，學得更多」、「能力分組，學得更好」、「有團結合作的機會」、「可以有更多觀摩別人表現的機會」、「增加學習收穫」，學生均肯定這些在學科或非學科的跨年級教學學習上的好處。而學生提出 6 項負向的理由，包括：「秩序不佳影響學習」、「不適應其他班級的上課方式」、「進度不一，程度不同」、「聽不懂上課內容」、「不喜歡該科學習內容」、「與其他學生互動上有問題」，其中的「聽不懂上課內容」指學生在學科學習的經驗中，教師上同一個主題內容未能充分差異化，讓學生覺得過難。另外，「不適應其他班級的上課方式」和「與其他學生互動上有問題」的反應雖人數不多，但都顯現出小校對學生在群性學習的問題。因此，也提醒教師在小校實施跨年級教室時於班級經營和教學設計需要多加注意，以及小校不論實施跨年級教學與否，都應該留意學生的群育學習之需求。

表 1-7 跨年級教學於學科及非學科課程之學生意見

| 學生感受 | 學科 | 非學科 |
|---|---|---|
| 人數多才能玩遊戲、表演 | | √ |
| 人數多,學習比較有趣、好玩 | √ | √ |
| 可以互相討論,聽到更多意見 | √ | √ |
| 可以一起學習,很開心 | √ | √ |
| 可以交到朋友,不孤單 | | √ |
| 有互相切磋及互相協助的機會,學得更多 | √ | √ |
| 能力分組,學得更好 | √ | √ |
| 有團結合作的機會 | √ | √ |
| 可以有更多觀摩別人表現的機會 | √ | √ |
| 增加學習收穫 | √ | √ |
| 秩序不佳影響學習 | √ | √ |
| 不適應其他班級的上課方式 | √ | √ |
| 進度不一,程度不同 | √ | √ |
| 聽不懂上課內容 | √ | |
| 不喜歡該科學習內容 | √ | √ |
| 與其他學生互動上有問題 | √ | √ |
| 與一般上課沒什麼不同 | √ | √ |

## （二）來自教師和行政人員的意見

在教師和行政人員對於實施跨年級教學之成效所持意見上,分別以問卷開放題「跨年級教學方案進行後,對老師（您自己本身）專業成長和學生學習方面的成效為何?」進行調查。其中,資料編碼 Q 代表問卷、A 代表行政人員意見、T 代表教學教師意見、F 代表來自座談意見。

### 1. 學生的成效

在教師問卷與座談會報告中,多提出跨年級教學推動之成效,包括:學生學習動機和表現提升:由於班級內學生人數增加後,使得「課堂教

學活動變得多元、有趣」（QT）；學生從中與同儕一同合作、競賽，不僅習得團體互動的技巧，也透過觀摩、討論的過程，增加學習內容並提升成效（F）；學生因為有機會「和比較年長的同學一起學習，可以學到更多」（QT）；學生因不同年級一起上課，擔心在年級比較小的同學面前漏氣，變得更認真，「打破小班從一到六年級全班優劣順序無法改變的困境」（F）。上課互動多讓學生學習經驗更豐富、多元：因為人多，互動頻繁，討論或激盪更多，學習也較多，吸收他人不同的想法（QT）；學生有機會聽到不同年級同學的意見，意見較多元（F）；互相學習良好的典範，在耳濡目染下提升學習的興趣（QT）；增加課堂同儕互動機會，較低年級兒童有認同對象提高學習動機（QA）；上課活動變化，激發學生主動發表和相互領導之能力（QA）。

## 2. 對學校行政正面的影響

　　教師和行政人員提出實施跨年級教學對於學校行政和整體的正面影響，包括：學校之課程與教師專業提升、學校發展，以及改善小校經營困境等。在課程與教師專業提升方面，行政人員多數肯定實施跨年級教學有助於推動教師共備、進修與教學之改變，共同備課與教師再進修的意願提高，與行政人員溝通機會增多，較能落實課程領導（QA）；行政團隊能更了解課程內容（QA）；課程安排多元，配合學校校本課程發展（QA）；引進一股活水，提升解決教學困境的契機（QA）；教師專業成長活動參加意願高（QA）。在學校發展方面，實施跨年級教學有助於凝聚校內共識，整合教師心力共同規劃課程方案，促使學校創造變革契機（QA）；統整規劃後，教師更了解計畫意義，共同努力，校園氣氛佳，教師互動愉快，學生學習更有成效（QA）。在改善小校經營困境方面，解除校務運作危機、併校、廢校危機（QA）；能夠節省人力，進行校本課程規劃（QA）；提供多餘人力協助行政運作、課程發展，給予行政不同視野（QA）。

### 3. 對於教師正面的影響

　　實施跨年級教學對教師之正面影響，包括：增加教學準備工作、提升教學設計、增加教師間的對話、教學更適性與活化。小校教師因同年級僅有一位教師，很難有機會和需求共同備課，但跨年級教學的實施製造了不同年級教師有共同備課的需求，不論是行政人員和教師都看到教師備課互動時間增加了：彼此以學生為考量編擬課程，提升交流互動專業成長（QA）；準備課程上需多花心思去規劃調整評量方式，但也因此加深課程設計能力（QT）。也因花較多時間備課，教師們反應教學設計能力提升了：會花更多的時間進行課程內容分析，各單元（如球類、體操、健康）有較細的分解（不同標準）或融合（內容的合併）（QT）；愈來愈會設計教案（QT）；共同備課激發出智慧的火花，拋開教科書的框架，沉澱在共學的氣氛中（QT）；看見一種新的教學方式，和教師進行共同備課，激起多元火花（QT）。行政人員與教師都看到教師同儕之間對話增加了：增加教師同儕對話機會，對於社群互動相當不錯，提升教師教學能力（QA）；協同教學有助於減輕跨年級教學的壓力，提供共同備課的機會，提升教師專業成長（QA）。在前三者的基礎下，教師的教學能力也提升了：差異化加距（劇），增進教師能力（QA）；有困難讓老師學習克服解決（QA）；在施行課程時，更能看見孩子的個別性，並且個別化教學（QA）；透過跨年級方案，不同年級的教師能互相溝通，更能針對學生的學習做評估，以「能力」為分界，而不以年級為劃分（QA）。教師本身提出自己教學的改變如下：能對教學的運作和方式的採用有更多的思考空間，對課堂目標有更多的想法（QT）；能從學生的學習狀況，調整上課方式（QT）；在教學上因人數變多，可使課程更多元，有更多課堂分組活動（QT）；備課時會更加注重學生的異質性來進行課程準備（QT）。

## （三）實施困境

根據訪視、每學期末之成果會進行的問卷調查、參與跨年級教學之行政人員及教學教師提出之困難，將所填之質性意見依據主題實施跨年級教學之困難按行政和教師兩方面歸納如下。

### 1. 行政方面的困難

行政方面主要提出兩大困難：第一，配套措施的困難，包含：安排學校課務（如排課不易）、擬定課程計畫（如統整不同年級的課程不容易），以及增加行政作業（如小校事情多，跨年級教學會增加行政業務）；第二，學校本身的人力資源，包含：增進教師參與意願（如不易得到教師支持，需要時間磨合）、調配人力與規範（如影響原有人力資源分配）。另外，因當時《偏遠地區學校教育發展條例》尚未通過，未能提供有關跨年級教學之法規，校方難以跟家長溝通取得支持、擔心授課時數與現行法規牴觸、授課和課程設計難以跟教育局（處）督學溝通等。

### 2. 教師方面的困難

教師方面的困難，包含：備課的時間（如備課時間長，不易找到共同備課的時間）、班級經營及秩序（如學生秩序不佳，不易管理）、教學執行（如跨年級教學使教學時間變長，難以照顧到落後學生），以及教材選用、教學成效評估（如擔心授課時數減少，影響學生成效）等問題。其中，跨年級教師在班級經營、教學執行上的困難，亦見於學生問卷所提之不喜歡跨年級上課的理由，可見如教師未能在跨年級教室有效經營學生的組合和差異化教學，不僅教師有困難，學生也難以接受這樣的教學方法。

## 柒、結論與建議

### 一、結果與討論

　　綜合上述結果，可以發現跨年級教學如鄭章華、曾大千（2014）的調查，小校早已實施的事實，但學校對於正確實施的方式和以學生學習為主的實施策略仍待加強。有些小校為了發展特色，已把特色課程和社團作為課程重點發展，且運用外部人力進行正式課程。本研究採用協同合作方式，提供專業知能和輔導，雖有部分學校不願調整，但在合作的學校發現各校在現有人力下仍能嘗試增加不同領域的實驗，且以不同課程模式發展跨年級教學，可見國內在專業支援下，小校仍有機會可以發展出多元適性的跨年級教學實施方式。

　　目前試辦學校之跨年級教學實施以健康與體育和彈性課程兩領域實施為多，如鄭章華、曾大千（2014）所得的活動式、操作式教學較適合，然而本研究發現閱讀課程也有多校實施，其閱讀課都是彈性課程，而非活動或實作式學習，但校本課程在年級能力指標和內容較有彈性，雖不算是學科卻有助於學習能力的補強，與 Veenman（1995）看法一致，非學科或課程內容邏輯性不強的學科比較容易實施，如健康與體育或藝術與人文，或是沒有課程進度的彈性課程，如閱讀或寫作。中、高年級實施確實比較容易，可能跟學生的自主能力有關，但是鄭章華、曾大千建議的教室空間安排，在本研究所見到的教室設計則較多樣，可能跟本研究的學校有專業團隊的輔導，教師在支援互動下做出較大的嘗試和開放有關。

　　本專案輔導合作一年以上的學校之調查，發現學生、教師和行政人員對於實施跨年級教學之成效都有一致正面的肯定，三方都肯定跨年級教學能提升學生學習和社會互動的成效；教師方面看到教師間合作專業

成長、教學之專業能力的提升；行政方面有課程發展、學校運作氣氛和人力資源等方面的助益，這些成效與國外文獻所得類似（Little, 1994; UNESCO, 2013; Veenman, 1995）。三方也對跨年級教學提出困難或負面意見，尤其是教師缺乏專業知能，確實如Little（1994）所說小校教師的實際需求和現實所提供的資源之間的差距，很多開發中國家因應資源不足採取各種因應措施縮短需求和資源的差距，Little 建議可參考他們的經驗。所以，提升教師在跨年級教學所需之專業知能，以及改善本研究所得之困難，教師的參與意願、小校的事務多、成效難以評估等，將是推動跨年級教學重要的基礎工程。

跨年級教學確實比一般單一年級教室的教學來得不容易，在課程教學、班級經營、教學設計、教材選擇或評量上都是挑戰，但行政、教師和學生也都反應出跨年級教學的優點和正向的影響，而這些優點也正是解決小校學生學習刺激不足、教師專業交流不夠的瓶頸。因此小校若要實施，學校行政和教師都需要克服上述提出來的困難，如鄭章華、曾大千（2014）之建議：實施跨年級教學需要中央、地方政府支持，至於將來要提供教師所需的專業知能和行政支援，行政單位所需的專業知能和支持，都是未來研究團隊要去發展的，而本研究所得之困境與經驗也將是重要的基礎。

小校在特色發展上的壓力，導致部分學校長期依賴社區資源或單一明星教師，而影響其正常課程。本研究發現類似學校在基本課程設計有違課綱，但又非實驗學校有其教育理念，如何把關這些學校的教育品質，可能是教育行政單位需要注意的部分。此外，部分小校行政單靠少數1～2 位明星教師承辦各種專案，雖能提出具品質的專案報告，但專案精神未能擴及校內教師，也難以影響校內教學和校園文化，儼然出現小校的明星團隊穿梭在各專案，卻與該校教學缺乏關聯。因此，這些學校在專案要求啟動正式試辦時，就陸續退縮，甚至退出專案。令人擔心的是，學校行政和明星教師如此忙於多種專案，還能有多少時間進行校園課程

發展和教師專業發展，甚至這些校內特色專案如何傳承，不隨行政領導調動而改變，學校有如此多項特色也令人擔心學生還有多少時間學習，畢竟小校學生人數不多，能參與各種特色活動都是少數固定的學生，教師和學生哪有時間兼顧學習基本能力的發展。因此，小校學生對課業缺乏興趣是學校特色發展的因、還是果，令人質疑。本專案有機會深入小校輔導，見證媒體報導小校發展特色的問題，少數學校透過跨年級教學開始反思小校教育的目標，開始啟動學校行政與教師在課程發展和教學專業的互動，藉機整合學校特色和學生學習能力的教育目標，不同領導決策將為小校帶出不同願景，有待持續的觀察。

## 二、限制與建議

本研究之參與學校僅有 3 個縣市 8 所小學，無法代表所有小校，未來尚須擴大試辦，累積更多學校參與，擴大驗證樣本。此外，本研究的參與學校都僅接受職前短期培訓，由於學校教師流動高、行政不穩定，既有的研習設計難以確保試辦學校所有教學均能直接參與，系統性的培力課程，多元、持續的專業知能研習和支援仍待開發。上述所提出的行政排課困難以及教師教學、班級經營或評量學習成效的困境，都是未來培力課程內容或輔導資源的參考。最後，僅有三分之一的學校持續參與本團隊下一階段的專案，可見臺灣較多小校有如上述現象，專案僅落在行政和少數明星教師身上，由此推動小校的教學改革不得不保守和更積極的因應。

# 參 考 文 獻

## 中文部分

李佩臻（2017）。偏鄉國小跨年級國語補救教學實施差異化教學之行動研究（未出版之碩士論文）。國立臺灣師範大學，臺北市。

林孟儀、林妙芬（2006）。我的學校不見了：上學好難。遠見雜誌，**205**，150-160。

林欣毅、鄭章華、廖素嫻（2016）。混齡教學於國中小階段之實施方式與支持措施：多重個案探究。教育實踐研究，**29**（2），1-32。

林清海（2012）。少子女化的教育省思：小校整併問題探討。臺灣教育評論月刊，**1**（5），22-24。

施承宏（1996）。無年級小學教育之研究（未出版之碩士論文）。國立臺灣師範大學，臺北市。

洪儷瑜（2017）。跨年級教學概論。載於梁雲霞、陳淑麗（編），跨年級教學實務手冊（頁3-16）。臺中市：教育部國民及學前教育署。

洪儷瑜（2018）。如何讓實證本位教育的推動更有系統的認識與預測：談執行科學在教育研究的意義。人文與社會科學簡訊，**19**（4），122-124。

洪儷瑜（編）（2019）。鹿兒島小校教學海外參訪實錄。臺北市：國立臺灣師範大學。取自 https://sites.google.com/site/multigradentnu/

張馨方（2009）。少子化趨勢對國民小學的衝擊與因應策略：以一所國小為例。學校行政，**63**，47-66。doi:10.6423/HHHC.200909.0047

教育部（2013）。**102 年度施政計畫**。臺北市：作者。

教育部（2017a）。**教育統計年報**。臺北市：作者。

教育部（2017b）。**偏遠地區學校教育發展條例**。臺北市：作者。

陳淑麗、洪儷瑜（2011）。花東地區學生識字量的特性：偏遠小校──弱勢中的弱勢。教育心理學報（閱讀專刊），**43**，205-226。

陳嘉彌（2008）。跨年級同儕師徒制中師傅生學業成績及其學習感受改變之分析。**教育研究與發展期刊，4**（1），109-140。

劉世閔（2012）。績效與平等之風雲又起：小校裁併之我見。**臺灣教育評論月刊，1**（14），1-4。

劉琴惠（2015）。**文學圈閱讀理解課程運用於國小混齡教學之研究**（未出版之碩士論文）。國立暨南國際大學，南投縣。

潘欣中、翁禎霞（2010）。屏東一人小學，五位教師。**聯合報**。取自 http://city.udn.com/56051/4001833

鄭章華、曾大千（2014）。**國民中小學實施混齡教學相關法令分析及其課程教學配套措施之研究**。新北市：國家教育研究院課程與教學研究中心。

蕭莉雯（2019）。淺談日本複式學級。載於洪儷瑜、陳聖謨（主編），**跨年級教學的實踐與眺望：小校教學創新**（頁 261-280）。新北市：心理。

蘇千芬（2011）。**中部地區國民小學教師對小型學校整併態度之調查研究**（未出版之碩士論文）。國立暨南國際大學，南投縣。

蘇巧如（2006）。少子化趨勢下臺灣國民小學學校經營規模調整評估。**學校行政，44**，187-204。doi:10.6423/HHHC.200607.0187

日文部分

文部科學省（2017）。公立義務教育諸学校の学級編制及び教職員定数の標準に関する法律。取自 http://elaws.e-gov.go.jp/search/elaws-Search/elaws_search/lsg0500/detail?lawId=333AC0000000116&openerCode=1#14

英文部分

Fixsen, D., Naoom, S., Blase, K., Friedman, R., & Wallance, F. (2005). *Imple-*

*mentation research: A synthesis of the literature*. Tampa, FL: University of South Florida, Louis de la Parte Florida Mental Health Institute, The National Implementation Research Network.

Little, A. (1994). Multi-grade teaching: A review of research and practice. *Education Research Paper, 12*. Retrieve from http://ageconsearch.umn.edu/bitstream/12832/1/er950012.pdf

Little, A. (2001). Multigrade teaching: Towards an international research and policy agenda. *International Journal of Educational Development, 21*, 481-497.

McKay, S. (2017). *Quality improvement approaches: Implementation science*. Stanford, CA: Carnegie Foundation for the Advancement of Teaching. Retrieved from https://www.carnegiefoundation.org/blog/quality-improvement-approaches-implementation-science/

United Nations Educational, Scientific and Cultural Organization. [UNESCO] (2013). *Practical tips for teaching multigrade class*. Bangkok, Thailand: Author.

Veenman, S. (1995). Cognitive and noncognitive effects of multigrade and multi-age classes: A best-evidence synthesis. *Review of Educational Research, 65*(4), 319-381.

# 2

# 跨年級教學教師之備課歷程探究

陳金山 [1]

## 壹、前言

　　目前教育的關注焦點大多聚焦在學生的學習上，而教師的素質又常被視為是學生有效學習的關鍵，不僅是因為教師是學校組織的主要成員，其角色功能的發揮與任務達成的程度，更攸關學校教育的成敗（高博銓，2011）。許多的研究結果支持教師素質攸關教育的成敗，教師素質也常被視為是預測學生成就的重要因素（楊思偉等人，2015），可見教師角色在教學中具有舉足輕重的地位（林文生，2016；林國凍、吳麗君，2016）。因此，對於教師的素質提升，儼然已成為目前教育更關注的重點。

　　偏鄉小校的教師素質尤其重要，但偏鄉小校卻常常面臨師資人力的不足、流動率較高、缺乏專長領域師資、代理代課教師比率偏高等的困境，造成偏鄉教師的素質不一，且缺乏共同研討的夥伴對象，無法形成

---

1 臺北市士林區平等國小退休校長。

學校自主的專業學習社群，以致教師專業發展不易落實，教育品質與成效難以持續提升。對於提高偏鄉地區學校的教學品質，學者呼籲應優先留任優質教師，解決專長師資不足的合聘教師策略，以保障學生的學習權益（楊思偉等人，2015）。除此之外，在教師教學模式與學生學習型態的安排設計上，國內也開始嘗試改變原先慣用的單一班級之樣態，改採跨年級教學的模式與學習型態，這種教學策略與模式，引導激發教師的教學思考與翻轉，打破傳統保守穩固的思考安排方式，為偏鄉小校尋求創新改變，促進教師專業發展，進而提升學生的學習成效與品質。跨年級教學的實施，可說是偏鄉小校教學與學習未來可供選擇的途徑之一。

實施跨年級教學時所必要的備課，實為教師在跨年級教學中重要的專業展現，也是跨年級教學實施成敗的關鍵之一。潘慧玲、黃淑馨、李麗君、劉秀嫚、余霖、薛雅慈（2015）指出，備課對於老師來說，是一件非常重要的事，所謂「凡事豫則立、不豫則廢」，更彰顯事前備課對於教師教學進行的重要性，但偏鄉小校教師面對前述的人力不足、缺乏專業對話夥伴、難以共組專業學習社群的窘境，更增加了偏鄉小校教師在實施跨年級教學時，備課歷程的艱辛無助與困境挑戰。因此，為協助偏鄉教師解決實施跨年級教學時的困境問題，對於其在實施過程中的備課歷程及相關問題，實有必要加以探究，此為本研究之主要動機。

本研究旨在探討實施跨年級教學教師的備課歷程與困境問題，透過學校校長、行政人員與教師的訪談，以及觀課與議課的紀錄、團體座談及相關文件資料內容的蒐集分析，以了解跨年級教學中教師備課的方法策略、型態模式、行動過程、備課成果與困境難題，以及因應解決之道，期能協助學校與教師掌握備課的關鍵要領與建立跨年級教學的備課模式。具體而言，本研究的主要目的如下：

1. 了解實施跨年級教學教師的備課方法策略與運作形式。
2. 了解跨年級教學中教師備課的實踐成果與困境難題。
3. 協助實施跨年級教學的學校與教師掌握備課的關鍵要領。

4. 提供因應備課困境的解決之道，以協助建立跨年級教學的備課模式。

## 貳、跨年級教學備課的探究

　　備課是教學工作的重要一環（林國凍、吳麗君，2016），其主要原因在於備課一方面能夠協助教師審思教學目標，以獲得專業協助且達成有效教學，另一方面備課有助於學生學習成效的提升。備課也是學校中常常爭論的議題，例如：學校行政要求教師備課的時間要多久？寒暑假要安排老師到校備課的日期嗎？備課的主要內容與目標是什麼？備課的計畫與成果是否需要繳交書面資料？如何評鑑教師備課的成效？等的爭論。根據鄒鈺萍（2009）的研究指出，學校對於備課的要求，通常是轉知及執行教育主管單位的要求，並依行政規劃與法令執行教師到校備課的形式，大多從形式上或行政政策上來辦理，在實務經驗上並未對教師的備課內容做實質的討論或規劃。直至近年來，由於學習共同體具體作法的推動，在備課過程中強調教師本身同僚性的專業合作，並組織教師專業學習社群，作為共同備課的運作形式之一，才慢慢有少數學校開始訂定備課實施計畫，對於備課內容與目的才有所規定（游秀靜，2016）。綜合而論，國內教師的備課狀態約有三種：其一是學校依法轉知教育局（處）的備課要求，並無備課計畫與內容規定；其二是雖無計畫內容，但會提供相關表件供教師填寫；其三則是訂有備課計畫，並對內容與目的有所規定（丁一顧、鄒鈺萍，2007），而這三種狀態隨著共同備課、公開授課、同僚觀課、集體議課的完整課堂教學歷程之需求，前兩者無計畫、無內容、無目的之備課形式狀態，已經不符教育趨勢與專業發展的需求，備課必須要有計畫、有內容、有目的之運作，已然是學校與教師必須接受的實務要求，也是教學需求與改變的必然趨勢。

　　備課是教師教學前的準備，其中涉及教學目標、內容、時間、過程、

評量及其他相關要素的思考與計畫，可說是相當複雜與多樣的課前準備工作，對一般學校與教師來說，已是一種挑戰與壓力，但對偏鄉小校來說，更因教師人力與資源較缺乏的困境下，其挑戰與困難度將更為複雜與擴大。而在跨年級教學的實施過程中，不論是教師教學的型態、課程設計與教材編選、班級經營管理的規範、學生學習的分組方式、學習表現的評量標準等，又較單一年級的教學更具挑戰性，因此跨年級教學的備課重要性更為突顯。陳聖謨（2016）指出，專業的混齡（跨年級）教學的教師，對於課程教材教科書的運用方式，應更為靈活與開放，對於學生的發展程度與其學習目標應有所掌握與了解，並應充分發揮事前備課的功能，使學校師生同蒙其惠，為偏鄉小校找到教與學的大能量。

對於初次接觸跨年級教學的教師而言，首先浮現的問題困難或是挑戰，就是混齡（跨年級）到底要怎麼上（陳聖謨，2016）？不知如何把不同的兩個年級以上之學生合在一起上課，成了跨年級教師最大的壓力來源，而事前的備課因為沒有經驗、師培專業的能力不足、時間又很少等的情況下，更不知所措。因此，尋求共同備課的夥伴，是偏鄉小校可行與重要的備課途徑之一，在缺乏人力與資源之下，如何集合更多教師的智慧與能力經驗，來共同聚焦在跨年級學生的學習，形成共同備課的共識，以協助跨年級合班教學的教師與學生，使學生可以成為教室裡學習的主角，教師也可以成為翻轉教學者（陳聖謨，2016），以提升教學專業與學習品質，這是學校邁向有效跨年級教學的必要過程與策略。而學校與教師推動共同備課，不僅能減輕教師工作負荷，也能促進教師專業成長與提升學生學習效能（潘慧玲等人，2015），亦符合跨年級教學教師的需求。

教學近來強調「學習者為中心」的實施模式，這也成了教師在備課時必須特別關注的重點。在跨年級教學的實施中，是將兩個年級以上的學生作一種合班教學的安排，打破原單一年級的教學模式，而且教師的組成可能只有一位教師單獨上課，也有可能是兩位或更多教師合作協同

教學，並區分每位教師的角色與任務分工。有時也可能需要包括數個領域的教師，共同組成教師的專業學習社群，彼此間採取共同合作的備課模式，如此多樣變化的型態，是偏鄉小校實施跨年級教學改變的開始。跨年級教學的課程設計安排、教材編選運用等，因為有不同年級的學生合在一起上課，要怎樣安排跨年級教學以「學習者為中心」的課程，才能達到符合學生需求、課程任務與教學目標呢？這又是事前備課的複雜問題。但是，目前在國內推動的跨年級教學尚屬起步階段，並無一種跨年級教學模式算是最佳模式，可供參照，相關教學與備課的運作模式均由學校自主安排，且視教學現場實務需要做調整選擇。因此，跨年級教學的備課運作與歷程的實施，各校之間與不同老師的組成方式之差異，仍存有許多值得探究的問題。

## 參、研究設計與實施

本研究採取多重個案研究的方式進行，蒐集的資料需要能確實反映跨年級教學備課的實際情形，且能符合本研究所設定的目的。因此，本研究採取立意抽樣的方式，主要的研究對象來源，是以參與教育部「國民小學實施跨年級教學方案試辦計畫」的學校，其主要考慮是因為這些學校具有參與實施的經驗，不僅較能夠提供相關的研究所需資料，亦較能就實施的實務經驗深入探究，以達成本研究所設定的研究目的。而蒐集資料的內容，主要以六所參與計畫實施跨年級教學的學校校長、行政人員（包含主任與組長）與教師為研究對象，為保護學校與教師，避免造成研究對象的困擾或引發其他人員不必要的聯想，相關資料的呈現均採取匿名的方式，並將所得的相關資料採用編碼的方式呈現，其個別訪談與團體座談相關資料編碼分別是學校編碼為 S（S1～S6 即是代表第一所到第六所學校）；校長編碼則為學校編碼加 P，編碼為 SP（如 S1P，即代表第一所學校的校長）；行政人員編碼則為學校編碼加 A，編碼為

SA（如 S1A1，即代表第一所學校的第一位行政人員）；教師編碼則為學校編碼加 T，編碼為 ST（如 S1T1，即代表第一所學校的第一位教師）；觀課與議課紀錄編碼則為學校編碼加 R，編碼為 SR（如 S1R1，即代表第一所學校的第一份觀課與議課紀錄）；學校相關文件、會議紀錄資料等輔助資料，其相關資料編碼則是學校編碼加 D，編碼為 SD（如 S1D1，即代表第一所學校的第一份文件資料紀錄）。相關研究對象資料來源及訪談紀錄編碼說明，如表 2-1 所示。

表 2-1　研究對象個別訪談與團體座談及資料來源編碼說明

| 學校 | 校長 | 行政人員 | 教師 | 觀課與議課紀錄 | 會議文件紀錄 |
|------|------|---------|------|--------------|-------------|
| S1 | | S1A1 | S1T1 | | |
| S2 | | | S2T1～S2T2 | | |
| S3 | S3P | S3A1 | S3T1～S3T3 | S3R1 | |
| S4 | S4P | S4A1 | S4T1～S4T2 | | |
| S5 | S5P | | S5T1 | S5R1 | |
| S6 | S6P | S6A1～S6A2 | S6T1～S6T8 | S6R1 | S6D1～S6D2 |

　　個別訪談的進行除事先協調取得同意，並視個別學校與教師時間的許可及安排，分別進行較為深入的訪談，以了解其對於跨年級教學實施時的備課情形；實際到校參與的現場觀課與議課，則選取有關學校與教師在備課歷程中的情形，作為本研究的資料蒐集與紀錄；團體座談，則就教學準備過程中，選取有關教師備課的歷程討論與分享的資料和紀錄；學校相關文件資料內容的分析，則透過學校相關行政資料，包含：學校校務會議紀錄、相關課程與教學研討會、研習資料與分享文件、跨年級計畫專案會議等文件資料，選取有關教師備課的資料與紀錄，以深入了解學校與教師在備課歷程中的相關資訊與紀錄。就蒐集資料的處理而言，在訪談之後隨時做註記及重點摘要，並完成訪談的逐字稿轉譯，再根據

研究目的及訪談大綱加以編碼與歸類。個別訪談與團體座談是本研究蒐集資料的主要方法，並透過實際到校參與的現場觀課與議課紀錄，以及學校相關文件資料內容的分析，作為相互對照資料確實性的檢核，藉以探究研究對象的學校及教師的備課歷程中之相關策略方法、遭遇困境與因應解決之道。

## 肆、研究結果分析

偏鄉小校在推動實施跨年級教學時，不論是跨年級合班教學的教師人數，或是實施的教學領域、節數、教學模式等，目前並無一定的模式或固定的型態。因此，對於實施跨年級教學時的備課型態、參與人數、運作方式等歷程，亦無一定的型態、策略、方式可循。以下茲就各研究對象的看法及相關文件資料紀錄等的研究發現，分析跨年級教學教師之備課歷程如下。

## 一、方法策略方面

跨年級教學在偏鄉小校因教師員額人力資源、領域專長教師較缺乏、時間安排不易等的困境下，透過教師間集體的對話討論，或是成立專業學習社群的運作，全校集思廣益，以獲得彼此間的對話研討與互助合作，是提升教師備課專業的可行途徑之一，而各校與教師們在採取備課的方法策略上，主要如下。

### （一）邀請共備夥伴

我最想要的是找到同伴一起來討論，所以我會請跟我一起合班的四年級級任老師，共同討論上課的內容。（S2T1）

我會請別班的老師和我一起討論我們合班後的進度。（S2T2）

我通常會做的第一件事，就是把我的教學方式和班級經營的規範，

和合班的老師一起討論，共同決定合班後的教學方式或是學生秩序的管理。（S3T2）

## （二）成立專業學習社群

學校有成立語文領域的教師專業學習社群，協助教師在閱讀方面的備課討論以及合班課程的進行。（S4A1）

有時候我也會透過網路，在我們的學習社群中討論備課的情形。（S6T4）

## （三）尋求行政協助

對於跨年級教學的實施，我一直都沒有什麼概念，也不知道怎樣準備教學的課程進度、教材的選擇等等，所以只好請行政人員多提供資料與支援協助，幫助我進行合班跨年級教學的進行。（S3T3）

有時候校長或是主任會告訴我們有關的備課情形，也會和我們一起討論。（S6T3）

如果老師在備課時，行政這方面會充分提供老師必要的協助。（S6A1）

我們行政會主動提供合班上課的老師在備課時所需的資源，或是安排共同時間討論備課的內容。（S4A1）

我會請主任特別關心與協助教師的備課需要。（S5P）

## （四）納入校本課程

我想到的就是配合我們學校的閱讀校本課程來進行我的備課。（S4T1）

我也會請老師將學校本來就有的生態校本課程，考慮納入跨年級教學的實施內容。（S6P）

### （五）深究能力指標

我會把五、六兩個年級的健體領域的能力指標，再仔細研究一下，然後再把我要上課的內容，重新調整符合兩個年級學生的程度來進行。（S1T1）

有時候我會對照一下九年一貫的能力指標來進行合班的備課內容。（S2T1）

### （六）相互觀摩學習

我們老師有時候會聚在一起，相互觀摩彼此的教案設計，也會相互討論備課的情形。（S3T2）

透過這次的公開觀課，有一次實務上的觀摩學習的機會，相信對老師在進行跨年級教學的備課，將會更得心應手。（S5R1）

據此綜合上論相關訪談紀錄等資料，偏鄉小校在實施跨年級教學時的備課方法與策略上，會因其實施的領域、期程長短、時間安排、備課目的、校本課程或學校發展等不同因素，而採取邀請共備夥伴以共同合作對話研討、成立專業學習社群以增進對話的機制與增能需求、尋求行政協助以獲得必要的備課資源與支援、納入校本課程以深化備課的內容、深究能力指標以利備課內容達到學生的有效學習，以及相互觀摩學習以增加實務經驗並增長備課的專業知能。因此，各校在實施跨年級教學時所採取的備課方法與策略，呈現出多樣化且各有適合其學校發展或教師教學相異的需求。

## 二、運作形式方面

跨年級教學是將兩個年級以上的學生，作一種合班教學的安排，打破原單一年級的傳統教學模式。而在實施跨年級教學時，兩個年級以上

的學生合在一起上課，在教師人數與任務方面的安排，可能一師為主、一師為輔，或是只有一師單獨上課，有時也可能需要包括數個領域之教師共同支援或協同教學。因此，對於備課的運作形式，目前並沒有一種固定的，或是最佳的跨年級教學備課形式，是須視教師的任務與人數等因素，來做實務的調整與選擇，而各校與教師們在採取備課的運作形式上，主要如下。

## （一）個別單獨備課

全校的體育課都是我教的，所以我都是自己單獨一個人備課。（S1T1）

學校的音樂專長老師只有我一個人，我也不知道要找哪一位老師和我共同備課，通常都是我自己備課的。（S6T7）

我比較習慣自己一個人備課。（S6T5）

## （二）同領域跨年級教師共同備課

我會把我想上的體育課內容，跟其他年級的體育老師說明，再跟他們一起討論，共同備課以及分工合作。（S3T3）

我們學校也會安排不同年級的老師有機會共同討論全校閱讀課的進行。（S4A1）

透過今天公開觀課的三位教師的排球教學，進行的非常順利，學生學習興趣也很高，可見三位老師在事前的共同備課相當的投入。（S3R1）

老師們也會透過週三下午的研習場合，與同領域不同年級的老師，共同討論課程內容的銜接，作為自己在進行跨年級教學時的事前備課需要。（S3P）

### （三）跨領域跨年級教師共同備課

我在教三、四年級的合班閱讀課時，因為會教到一首世界民謠的英文歌，那時候我就有請學校的四年級音樂老師，跟我一起備課，在實際教學的時候，就請他和我一起幫忙指導小朋友歌唱的部分。（S5T1）

### （四）主題課程統整備課

為了準備學校的公開授課，我在綜合課時會商請全校教師共同對話討論，如何以學校生態教育的主題，設計出學習的項目與進程，集思廣益提出看法（S6T6）。

### （五）全校性校本課程備課

在學校的校務會議中，會提出今年度的學校課程計畫，其中有關校本課程的部分，我們也會請全校的教師納入課程的準備，這也可以提供實施跨年級的班級教師，作為備課的需求與規劃。（S6P）

我會提供全校性的課程總體計畫與校本特色課程的資料，供全校教師作為備課時的參考資料，通常老師也都會把這些全校性的校本課程納入教學，尤其是跨年級的老師，這些資料也都是他們設計教材的來源之一。（S6A1）

根據這次的會議結論，希望各位老師將本校的校本課程，作為備課的重要資料與教材。（S6D1）

### （六）其他：跨校、網路等之研討

有時候我會在網路上蒐集我要的資料，作為我進行跨年級教學時的備課參考。（S1T1）

我有透過網路參加跨校專業社群，所以有時候我也會透過網路社群跟其他學校的老師討論，並且蒐集別的學校老師的意見，作為我在實施

跨年級教學時的備課參考資料或活動內容設計。（S6T4）

　　據此綜合上論訪談與紀錄等資料，偏鄉小校在實施跨年級教學時的備課運作形式上，會因為學校的職務與課務安排、教師間的協調、教學上的需求、領域科目的特性、資源設備的支援、場地規劃的因應等不同因素，有時會是一個老師單獨教導兩個年級以上的學生，這時採取的備課形式大多是單獨個別的備課；有時也會是兩個老師以上教導兩個年級合班上課的情形；有時也會透過全校性的備課會議，或是採取主題統整式的課程設計，這時採取的大多是共同備課的形式，以進行跨年級跨領域的備課；但有時也會因為學校的師資專長缺乏、時間安排不易，或是個人備課習慣與參加專業學習社群的關係等因素，而採取跨校或網路的對話備課形式。因此，各校在實施跨年級教學時所採取的備課運作形式，呈現出許多因應教師個別需要，與學校職務和課務安排的差異性，且都各有適合其學校師資人力專長的備課運作形式之需求。

## 三、行動過程方面

　　在跨年級教學的實施過程中，教師的專業備受重視，不論是所採取的教學策略、跨年級合班教學的課程設計、教材編選的合宜度、班級經營的重新調整與規範、學生學習分組方式的安排、跨年級學生學習表現評量，以及跨年級教學學生的輔導等，較之原來單一年級的教學更具複雜與挑戰性，因其課程設計涉及不同的年齡層與年級，再加上沒有整體性的教材可參用，且又因一般教師多未受過跨年級教學的相關師資培育過程，以致於課程規劃的難度頗高（林欣毅、鄭章華、廖素嫻，2016）。因此，在跨年級教學的備課過程中，教師如何適時調整自己備課的思維方向，找到自己在課程設計、教材編選、班級經營、學生輔導、教學策略或學習評量等的適用性，其重要性更為突顯，尤其是在偏鄉小校較為缺乏備課的夥伴、經驗、能力與時間之下，又要聚焦在跨年級學生身上

的學習，如何選擇自己最適合的備課行動之考慮，更是跨年級教學邁向成功途徑的必要過程與策略。對於啟發備課來源的考慮因素，除須考慮教學目標、內容、時間、過程、評量及其他相關要素外，可視教師本身的需求與相關的師培背景、經驗、能力、專長、興趣等，或是學校相關的人力、設備資源、場地設施、教材選擇等因素，來做為自己備課的實際行動之啟程與選擇，而各校與教師們在備課來源的行動過程上之考慮因素，主要如下。

## （一）考慮個人興趣專長

體育是我的專長也是興趣，所以我想到的就是從自己的專長來設計跨年級教學的內容，這也是我在上課前就會想要做的。（S1T1）

我又不知道合班四年級學生的語文程度，因為我對於成語故事有興趣，所以我就從成語故事開始準備教材。（S2T1）

## （二）配合教學預定進度

依照我開學時就預定好的教學計畫進度，這一週我本來就預定上三年級閱讀課的英文民謠歌曲，所以也沒有特別準備，就只是把原來預定的進度和教材再和四年級的課對照一下，稍微做一點點改變調整而已。（S5T1）

我會把預定的教學進度再仔細看一看，想一想有什麼教材比較適合的。（S6T2）

## （三）教材取得的方便性

我就是利用現有的一、二年級綜合領域的課本內容設計，選擇適合的教材來上而已。（S6T1）

老師們在備課時，如果沒有什麼方向或是無法自編教材的話，也可以從現有的課本中去找教材。（S6R1）

## （四）考量學生學習準備度

我沒有什麼備課經驗，我比較會注意到的是學生的學習先備經驗，以及他們對於合班跨年級上課時的準備度，來設計我要上的內容進度。（S6T3）

我會把我上的三年級體育課，學生已具備的基本排球技能，提供給設計教材的老師參考，作為我們合班跨年級時上課的依據。（S3T1）

我對於全校小朋友的體育技能，我都有一定程度的了解，所以我在實施跨年級教學的時候，就會依據他們的學習經驗和能力來編排進度。（S1T1）

## （五）配合資源設備的提供

因為體育課的場地很重要，所以我會利用學校現有的場地，來選擇我要上課的內容，以及活動進行的安排。（S1T1）

學校的體育器材設備並不多，所以我都會自己想一些變化創意，配合我可以使用的器材設備，設計一些學生可以學習的內容。（S6T8）

## （六）配合公開觀課的準備

我的備課想法以及教材內容的調整，最主要的就是為了配合學校安排的公開授課之需要。（S1T1）

這一次的閱讀課教學內容除了原來的教學預定進度外，為了公開觀課的需要，我還特別設計了學習單。（S5T1）

## （七）共同備課教師的共識

五年級的體育老師會把他的想法告訴我，我也會和他稍微討論一下，形成共識。因為這次的上課內容，主要是他主導設計的，所以我大部分都尊重他的意見。（S3T2）

我和四年級的老師經過共同討論後，對於用成語故事做為上課內容的設計，有一些共識，而這些共識就可以作為我的備課選擇。（S2T1）

## （八）配合行政政策的要求

我就是配合行政的備課安排要求。（S6T5）

我們也會在寒暑假安排老師的備課時間，作為老師實施跨年級教學的準備。（S4P）

學校在行事曆上也都會安排老師的備課時間，同時請老師務必在期限內完成相關的教學計畫與備課。（S5P）

這次的教學研究會，能聽到各位老師報告自己的備課情形，非常感謝大家的努力，也請主任再把老師的備課需求，納入將來行政努力的方向。（S6D2）

## （九）運用相關資料診斷

我們學校會建立全校小朋友的個別學習計畫，所有的老師一起參與討論書寫，所以老師們對於小朋友的相關學習資料都有一定的了解。這也是老師在備課時很重要的參考資料，有的老師也會充分利用這份資料來備課。（S6A1）

## （十）課程部分解構再建構

我會把一到六年級的體育課程內容，重新編排過，作為我在選擇編排教材時的參考，這也是我在備課時很重要的依據。（S1T1）

我們兩個老師會在三、四年級現在所使用的國語課本中，先挑選出有關成語的部分，再來討論如何安排在跨年級教學時，成語故事的進行。（S2T2）

據此綜合上論訪談紀錄等資料，偏鄉小校在實施跨年級教學時，於

備課來源的行動過程上之考慮因素：有時會考慮自己的專長興趣，而從最貼近自己的內容做為備課的選擇；有時也會考慮從教學的預定進度，來做些微的調整備課；有時也會運用學生的相關資料，考慮學生的先備經驗基礎及學習準備度，來做為事前備課的基礎考量；有時也會透過合班教師間的共同備課的共識內容，作為自己備課的啟發；有時也會考量學校場地設備資源運用等，以符應自己教學上的需求；有時也會考慮配合學校行政或法令政策的要求，結合自己的教學需求，作為備課的重要依據；有時也會因為自己對於教材編選與課程設計的需求或興趣，而針對自己上課領域科目的特性，作為解構再重構教材編選的統整性，調整備課的形式，發展適合自己上課的內容。因此，各校在實施跨年級教學時，於備課來源的行動過程上之考慮因素，呈現出許多因應教師個別專長興趣的需要、學校行政的安排要求，以及共同備課時的共識等不同樣貌需求的考慮因素。

## 四、備課成果方面

備課是教師在上課前的教學準備，而這些準備最主要的目的，是要能夠使得合班跨年級教學的目標、內容、時間安排、教學過程、學習評量及其他教學的要素做較為整體性的考量，透過上述的備課方法策略、學校與教師的備課運作形式，以及備課的行動過程來源之考慮因素，實際落實到不同教師的教學、不同領域科目的內容實施、不同學校組織文化、不同學校校長領導與行政運作，以及學生學習的成效等，將事前備課的事項，融入在跨年級教學的實施過程中，以協助教師獲得專業上的討論與支持，促進跨年級教學有效的實施，並有助於學生學習成效的改善與提升。因此，對於在備課過程中及所產出的成果，可從教師個人成長、學校推動情形、教材編選情形、課程設計能力與學生學習情形等因素，來作為實際備課的結果評估，而各校及教師在實施備課的成果，主要如下。

## （一）深究課程設計的架構

經過和四年級老師共同備課討論後，我的感覺比較了解原來課程設計的架構，而且以後也比較會去深究教材內容的連結。（S2T1）

## （二）重整教材編選的順序

經過跨年級教學的備課過程之後，我最大的收穫就是整編一到六年級的體育教材內容，自編出 AB 兩套可輪替使用的自編體育教材。（S1T1）

## （三）鑽研教法策略的模式

跨年級的教學實施非常強調學生分組的學習，我在備課時就會比較注意我的學生應該如何分組，我的教法也會跟著改變，所以我認為跨年級教學的備課經驗，讓我更覺得有必要去了解差異化的特性與分組教學的方法策略。（S6T7）

## （四）運用教學資源的方式

體育課常常會因為下雨天的關係，有時候事前備課的項目內容進度必須改變或是準備雨天備案來代替，更改課程設計很麻煩也很費事，所以我在備課時就會先想如何利用器材設備的替換，例如：原本要在操場練習足球的傳接球，因為下雨我就會改在穿堂上課，然後利用學校的小型三角錐的擺放，一樣可以達到預期的教學目標。所以在備課的過程中，我開始想到如何改變與運用學校的場地設備資源等，不用再受制於下雨的關係了。（S1T1）

## （五）成立專業社群的運作

我們都沒有共同備課的經驗，剛開始備課時只是相互討論一下要怎

樣順利進行而已，也沒想過要怎樣分組、重新編排教材等，但慢慢的愈來愈有心得之後，我們就變成常常會一起討論對話，開始有類似專業學習社群的樣子了。（S2T1）

　　因為老師們常常反映不知如何備課，也不知道要如何進行跨年級合班教學的共同備課，為了解決老師備課的困難與需要，我們也試著開始在學校成立老師的專業學習社群。（S5P）

## （六）評估學習評量的方式

　　以前我可以用自己的評量方式來進行，也只要自己評量我自己班上的小朋友就好了，可是實施跨年級教學以後，因為還有其他年級的小朋友一起上課，所以我在和其他老師共同備課時，必須和其他老師一起討論成績評量的標準、方式等，雖然這會增加許多麻煩，但這是我在備課時也會特別注意的事。（S3T3）

　　我們會特別提醒老師在進行跨年級教學時，希望老師能把學生學習的評量方式作一些調整。（S3P）

　　據此綜合上論訪談紀錄等資料，偏鄉小校在實施跨年級教學時的備課成果與收穫心得上，備課大多還是能協助教師達到有效教學的一些準則，在課程設計架構上的深究思考、教材的編選重整思考等有關課程與教材方面，促使自己能夠更清晰地教授跨年級的合班課程；在場地資源的考量、器材設備的運用上，也會促使教師再次思考創新變化，善用既有的學校場地器材等，而不必再擔心因為天候因素、資源不足或不適用的問題，也可以達到預定的教學目標；有的老師也會從共同備課的過程中，開始學習與其他老師對話討論，這種教師自主性與同僚性的對話，有助於慢慢形成專業學習社群；學生的學習評量也會在共同備課的過程中被討論，有的老師會開始重新思考在跨年級教學時，不同年級的學生合在一起上課的評量標準與方式等，促使自己在進行跨年級教學時，更

能夠掌握學生的學習情形與任務分組的編排，使跨年級教學的實施更能確立以學生學習為中心與主體的需求。因此，各校在實施跨年級教學時的備課實際成果上，呈現出許多教師在課程深究、教材重整、資源運用、專業社群、學習評量等的收穫心得感想，呼應跨年級教學以學生學習需求為主體中心的訴求。

## 五、困境難題方面

在實施跨年級教學時，備課是非常重要的事前準備工作，但在備課的過程中，卻常常因為人力、時間、能力、經驗、設備、器材、場地等問題，造成教師備課時有著許多的問題與困境，甚至是莫大的負擔與壓力。而這些問題與困境的形成，除了上述的因素所造成之外，還有可能因為需要與合班上課的老師一起共同備課所形成的挑戰，例如：無法聚焦備課共識、教材編選有困難、合班後的學生學習程度的差異性、對話討論的專業學習社群無法發揮效果等。因此，這些綜合起來的問題與困境，確實是備課過程中，很複雜又富挑戰性的問題，而各校與教師們在進行備課的過程中所面對的困境問題，主要如下。

### （一）欠缺備課的經驗與能力

我沒有什麼備課經驗。（S6T3）

我們都沒有共同備課的經驗。（S2T1）

以前都沒有接觸跨年級教學的課程，我根本不知道要如何進行備課，應該說我根本沒有能力去為跨年級教學進行備課。（S6T5）

### （二）欠缺共備的共同時間

你知道老師都很忙的，根本沒其他時間再進行備課了，更何況要和其他老師一起進行共同備課，這真是太難了。（S3T2）

我們共同的空堂課很少，要一起討論備課的共同時間根本排不出來。

（S2T2）

實施跨年級教學的困難或問題之一是，備課時間較不足。（S6D2）

## （三）單獨備課占用太多時間

因為我是自己一個人上兩個班級的課，而且也沒有其他的老師可以協助，所以我都是自己一個人單獨備課，這實在太累了，也占用太多時間了。（S5T1）

備課實在太花時間了。（S6T2）

備課是實施跨年級教學時非常重要的事，老師必須花很多的時間來備課。（S4P）

## （四）教材編選困難

想到要把兩個年級放在一起教，就覺得實在太困難了，根本不知道要從何開始準備教材。（S5T1）

三、四年級的國語課本教材又不一樣，要如何進行跨年級合班教學，在教材內容的選擇上，根本就不知道哪裡找教材。（S2T2）

## （五）欠缺師資多元專長

全校的體育課都是我教的，所以我都是自己單獨一個人備課。（S1T1）

學校的音樂專長老師只有我一個人，我也不知道要找哪一位老師和我共同備課，通常都是我自己備課的。（S6T7）

## （六）學生程度的差異

一到六年級的學生合在一起上體育課，學生的程度實在差太多了，我在備課時要考慮的因素就更多了，尤其是學生的評量標準、方式，我也要設計不同的標準與方式，這說來實在是一件很困難的事。（S3T3）

學生程度的差異很大，對老師來說是一件很大的挑戰。（S1A1）

## （七）場地設備資源受限

因為學校沒有操場，所以在上墊上運動的課時，就只能在教室裡鋪墊子來替用了，沒有場地常常造成我在備課時的困難。（S4T2）

有時候我會想安排能力比較好的學生，自己利用電腦作學習，但是又沒有其他的電腦設備可以用，所以只好放棄。（S5T1）

## （八）缺乏共同備課內容的聚焦討論

雖然我會先把我原本要上的內容，提供給一起合班上課的老師參考，但是我還是常常覺得我們在共同備課時的討論對話，需要很多的時間討論，我們會談到每一班的學生情形、教材內容選擇、學生如何分組、老師如何分工協同等，有時候也很難聚焦討論的重點。（S3T1）

據此綜合上論訪談紀錄等資料，偏鄉小校在實施跨年級教學時的備課歷程，所遭遇到的困境與問題，有許多是來自於沒有相關的備課經驗或能力，究其原因之一，可能是因為一般實施跨年級的教師，在師資培育的課程或過程中，並沒有相關的培育課程或是經驗，正如林欣毅等人（2016）的研究指出，多數實施混齡（跨年級）教學的國家，並沒有把混齡教學列入師資培育當中，而現在推動跨年級教學的實施過程中，也僅能在有限的人力與時間的安排上，針對急切需要的認知技能等課程，進行在職進修的研習規劃，但仍然無法滿足教師的備課需求，這也是未來須努力強化師資培育的需求。另外，備課的時間不足或是缺乏共同備課的時間安排，也會造成教師在備課上，形成心有餘而力不足的困境；有時也會受限於學校場地器材設備資源等支援與提供，造成教師在備課時，無法滿足自己上課分組或實施差異化教學的需求安排；而學生程度的差異更是跨年級合班後的重大挑戰，在備課時則須耗費較多的心力，

去了解學生的先備經驗與學習準備度，是一般教師在實施跨年級教學時最難處理的備課問題；教材的選擇雖有現成的課本教材可供參考，但要如何重新編選適合兩個年級以上的教學進度內容之教材，則不是一件容易的事；有時也會有共同備課時難以聚焦的問題，游秀靜（2016）的研究指出，共同備課要能掌握核心精神，而不僅僅是聊備一格的跟風行為，應該要有所聚焦，審慎思考共同備課換湯及換藥的實際作為，可見共備難以聚焦對話討論形成共識，確實是教師備課實務上的問題。另有一些諸如小校較欠缺師資多元專長、專業學習社群難以運作等的問題，有時也會造成備課時的問題與困境。因此，各校在實施跨年級教學時的備課困境與問題上，呈現出許多教師在實務上的經驗問題，不論是跨年級備課的能力、經驗、時間、人力、教材、評量等，都會是教師在備課上非常需要關切的問題與困境。再者，Gomes（2013）指出，目前各國大多並未將跨年級教學的課程納入師資培育的規劃，而僅有一些零星的在職訓練專業成長發展之研習，這也是教師們在備課時無能為力的原因之一。為協助教師備課能力的增進，林文生（2016）的研究特別提出建議將備課的專業列入師資培育的必修學分，以增進與協助教師的備課與教學能力，並呼應跨年級教學教師的備課心聲，協助跨年級教學的備課順利。

## 六、因應之道方面

跨年級教學的備課困境與問題，正如上述所呈現的多樣化與複雜性，雖然學者專家也在呼籲，希望將跨年級教學的專業知能課程納入職前的師資培育課程，尤其是因應學習共同體、學教翻轉的思潮下，備課能力的增進是迫切需要的部分。但現在實務現場的教師，大多欠缺這樣的職前師資培育的課程與經驗，只能透過一些在職的研習進修自我增長，或是以自己的教學經驗來面對問題、解決問題，學校方面也只能儘量配合教師備課的需求，全力支援教師一同面對困境，解決問題。因此，各校及教師在實施備課時面對困境問題的因應解決之道，主要如下。

## （一）邀請專家學者進行參與指導

我們學校因為參加跨年級的專案計畫，所以就會邀請一些專家學者或是有經驗的教育前輩來學校輔導或諮詢，也可以藉此機會幫助老師解決一些疑惑或問題。（S6A1）

我們會透過教授專家到校觀課議課的輔導座談會上，請他們也針對教師在備課上所遭遇的問題，提供一些專家意見。（S3P）

有時候會有教授到學校來輔導，我會趁機詢問有關備課的問題。（S4T2）

## （二）課務安排共同空堂研討時間

為了解決老師們共同備課的時間安排，我會請老師先提出他們的需求，再請教務處儘量安排跨年級教學的老師共同空堂的時間，讓他們可以利用共同空堂的時間，一起討論備課的內容。（S6P）

因為這學期我和三年級的老師要進行國語課的跨年級教學，所以我就會和她一起跟行政提出，希望我們兩個老師有共同空堂課的安排，好讓我們有共同備課的時間。（S2T2）

如果老師有提出共同備課的時間需求，行政方面就會協助老師安排共同空堂時間，好讓老師有時間共同備課。（S6A1）

我在排課時就會利用校務排課系統，幫忙有需要的老師調整課務，找出他們的共同空堂時間，讓他們有時間進行備課。（S6A2）

## （三）運用資訊平臺建立共備資源

我們有時也會鼓勵老師儘量透過網路平臺的分享，學校本身也有這樣的分享平臺，老師們也可以在這個平臺上討論對話，相互獲得一些備課的協助。（S5P）

我有參加網路社群的備課討論，所以有時候我也會和社群的夥伴一

起討論。（S6T4）

## （四）尋找領頭羊與典範教師

我會鼓勵一些有經驗也有意願的老師，參加跨年級教學的計畫，希望他們能夠有帶頭示範的作用，也會適時地安排進修研習的機會，讓他們去多吸收一些跨年級教學的知能，尤其是有關教案設計或是共同備課的資料（訊），回來跟老師們分享。（S6P）

週三研習的時候，會安排由有經驗的老師來帶領同仁們的共同備課。（S3P）

## （五）推動備課、觀課、議課的歷程

我們會透過跨年級教學的公開觀課機會，一起分享討論並集體議課，然後再去修正調整事前備課的不足。（S3A1）

公開觀課與議課，可以了解備課的困難問題所在，因此我們學校比較會利用備課、觀課、議課三者連結的機制，來發現備課問題並尋求因應之道。（S4P）

## （六）與他校合作進行跨校學習

我會跟別的學校的老師要資料，作為我事前備課規劃課程的參考。（S3T1）

我會利用參加研習的機會跟別的學校的老師交換意見，作為我編選教材與備課資料的參考。（S1T1）

## （七）推動專業學習社群與小型小組對話機制的運作

因為老師們常常反映不知如何備課，也不知道要如何進行跨年級合班教學的共同備課，為了解決老師備課的困難與需要，我們也試著開始在學校成立老師的專業學習社群。（S5P）

我會鼓勵老師們組織或成立專業學習社群來共同討論備課的事。
（S4P）

我會自己找其他一起合班上課的老師討論，進行小型的小組對話，讓事前的備課問題減少。（S3T3）

## （八）建立與運用全校性的學生資料

全校性的學生個別化計畫的資料建立，提供許多老師事前備課的幫助，尤其是了解學生學習程度差異或是一些學習成效方面，減少老師在備課時的一些疑惑和問題。（S6A1）

## （九）設定共備聚焦目標

我們後來發現每次討論都很難有共識，是因為我們沒有聚焦在一定的目標範圍，所以我們就慢慢改變共備的討論內容，由部分課程的聚焦形成共識後再擴大備課內容，這樣一來確實減少我們在備課時的一些問題與時間。（S3T1）

## （十）轉換教學資源的運用

原本要在操場練習足球的傳接球，因為下雨我就會改在穿堂上課，然後利用學校的小型三角錐的擺放，一樣可以達到預期的教學目標，所以在備課的過程中，我開始想到如何改變與運用學校的場地設備資源等，不用再受制於下雨的關係了。（S1T1）

據此綜合上論訪談紀錄等資料，偏鄉小校在實施跨年級教學時的備課過程中，針對所遭遇到的困境與問題，有許多的因應與解決之道，也有一些落實改進的方法策略。正如上述的備課困境問題，有的是來自於沒有相關的備課經驗或能力、有的是備課的時間不足、有的是缺乏共同備課的時間安排、有的是受限於學校場地器材設備資源等支援與提供、

有的是學生程度的差異、有的是不知如何重新編選適合的教材、有的是共同備課時難以聚焦的問題等，顯見各校在實施跨年級教學時的備課困境與問題上，呈現出許多因為能力不足、缺乏經驗、時間不夠、人力短缺、教材難選、評量難定等的問題，但這些又都是教師在備課上非常需要解決的問題與困境。經過實際推動備課的經驗上來看，各校對於解決跨年級教學備課問題的因應之道，一方面會從增進教師本身的備課專業知能著手，例如：聘請專家學者到校指導、組織運作專業學習社群或是小型的小組對話機制、聚焦共備的目標焦點內容，形成共識再慢慢擴大範圍的討論、也有的開始思考如何善用與轉換設備資源的變化創新運用等，來增進老師本身的能力與經驗；另一方面則從行政運作來著手，協助教師一起解決問題，例如：協助考量共同空堂的課務安排時間、建立與運用相關的備課資訊平臺、鼓勵優秀有經驗的老師帶頭示範，甚至於建立起全校性的學生學習輔導資料等，來解決或減少老師備課的困境與問題，也能協助老師提升教學效能。因此，各校在面對實施跨年級教學時所遭遇之備課問題上，呈現出許多教師在實務經驗上創新變化的因應之道，一方面解決因應備課困境，另一方面精進自己本身對於跨年級教學的專業知能，也有許多行政的因應解決措施或策略，呈現出學校行政「因地制宜、因校所需」的校本解決之道。總之，教師個人的能力增進與發展成長，以及行政的細心縝密規劃與全力協助，是解決備課問題時，不可偏廢的思考方向，行政與教師必須同心協力，一起認真思考與面對問題，才是最佳的因應解決之道。

## 伍、結論與建議

### 一、結論

跨年級教學事前的備課歷程，既複雜繁重與困難重重，且又充滿挑

戰，經過本研究實施跨年級教學的多重個案學校校長、行政人員及教師之訪談，還有資料文件整理分析下，理出一些備課歷程相關的脈絡與結論如下。

## （一）在備課的方法策略方面，務實且具多管道途徑

各校教師所採取的方法策略，例如：邀請共備夥伴、成立專業學習社群、尋求行政協助、納入校本課程、深究能力指標、相互觀摩學習等方法，是一般老師較為熟悉與認為可行的途徑，在實務上確實為多數老師所運用，也有一定的經驗與能力的增長，有助於教師踏出備課的第一步。

## （二）在備課的運作形式方面，符合需求且具多樣化

各校教師或因只有一師個別授課，或兩師以上協同授課之分別，所採取的運作方式自有不同，例如：個別單獨備課、同領域跨年級教師共同備課、跨領域跨年級教師共同備課、主題課程統整備課、全校性校本課程備課、跨校、網路研討備課等，在呼應一師或兩師以上的不同組合課務安排上，尚能因應老師各自的需求，也能配合學校在人力的調整，達成事前備課的基本目標。

## （三）在備課行動來源的思考方面，考慮教學與學生學習的需求

各校教師大多能從一些教與學的方向來啟動思考，例如：考慮個人興趣專長、配合教學預定進度、教材取得的方便性、考量學生學習準備度、配合資源設備的提供、配合公開觀課的準備、共同備課教師的共識、配合行政政策的要求、課程部分解構再建構等，如此不僅能夠較為容易找到備課的靈感與動機，也能藉此備課行動更深入了解自己的教學設計與目標，進而持續關注學生的學習任務。

### （四）在備課成果方面，肯定備課有助於提升跨年級教學的知能

教師經過事前備課的一些參與過程，備課在實務上確實能提升跨年級教學的知能，以協助教師面對與解決跨年級教學的問題。更重要的備課成果是學校與教師經過實際的投入備課之後，大多能肯定備課對於教學準備的重要性與必要性，而其中的一些主要備課成果，例如：教師們會去深究課程設計的架構、重整教材編選的順序、鑽研教法策略的模式、創新改變運用教學資源的方式、組織成立專業社群的運作等，這些成果有形無形的影響，已漸漸地在各校與教師心中滋長，形成將來各校教師持續推動跨年級教學的動能。

### （五）在備課的困境難題方面，仍存在著許多疑慮待解

一般教師較缺乏跨年級教學的實際經驗，不知如何上跨年級的課程，致使學校與教師事前的備課上，產生許多的問題與困境，例如：欠缺備課的實際經驗、能力與共備時間；單獨備課占用太多時間；跨年級合班教材編選困難；小校較欠缺師資多元專長、學生程度的差異診斷評量；場地設備資源受限；缺乏共同備課內容的聚焦討論、評估學生學習評量的標準與方式等，這些困境與問題常常成為學校與教師在推動跨年級教學時的阻力，也形成備課難以落實的疑慮。

### （六）在因應解決之道方面，尋求創新與學校本位的解決方法

各校在面對上述的問題阻力與困境挑戰，宜從實務經驗上與備課的過程中，找出一些呼應教師需求與學校本位的思考因應解決之道，例如：邀請專家學者進行參與指導、課務安排共同空堂研討時間、運用資訊平臺建立共備資源、尋找領頭羊與典範教師、推動備課觀課議課的歷程、與他校合作進行跨校學習、推動專業學習社群與小型小組對話機制的運作、建立與運用全校性的學生資料、設定共備聚焦目標、轉換教學資源

的運用等,符合學校與教師需求的解決方法或策略。這些因應之道不論是在實際的備課運作上,能適時呼應教師的及時需求,協助教師解決問題外,也能為學校找到一些可供協助的外部資源,甚至啟發學校與教師重新思考教學的創新與改變,為學生學習提供較佳的資源與協助,也為學校找到活化教學的生機。

綜合上論,事前的備課確實是學校推動跨年級教學時,必須和老師一起共同面對與努力的要事,而其關注的焦點,除了學校如何順利推動跨年級教學、教師如何透過事前備課提升專業知能以達到有效教學外,更關鍵的關注焦點仍在如何呼應「學習者需求為中心」的訴求,落實差異化的精神與核心價值,以協助學生有效學習,這也是偏鄉小校在實施跨年級教學時,有別於一般傳統單一年級的創新改變價值。

## 二、建議

根據上述各校教師的備課經驗與實施過程,整體而言,本研究除依據訪談結果的經驗及相關資料分析外,並參酌潘慧玲等人(2015)所提出在共同備課時可擷取的元素,包含人員、時間、地點、形式、主題、平臺與通路,並視學校願景、班級規模、教師專業等組合出不同、多樣、有創意的備課運作狀態外,更重要的是回歸到偏鄉小校實施跨年級教學的需求與特殊性,提出下列實施跨年級教學的學校或教師備課可供參酌的具體建議。

### (一)宜強化備課專業知能的增進,以協助學校與教師進行備課

除了呼籲師資培育課程,能納入有關跨年級教學的相關課程外,關於備課的基礎能力培養與專業發展成長進修方面,則必須儘速透過相關單位與專家學者的規劃設計,加以積極協助教師解決問題。Mulryan-Kyne(2007)特別指出,實施跨年級教學的教師訓練,需透過更多元的管道

與課程內容規劃，例如：關於實施跨年級的理由、課程發展與規劃、教室環境的組織與設置、選擇和使用適當的資源與教學策略等，都應視為教師培育與訓練的重要內容與項目，以協助教師能夠儘速獲得跨年級教學相關的備課經驗與能力，而且也必須透過各方面的努力與行政協助，減少教師單獨備課所耗費的時間，減輕單獨備課的壓力。

## （二）宜協助尋找共備人員與場地安排，以提升備課的參與感

由於偏鄉小校的師資人力編制員額較少，且各領域專長師資也頗為缺乏，有時較難以有多領域專長或多人的共同備課合作對象，因此在尋找備課合作夥伴上，宜協助擴大尋找或安排備課的參與對象，不論是跨領域、同領域、跨年級的老師，甚至於是跨校的老師等均可。共同備課可不限教師領域專長與人數，可視教學或自己專業協助上的需要，自由組成，如此增加相互對話研討的機會，進而經由彼此多對話、多熟悉備課的歷程，增進備課的經驗與知能，而形成互動、互信、互助、合作的習慣，以增進備課的能力。對於備課的地點，除先以學校內既有的合適場地為優先選擇，學校亦可協助彈性安排，主要考量的重點在於舒適無壓力、設備充足、室雅無須大，考量適合於大多數成員方便參加即可，例如：會議室、圖書室、校園的美麗角落，或是教室閒適優雅的一隅，都是可以考慮選擇的地點，無須過於正式僵化，有時也可以彈性選擇校外的適合地點，隨時席地而談一起對話討論，也許會有意想不到的收穫。

## （三）宜尋求更彈性的運作形式安排及時間運用，以利教師備課

跨年級教學的備課，比起一般備課又較為複雜與困難，因此在運作形式上要能更靈活運用，且須多元思考創新改變，不論是成立教師專業學習社群，有組織、有專業且自主性的成長運作方式；或是直接針對問題面對面的備課對話討論；或是透過資訊網路平臺的專業分享；或是採取備課、觀課、議課持續循環的修正調整方式；或是配合校本課程備課

的思考方向等，都是可行的方式，而且各種方式之間並非是獨立單一的途徑，彼此是可交互運用，而且有時也需多管齊下，靈活組合創新改變的善用。對於備課時間的安排與利用，也不必拘泥於固定的時間安排，而應以教學前的「事前」備課時間為主要考量，重點在於能「事前思考」相關教學問題。因此，除學校安排的共同時間或空堂時間，以及相關研習時間、觀課議課的討論外，合班教學的老師或是相關的社群夥伴也可自行約定彼此的時間，任何時間只要有共同需求，立即可以開啟共備的機制，隨即進行對話討論紀錄，充分利用即時又及時的時間，達到即時且及時對話討論解惑的功能，如此更能顯現備課運作的多樣化與彈性。

### （四）宜協助教師釐清備課主題內容與目標的思考方向

備課之主要目的是協助教師在教學前能夠更清楚教學的目標，預期過程中可能的問題發生，及早解決以順利進行教學，而且因為每個人在備課時所考慮的因素大多有所歧異，且內容主題有時難以聚焦，在共備討論時也難以達成共識。因此，建議在備課時能以關注學生學習為主，並且從教學目標、內容、時間、過程、評量及其他相關要素來思考，聚焦在差異化教學上，從小部分的聚焦共識，例如：教學設計、學習評量、班級經營、學生輔導、分組策略、觀課對話、議課省思等，先有聚焦關注的主題內容後再擴大。

### （五）宜從備課與教學需求，思考改變資源設備場地的運用價值

偏鄉小校在資源設備上常有缺乏與不足的困境，要符合與滿足所有教師備課的需求，確實不容易。因此，建議以現有人力與教學資源為主，思考如何充分善用並創新改變運用的形式與價值，在備課時即思考多元場地器材與資源設備的替代性，例如：沒有足夠的專長領域師資人力資源支援，或可改變教學形式，強化學生的自學；沒有操場可以上大型的體育競賽課程，或可改變運用器材的特性，設計出不同的競賽方式等。

總之，在事前備課時就可思考，如何靈活善用現有的場地器材與資源設備，改變器材的現有使用方式，創造「舊器材新價值，小場地大活動」的新思維，則將能協助教學跳脫窠臼與限制，找到新的活路出口。

# 參 考 文 獻

## 中文部分

丁一顧、鄒鈺萍（2007）。教師專業成長三部曲：共同備課、觀課與省思。**教師天地，151**，23-29。

林文生（2016）。學習共同體取向的授業研究：備課、觀課與議課。**教育研究月刊，263**，18-30。

林欣毅、鄭章華、廖素嫻（2016）。混齡教學於國中小階段之實施方式與支持措施：多重個案探究。**教育實踐與研究，29**（2），1-32。

林國凍、吳麗君（2016）。中國大陸小學教師之備課探究：以三所小學為例。**教育研究月刊，263**，62-77。

高博銓（2011）。教師社群發展的問題與因應。**教育研究月刊，201**，39-48。

陳聖謨（2016）。**混齡教學偏鄉小校新風貌**。臺北市：華騰。

游秀靜（2016）。誰說我不在乎？談「共同備課」與「議課」的美麗與哀愁。**教育研究月刊，263**，32-43。

楊思偉、陳木金、張德銳、黃嘉莉、林政逸、陳盛賢、葉川榮（2015）。**師資培育白皮書解說：理念與策略**。新北市：心理。

鄒鈺萍（2009）。**共同備課對教師專業成長影響之研究：以臺北市一所國小為例**（未出版之碩士論文）。臺北市立教育大學，臺北市。

潘慧玲、黃淑馨、李麗君、劉秀嫚、余霖、薛雅慈（2015）。**學習領導下的學習共同體進階手冊 2.0 版**。臺北市：高等教育。

## 英文部分

Gomes, M. L. (2013). *Bridging the gap of a professional learning community as a support system in South Africa for multigrade teachers and principals: Working together for collective learning and its implementation.* Unpublished doctoral dissertation, Cape Peninsula University of Technology, Cape Town, South Africa.

Mulryan-Kyne, C. (2007). The preparation of teachers for multigrade teaching. *Teaching and Teacher Education, 23*(4), 501-514.

# 3

# 在質變中尋求蛻變之路：
# 一所村落小校實施
# 跨年級教學之行動研究

洪千惠[1]、洪文芬[2]、詹翠文[3]、余威杰[4]

　　每年開學日，小班、小校的議題總成為大眾關注的焦點。然而，隨著少子化問題的逐年發酵，討論的議題已從幾年前的「百人小校」到「一人班級」。在 106 學年度，全臺灣有高達 93 校 130 班只有 1 人報到，更有 9 間國小等無新生（楊之瑜，2017），足見少子化現象在教育現場所帶來的急遽衝擊。

　　根據教育部於 2017 年 1 月所頒布之《公立國民小學及國民中學合併或停辦準則》，在保障小型學校學生的「受教權」考量下，特別制定「一人條款」，學校新生或各年級學生只要有一人，就應開班，明文禁止地方政府以自訂法規方式進行併停班。

　　一人班級的出現，形式上確實保障了學生的基本受教權，但仍有許

---

1　雲林縣大埤鄉仁和國小校長。
2　雲林縣大埤鄉仁和國小教導主任。
3　雲林縣大埤鄉仁和國小高年級級任教師兼訓導組長。
4　雲林縣大埤鄉仁和國小英語教師。

多挑戰存在，例如：群性部分的學習、學習品質的保障等，皆是教育現場不得不面對的現實考驗，這部分同時也是小型學校在學校經營上必須思考且實踐的區塊。學校可以有怎樣的作為，才能做到不只「保校」，更是「保質」？

本文是一項仍處於現在進行式的教育行動，關於一所人數不到百人的小型學校在面對少子化的挑戰時，藉由實施教育部國民及學前教育署「國民小學實施跨年級教學方案推動與輔導計畫」（以下簡稱「跨年級教學計畫」），企圖在質變中朝向蛻變的歷程，進而從中歸納、發展出適切可行的學校行政運作與教師教學的模式，一方面希望為學校師生帶來學習的新方向，也期盼提供實務經驗，讓同樣面臨少子化挑戰的學校作為學校經營與教師教學時之參考，並作為教育行政單位在思考小型學校時的參考依據。

## 壹、躍入：參與計畫的背景與思維

人人國小，一所典型的村落學校，地方經濟產業的外移，致使學區人口數不斷降低；少子化的衝擊，加上地處高齡化地區，種種不利因素讓學生人數在短短幾年內從一百人以上逐年降到百人以下。學生人數的減少，已為學校、所有的親師生、社區帶來極大的衝擊。

然而，人人國小並非唯一一所受少子化現象影響的學校，根據教育部國民及學前教育署統計，105 學年度是有史以來新生人數最少的一年，僅 17 萬 4 千餘人，106 學年度的全國新生數雖比前年度多了 8,277 人，但「1 人班級」卻比前年度多了 60 班（林曉雲、劉婉君，2017）。少子化已造成村落學校的第一道衝擊，因都市化產生的人口磁吸效應又再將衝擊力道加乘放大。

在《公立國民小學及國民中學合併或停辦準則》的保護傘下，這些小型學校可以暫時不用考慮裁併校的問題，安心的辦學。現階段該深度

關注的，是可以思考如何微調學生數偏少班級內的教材與教法，甚至是學校整體的經營模式，讓學生在學習上可以獲得最佳的保障。

「從學生個體的質變，促成學校整體的蛻變」，是人人國小參與跨年級教學計畫的初衷。既然少子化的威脅勢必會存在著一段長時間，如何與之和平共存，或許會比討論學校的存與廢來得更有意義。畢竟，對學校教育的基層工作者而言，能否提供師生「有品質的教與學」，才是學校存在價值的真正展現。

## 貳、澄清：跨年級教學的釐清與規劃

於是，人人國小遂於 105 學年度開始申辦跨年級教學計畫，開啟了這趟追求質變、尋求蛻變之路，同時，各項挑戰也接踵而來。

首先，學校老師得先了解何謂「跨年級教學」，才能開始。但何謂「跨年級教學」？

根據洪儷瑜（2015）的定義，跨年級教學（multi-grade classroom）係指由教師在同一節課中，在同一教學場域對不同年級之學生進行教學；課堂中因應不同學生的學習差異設計教學，包括：教學目標、學習歷程與評量。

由此可知，跨年級教學不單單僅是不分年級的班級，也不是因混齡而成的班級，應該是指由不同年級所組成的班級。而本文所指的跨年級教學為教師於同一節課、同一個教學場域中，針對不同年級之學生進行差異化的教學設計與評量規劃，使學生得以進行不同學習目標之學習。

換言之，人人國小實施跨年級教學方案主要關注的焦點，並不是橫跨年級的多寡，或是以何種形式進行，而是課堂內的教師能否關注到學生間的個別差異，以達成「差異化教學」的目標。

第二個挑戰是，該從哪開始？

每個領域、每一堂課、每位老師都可以是實施跨年級教學的起點，

但學校應該從哪個領域著手、應該以何種形式進行，需事先審視學校發展現況，準確分析學校與學生的真正需求，同時建立親師共識，進而規劃出具體的目標與方向才行。

因此，人人國小在分析自我的現況後，決定從下列幾個基礎著手分析。

## 一、在學校氛圍方面

人人國小從多年前就開始有定期或不定期的全校性或年段性一起進行學習之制度，例如：為增加各項專案計畫的經費效益，在外聘專業教師時，同年段就會一起上課；學校主要的學習活動，如閱讀動態展演、校外教學、體育競賽等，皆常採用全校打散分組而重新編組進行，以增加整體的學習效益。因此，學校內的教師對於類似跨年級的學習模式並非全然陌生，但真正進入課堂教學的系統進行，確實仍無經驗。學生對於跟其他年級學生一起學習、如何互動，也有經驗，但長期系統的學習狀況，仍屬未知。

## 二、在教師社群方面

人人國小因推動諸如教師專業評鑑發展計畫、閱讀深耕計畫等多項專案，教師社群應該如何運作、年段教師群之間的說觀議課等，已有基本模式。但跨年級教學屬於教師團隊較為陌生的區塊，教師的參與意願與投入程度將是決定實施跨年級教學計畫效益的關鍵。

## 三、在教學資源方面

人人國小於 104 學年度參加民間企業設置智慧教室計畫的評選，獲得該公司設置智慧教室一間，並開始申辦教育部行動學習計畫，教師與學生對於行動載具結合教與學已漸入熟稔，或可借用科技資源，導入相關學習資源，以符應個別學生的學習需求。

在評估了校內各項人力、物力資源後，學校規劃在國語中的閱讀與寫作、英語、數學、藝文、體育、閩南語、校本課程等領域或課程內，分別進行不同程度與型態的跨年級教學。本研究則另以校內三位教師針對人人國小高年級學生的數學及英語等兩項工具學科所進行跨年級教學計畫做進一步的探究，箇中背景如下。

## 一、以教師意願特質為切入考量

本行動研究所探討的面向，包含了行政規劃與教師教學等部分，希望從推動歷程中歸納出研究結論，以為後續實務運作與學術研究之參考。因此，在研究對象部分，除主要推動的業務單位之外，在教師部分則以該名教師的意願、特質作為切入考量，包含對於跨年級教學計畫的參與意願、平日對於開放教室提供其他教師說觀議課採取的態度等，由對各項教育新趨勢較為開放的教師先詢問，以找尋到研究計畫的合作夥伴。

## 二、以學生學習品質為研究目標

對於村落小校而言，學生學習品質的均優化是相對重要的課題與挑戰。任何教育行動在校內推動，能否提升學生學習品質，將是行動能否持續的重要關鍵。本行動研究便聚焦於高年級的英語與數學等兩項工具學科，分析探討教師的教學運作與學生的學習品質之實施狀況後，進而歸納出研究結論。

## 三、以重組同質班級為運作模式

芬蘭學者Kalaoja（2006）曾提出五種跨年級教學模式，分別是：平行課程（parallel curriculum）、課程輪替（curriculum rotation）、課程連貫與螺旋課程（curriculum alignment and spiral curriculum）、科目交錯（subject stagger），以及全班教學（whole-class teaching）。

人人國小在不同領域有不同程度的跨年級教學運作方式，在高年級

的英語與數學之規劃是：在保有各年級原有領域的進度與學習節數外，另再利用每週兩節彈性學習節數，採用「重組同質班級」來實施跨年級教學。在三位協同教師中，由 A 老師負責英語領域，B 老師與 C 老師則分別進行數學領域的教學活動，即是在同一個教學時間中，將高年級學生拆成兩組，其中一組進行英語的學習活動，另一組則進行數學的學習活動，反之亦然。

## 四、以提供支援支持為推動助力

在實施跨年級教學計畫時，行政單位除提供精神的支持外，更應在實質面向提供支援，例如：在排課部分，跨年級教學的節數係優先排課；在運作部分，需定期與任課教師進行討論，隨時了解其所可能遭遇之困難並協助解決，若需要與導師協調之部分也可代為出面溝通協調，避免讓任課教師獨立解決問題。

## 五、以事前充分溝通為避免誤解

除了教師，另一個學校行政需要特別去溝通的對象是家長，尤其大眾在不理解跨年級教學計畫的精神在於提供個別化的適性教育之狀況下，十分容易造成誤解。因此，學校行政一開始便利用於期初所進行的班親會進行說明。果不其然，未說明前，大部分的家長會以為僅是兩個班級合在一起上課，經過學校行政深入淺出的說明後，參與的家長這才恍然大悟，理解跨年級教學的精神在於解構既有形式，重新建構適合個別差異的學習模式，而後欣然地接受跨年級教學的新穎觀念與作法，之後也未有任何關於跨年級教學而產生的親師衝突。

至此，人人國小在推動跨年級教學計畫的雛型已大致底定，也確認後續研究聚焦討論的面向。

## 參、浸潤：參與教師的各顯本事

教學是門藝術，正所謂「戲法人人會變，巧妙各有不同」，不同的領域遇上不同的教師，推動的樣貌也有很顯著的差異，但計畫的核心價值——「差異化教學」，則是始終如一的部分。以下為人人國小在英語與數學領域實施跨年級教學計畫的分析。

### 一、在英語領域的推動部分

A 老師，為具英語專長的正式教師，現擔任人人國小的科任教師，任教科目以英語及體育為主，因此對於各年級英語的教學進度與個別學生的學習狀況都相當熟悉。A 老師認為，無論有無實施跨年級教學計畫，英語學習本身存在的雙峰現象便十分嚴重，因此平日便會透過分組教學的方式，針對個別差異規劃不同難易程度的學習內容，以符合學生的學習需求。在進行高年級跨年級的英語教學時，則特別針對兩組學生規劃了不同難度與進度的學習內容，其實施跨年級教學的特色如下。

### （一）依學生狀況來安排進度

由於學生的英語學習呈現雙峰化的狀況，故 A 老師會依照學生的學習情形來安排教學進度。根據表 3-1 與表 3-2 之內容，以「sport」主題為例，第一組在 105 學年度第一學期第 2 週的學習內容為「Taipei 2017 summer Universiade」，第二組則是在同學期的第 18 週才導入；第一組又在第二學期的第 16 週、第 17 週進行有關的學習。在「food」主題部分，第二組在第一學期第 17 週便先進行，第一組則在第二學期第 5 週進行「Creative menus: reading a menu」、第 6 週進行「Creative menus: restaurant owner」的課程。顯見，A 老師會先考量學生的學習狀況再來調整課程的深廣度。

(表 3-1　人人國小 105 學年度第一學期高年級實施英語跨年級教學進度表

| 週次\組別 | 第一組 | 第二組 |
|---|---|---|
| 1 | Regroup. Classroom rules<br>Summer vacation gallery | 1. regroup and classroom rules<br>2. summer vacation gallery worksheet |
| 2 | Leveled reading journal introduction<br>Sports: Taipei 2017 summer Universiade<br>Youtube: https://www.youtube.com/watch?v=JHDF-SFvLFQ&t=113s<br>Quizlet: sports vocals of summer Universiade<br>Quizlet: https://goo.gl/JzFQnm | Leveled reading journal introduction<br>Family members |
| 3 | Sports: Taipei 2017 summer Universiade<br>Short digital storytelling.<br>Youtube: https://www.youtube.com/watch?v=BDYcKpIXXDQ | Numbers |
| 4 | Travel: vocabs and how to plan a trip | School items |
| 5 | Travel plan: show and tell | Colors |
| 6 | Expressing likes, dislikes & indifference | Body parts |
| 7 | Self introduction: how to introduce yourself<br>Seesaw video | Animals |
| 8 | Halloween: lapbook | Halloween: lapbook |
| 9 | Halloween: lapbook | Halloween: lapbook |
| 10 | Anglophone countries | Occupations |

(表 3-1 人人國小 105 學年度第一學期高年級實施英語跨年級教學進度表（續）

| 週次 \ 組別 | 第一組 | 第二組 |
|---|---|---|
| 11 | Fillers & reduced forms | Fruits |
| 12 | Christmas: a letter to Santa (air mail) | Christmas: a letter to Santa (air mail) |
| 13 | Phone conversation: role play | Drinks |
| 14 | Count vs. uncount nouns | Action words |
| 15 | British vs. American English mindly | Hobbies and activities |
| 16 | Two truths and one lie: how well do you know your classmates? | Transportations |
| 17 | Christmas: lapbook | Food |
| 18 | New Year around the world | Sports |
| 19 | Let's go shopping: shopping words and conversation | Weather |
| 20 | Leveled reading: sharing and feedback | Leveled reading: sharing and feedback |

(表 3-2 人人國小 105 學年度第二學期高年級實施英語跨年級教學進度表

| 週次 \ 組別 | 第一組 | 第二組 |
|---|---|---|
| 1 | Many occupations: mind map 心智圖 app: mindly | Form phonics to RT 1: a fun birthday party |
| 2 | Many occupations: show and tell | Form phonics to RT 1: a fun birthday party |
| 3 | Home map: house-related vocabs | Form phonics to RT 2: I see a brown bee flying in the tree |
| 4 | Home map: draw your own home map 居家設計 app: planner 5D | Form phonics to RT 2: I see a brown bee flying in the tree |
| 5 | Creative menus: reading a menu | Form phonics to RT 2: little glen and the little seal |

(表 3-2 人人國小 105 學年度第二學期高年級實施英語跨年級教學進度表（續）

| 週次 組別 | 第一組 | 第二組 |
|---|---|---|
| 6 | Creative menus: restaurant owner | Form phonics to RT 2: little glen and the little seal |
| 7 | Flag postcard: how to write a letter to your pal | Form phonics to RT 2: the small snail and the small swan |
| 8 | 復活節主題教學：lapbook 製作 | 復活節主題教學：lapbook 製作 |
| 9 | 復活節主題教學：lapbook 製作 | 復活節主題教學：lapbook 製作 |
| 10 | Going abroad: countries | Form phonics to RT 2: the small snail and the small swan |
| 11 | Going abroad: travel planning | Form phonics to RT 2: Scott the spy and Steve the cook |
| 12 | 母親節主題教學：Songs | 母親節主題教學：Songs |
| 13 | 母親節主題教學：Mother's card | 母親節主題教學：Mother's card |
| 14 | Places & where We live: vocabs and sentence patterns | Form phonics to RT 2: Scott the spy and Steve the cook |
| 15 | Places & where We live: RT | Form phonics to RT 3: a fish and a mouse |
| 16 | Sports: what sports do you play? | Form phonics to RT 3: a fish and a mouse |
| 17 | Sports: sports star | Form phonics to RT 3: Chelsea the girl and Roy the boy |
| 18 | Time frequency: how often…? | Form phonics to RT 3: Chelsea the girl and Roy the boy |
| 19 | Time frequency: interview practice | Form phonics to RT 3: a birthday party for Sister Cathy |
| 20 | Wheels on the bus: I say, you do | Form phonics to RT 3: a birthday party for Sister Cathy |

## （二）分組學習任務日趨分軌

　　第一組的學習任務偏向活用、較為開放，鼓勵學生結合如行動學習、心智圖等資源，進行主題式的擴充性學習，例如：第二學期第 10～11 週的「Going abroad」，便是讓學生從認識不同國家到進行旅遊計畫，沒有任何標準答案，鼓勵學生利用已經學習到的英語，主題性、系統性地向外擴展。

　　相較之下，第二組的學習任務則可被視為「限制型學習」。A 老師在第一學期安排多元的主題，幫學生補充課本之外的學習內容，第二學期則將重點放在讀者劇場的發音練習上（Form phonics to RT），聚焦強調口說表達的讀者劇場來強化學生的英語學力。

## （三）在嘗試中建立教學模式

　　從 A 老師第一學期及第二學期的教學進度表可以明顯看出，無論是在第一組或第二組，第一學期的教學進度皆是顯得較為鬆散的，但到了第二學期，A 老師已經開始建立兩組的教學模式：第一組採用開放性的主題式教學，第二組則是以讀者劇場來進行。顯見教學現場經驗的累積，對於教師建立跨年級教學模組的重要性。

## 二、在數學領域的推動部分

　　高年級跨年級教學計畫在數學領域方面，則由兩位老師協同合作。

　　第一位是 B 老師，為人人國小的正式教師，長期擔任高年級級任教師，對於高年級的數學教材十分熟稔。平日喜歡研讀教育新知，樂於將教育新潮轉化成班級教學的成分。在實施高年級數學的跨年級教學時，B 老師會因主題的不同而自編不同程度的學習教材，十分注重學生觀念的理解及課後的精熟。

　　另一位則是 C 老師，為人人國小的代理教師，剛從師院數學系畢業，

實習完畢取得教師證後,便透過代理教師甄試來到人人國小服務,擔任中年級的級任教師。雖然教學經驗稍嫌青澀,但對於數學的教材教法有一定程度的基礎。在跨年級教學的推動方面,C 老師著重學生個別化的學習指導,在教學時主要是分析學生的學習現況並進行個別教學。

因此,本研究所提及之數學領域的跨領域教學部分,係以 B 老師的教學為主。表 3-3、表 3-4 為以 B 老師在分析兩個年級的教材內容後所進行的課程規劃,具有以下幾個特色。

## (一)以領域教材為基礎來實施

不同於英語領域,B 老師係以領域教材為基礎規劃教學進度。在一開始,B 老師表示,由於尚未能完全掌握如何實施跨年級教學,所以在上學期的第 1 週、第 2 週先進行「四則混合計算熟練」,一方面讓學生習慣跨年級學習,也同時讓教師了解學生的數學學習狀況。

接著在第 3 週、第 4 週開始,配合五、六年級的學習進度,分別設計「小數加減計算練習」與「短除法練習」,在同一個課堂中進行不同的教學進度。但到了第 5 週後,B 老師逐漸從不同年級的教材中整理出重疊的區塊,自編教材,教材中包含不同難易程度、不同複雜層面的學習內容,透過分組合作學習等機制,讓不同年級學生或同年級不同學習狀況之學生能同步學習。

## (二)重新安排教學進度來整合

有了第一個學期的經驗之後,B 老師在規劃第二學期的教學進度時,便先與五年級的老師進行溝通,請五年級導師配合六年級的課程安排,微調其數學單元的教學順序。因此,第二學期在進行教學時,便顯得較為順暢。

由此可知,在實施跨年級教學之初,每位教師各具風格,但同樣皆

(表 3-3 　人人國小 105 學年度第一學期高年級實施數學跨年級教學進度表

| 領域教材分析 | |
|---|---|
| 五年級 | 【按照順序進行】<br>一、多位小數→二、因數與公因數→三、倍數與公倍數→<br>四、平面圖形→五、多位小數的乘除→六、擴分、約分與通分→<br>七、異分母分數的加減→八、四則運算→九、面積→<br>十、線對稱圖形 |
| 六年級 | 【按照順序進行】<br>一、最大公因數與最小公倍數→二、分數的除法→<br>三、長條圖與折線圖→四、小數的除法→<br>五、圓周長與扇形弧長→六、比、比值與正比→<br>七、縮放圖與比例尺→八、圓與扇形的面積→<br>九、怎樣解題→十、等量天理 |

| 教學進度安排 | | |
|---|---|---|
| 週次　年級 | 五年級 | 六年級 |
| 1 | 四則混合計算熟練 1 | |
| 2 | 四則混合計算熟練 2 | |
| 3 | 小數加減計算練習 1 | 短除法練習 1 |
| 4 | 小數加減計算練習 2 | 短除法練習 2 |
| 5 | 多位數加減與整數倍 1（進階應用題） | |
| 6 | 多位數加減與整數倍 2（進階應用題） | |
| 7 | 最大公因數、最小公倍數 1（分站練習）（進階應用題） | |
| 8 | 最大公因數、最小公倍數 2（分站練習）（進階應用題） | |
| 9 | 最大公因數、最小公倍數 3（分站練習）（進階應用題） | |
| 10 | 故事性應用題—1 小數四則混合計算 1 | |
| 11 | 故事性應用題—2 小數四則混合計算 2 | |
| 12 | 故事性應用題—3 小數四則混合計算 3 | |
| 13 | 邏輯推理活動 1 | |
| 14 | 邏輯推理活動 2 | |
| 15 | 分數加減進階應用題 1 | |
| 16 | 分數加減進階應用題 2 | |
| 17 | 平面圖形面積—布題練習 1 | |
| 18 | 平面圖形面積—布題練習 2 | |
| 19 | 評量活動 1 | |
| 20 | 評量活動 2 | |

表 3-4　人人國小 105 學年度第二學期高年級實施數學跨年級教學進度表

| 領域教材分析 | |
|---|---|
| 五年級 | 【配合六年級調整教學順序】<br>一、生活中的大單位→二、分數→七、小數→<br>三、長方體和正方體的體積→四、容積→六、表面積→<br>五、時間的計算→八、符號代表數→<br>九、比率與百分率→十、立體形體 |
| 六年級 | 【按照順序進行】<br>一、分數與小數的四則運算→二、角柱與圓柱→<br>三、速率→四、基準量與比較量→<br>五、怎樣解題→六、圓形圖 |

| 教學進度安排 | | |
|---|---|---|
| 週次　　年級 | 五年級 | 六年級 |
| 1 | 數學邏輯推理 1 | |
| 2 | 數學邏輯推理 2 | |
| 3 | 數學邏輯推理 3 | |
| 4 | 數學邏輯推理 4 | |
| 5 | 小數乘除四則運算 1 | |
| 6 | 小數乘除四則運算 2 | |
| 7 | 分數、小數乘除四則運算 1 | |
| 8 | 分數、小數乘除四則運算 2 | |
| 9 | 分數、小數乘除四則運算 3 | |
| 10 | 立方體體積 1 | |
| 11 | 立方體體積 2 | |
| 12 | 立方體體積 3 | |
| 13 | 立方體容積 4 | |
| 14 | 立方體容積 5 | |
| 15 | 立方體容積 6 | |
| 16 | 立方體表面積 7 | |
| 17 | 立方體表面積 8 | |
| 18 | 立方體表面積 9 | |
| 19 | 符號代表數 1 | |
| 20 | 符號代表數 2 | |
| 註 | 在畢業典禮後，跨年級課程只剩下五年級學生單獨進行。故從第 19 週起，只有一個年級單獨上課。 | |

需要一定的時間讓教師了解學生的個別差異，並配合課程需要來建立適合學生學習的教學風格。三位老師所採用的方式或有不同，但聚焦在幫助學生的學習部分則是一致的。

## 肆、探究：實施跨年級教學的發現

當傳統的教材教法，乃至同學組成都開始鬆動，學生的學習樣貌也會跟著連動。人人國小在實施了一個學年的跨年級教學之後，以下分別從全國學力檢測、補救教學人數、學生互動狀況、教師教學分析、教師回饋省思等資料，進行量化與質性分析，進而歸納出在學生學習、教師教學與行政運作等部分之研究發現。

### 一、在學生學習方面

#### （一）學生的學業成績普遍提高，學力表現優於平均，且補救教學人數未增加

人人國小的高年級學生於 105 學年度在英語及數學領域的學習中加入了跨年級的學習活動，並根據其學習狀況提供差異化的學習素材與活動。其中，五年級學生於 2017 年 5 月參加由國家教育研究院所辦理之跨縣市的學生學力檢測，在英語部分的全班平均答對率高於全體受測學生平均約 7%，數學部分答對率則高於總平均約 10%。顯見村落小校的學習品質，若能導入適切的學習方式，絕對可以獲得保障。

惟因該班是第一次參與類似全國性的學力檢測，無法取得實施前的確切數據，故無法十分準確地推論出跨年級教學的實施對學生均優化的數據。未來若能持續進行，並能持之追蹤，將使本研究更具意義。

另外，針對學習落後的補救教學學生，由於學校學生人數不多，人人國小一向都讓全校學生皆進行補救教學的篩選測驗，以期準確找出待

加強學生，適時進行學習輔導。

原補救教學系統的設定，是學生的作答答對率需達到 60% 以上才算通過，但自 2017 年 5 月開始，提高通過門檻設定為答對率須達到 80%，致使學生過關難度提高不少。而人人國小高年級學生實際進行測驗後，無論在英語或是數學，需要補救教學的人數雖未降低，但也沒有因為通過門檻提高而增加人數，顯見在進行跨年級教學的同時，也在進行適性化的學習，尤其對中後段學生在學習方面有一定程度的助益。

### （二）多元組群學習方式，有助學生社會互動能力的增強

群性互動這個區塊，一向是人數偏少班級最為人質疑擔憂的部分。透過跨年級教學的實施，等同是活化了學生之於人、之於事、之於物的相對角色，在學習的過程中，「同學」不再一成不變。不同的課程，可能會視狀況加入不同的「同學」，轉換學生習以為常的學習情境。即便是同一個課程，因為學習任務的不同，同組的同學也不盡然相同。對較低年級的同學而言，因為有較高年級的同學可以仿效，自然加快其學習速度；對較高年級的同學來說，教師則需給予較高程度的學習任務，方能接軌其學習進程，達到「拔尖」之理念。不同年級的學生存在於同一個空間進行學習，彼此間的競合關係所形成的群性互動，是跨年級教學計畫在實施時最難能可貴的部分，也是一般班級學習難以取代的無形成就。

這裡需特別說明的是，群性的增加需佐以學習任務的差異化分配、班級經營、分組合作等多重技巧才能有效提升，否則只是從小班變成大班，群性部分的活絡甚至可能因為缺乏有效的班級經營而大打折扣。

### （三）學生應用自學資源，可提高學習動能

「給他魚吃，不如教他怎麼釣魚」，在進行跨年級教學的同時，三位教師皆會適時結合線上資源，搭配校內既有的行動載具資源，鼓勵學

生利用課後自學或是於課堂中使用，以培養村落小學學生的自學能力。因此，舉凡教育雲、均一教育平臺、PAGAMO 等平臺，都成了學生學習、教師教學的好夥伴。有些學習動能較強的學生，便十分喜愛使用這些資源輔助學習，甚至會向老師自主要求放學後留在學校持續使用。有位學習意願較強的六年級男生，在國小畢業前，就已經利用均一教育平臺充分複習國小階段的數學教材並自學國中二年級的數學，彌補村落小學學習資源有限的窘境。

換言之，若能於實施跨年級教學時適時地導入自學資源，對於不同程度的學生會有不同的幫助。對於能力較弱的孩子，可以視為課堂內即時的補救教學；對於能力較強的孩子，可以鼓勵其建立起自己學習的習慣，滿足不同程度的學習需求；對於能力中等的孩子，則可以作為精熟複習的工具。對於在課堂上須同時面對不同程度的教師而言，是實施差異化教學相當好用的教學輔具。

需特別強調的是，這裡並不是指要由線上資源取代老師的教學，尤其在數學的觀念建立部分，還是需要在老師的引導下，透過實際的操作來建立，這當中與人、與物互動所產生的真實學習，對學生而言還是相當的重要。有了正確觀念的建立，後面透過線上資源來精熟，自學才有真正的意義。

## 二、在教師教學方面

### （一）教學模式須調和領域本質特性與教師教學風格、學生學習狀況來規劃

參與跨年級教學之三位教師，其實施跨年級教學之規劃方式差異頗大。A 老師以主題為主來進行英語的跨年級教學，B 老師以領域課程為基準，C 老師則是以學生個別學習進度為主，但基本上還是倚賴領域課程的教材內容。進一步分析領域特性，英語教材之學科屬性較為鬆散，

主要緊扣聽說讀寫之學習運用逐步發展；但數學領域屬於結構性強烈之學科，實需進行階梯式學習。

由此可知，教師的跨年級教學模式可以有許多彈性，但最終還是需要回到領域科目的本質去思考，進而調和自身的教學風格與學生的學習狀況，才能發展出最適合當下課堂需求的教學模式。

### （二）跨年級教學的班級經營會較複雜，需特重個別差異的關注

實施跨年級教學時，由於打破了原先的班級界線，學生數也許並未增加，但需留意的學生變多、個別差異也會變得複雜，這使得教師在班級經營方面須更為細膩。但這個歷程，正是教師發展跨年級教學方向的重要依據，也迫使教師在跨年級教學之班級經營就得更活絡。

舉例而言，學生的英語能力雖然雙峰現象明顯，但再仔細深究，仍可持續再細分出學生不同的學習落點。看似分散的學習落點，教師也要進一步思考到每個學生不同的個性風格、人際智慧等要素，才能進一步發展出細膩的分組模式與教材內容。何時是全班共學、何時是師生共學、何時是生生共學，時機拿捏就得更費心，能否細心察覺學生的細微差異，是教師營造跨年級教學班級經營的核心關鍵之一。

### （三）跨年級教學教師須具充分的自編或改編教材之能力

目前國內有關跨年級教學之教材很少見，討論如何進行跨年級教學之教法更少。因此，從上述表 3-1 至表 3-4 可以看出，人人國小參與的教師們是「從做中學」，逐漸發展出適合自己教學理念與風格、適合學生特性之教學方式。但無論是哪一位教師，所有的教材幾乎都是老師自編或改編現有教材而來，更突顯教師之教材發展專業能力的強烈需求。

### （四）實施跨年級教學有助於教學團隊的合作與互助

實施跨年級教學時，「你的學生就是我的學生」，教師們聚焦的是

如何幫助共同學生的成長，而有了共同的目標。當學生在課堂中有突發狀況時，也需要請兩班的導師、任課教師等一同介入處理，有效連結教師的力量。

當然，此前提是老師彼此之間的互信基礎要足夠、合作默契要充分，若是彼此之間尚未有足夠的合作經驗與默契，或許有可能適得其反。

## 三、在行政運作方面

### （一）事先需與教師及家長充分溝通以形成共識

無論學校推動跨年級教學的背景為何，對行政人員而言，很重要的部分是要獲得教師的認同、家長的支持。以人人國小為例，實施跨年級教學的初衷不單只是要解決少子化所帶來的量變衝擊，而是希望透過跨年級教學的實施來達成「從學生個體的質變，促成學校整體的蛻變」之理想。因此，在實施跨年級教學計畫之初，便透過校務發展會議、全校性班級親師會等公開場合向教師與家長進行宣導，以形成推動共識。

### （二）靈活運用行政措施以解決實施跨年級教學的困難

人人國小是典型的六班小校，只有一位英語老師，想要實施英語分組教學的理想有點困難。因此，人人國小就透過數學跨年級教學的加入，運用適切的排課機制，同時段實施英語及數學的跨年級教學活動，一方面實踐英語分組教學的理想，同時也解決英語師資有限的困境。

另外，實施跨年級教學時，教師彼此之間的對話需求高、備課時間也需要比較多，此時可以透過排課機制排出教師們的共同空堂時段，方便教師們可以討論；同時排出一個較為完整的空白時段，方便教師設計教材或備課，讓參與的教師可以獲得較為充分的行政資源。

## （三）需系統整合既有推動計畫以減少行政負擔

人人國小申辦的現有計畫不少，行政負擔不小。為解決人力、時間皆有限的困境，人人國小以跨年級教學為主軸，英語部分結合教育部學校本位之英語創新教學計畫、國中小行動學習推動計畫等一併進行；數學部分結合縣內均一教育平臺前導學校計畫一起進行，透過計畫之間的系統整合，減少對教師、對行政人員的行政負擔。

由上可知，實施跨年級教學對教師而言是挑戰，對學生而言是幫助，對行政而言是考驗。行政人員須站在整合者、協助者與溝通者的角色，幫助教師逐漸發展出適合學生的教學模式，減緩教師在摸索過程中可能遇到的挑戰，學生才能真正在過程中獲得學習質量上的成長。

## 伍、啟示：執行跨年級後的再省思

在實施一個學年的跨年級教學後，人人國小的老師們雖有收穫，但也讓團隊進一步思考下列幾個面向。

### 一、差異化教學的純然與必然

差異化教學，是人人國小實施跨年級教學的核心價值，但是否僅有在實施跨年級教學的課堂裡面才需要留心呢？答案當然不是。事實上，每個學生都有不同的特性，任何一堂課、任何一個領域，差異化教學都是教師在課堂上必須關切的。跨年級教學因為是讓不同年級的學生在同一個課堂中同時學習，所以更需要特別留意。如果差異化教學能真切地落實在每堂課、每個領域、每個校園角落中，絕對是「因材施教」教育理想實踐的最美風景。

人人國小期盼的，正是因差異化教學而無差異化，再因無差異化而有差異化教學。風生水起，學習自然生生不息。

## 二、跨年級教學的現在與未來

　　真正受少子化衝擊的學校，多數屬於資源有限的村落小學，這些學校常面臨著人力、物力資源的斷炊窘境，逐步形成一種不利學習的惡性循環，對親師生都產生一定程度的壓迫感。

　　透過跨年級教學的實施，某種程度確實可以緩解小型學校的壓力，尤其在增加學生群性的互動、刺激學生學習意願方面甚為明顯。人人國小正逐步在各年級、各領域進行不同程度的跨年級學習，但卻明顯可以感受到下列幾個困境正迎面而來，亟待與行政、學術單位進行接軌。

### （一）在師資培育方面

　　人人國小目前有超過一半的教師參與過跨年級教學計畫的相關研習，對此一議題也正透過不同程度的實作來學習。但反思教師們的師資培育背景，從未有相關的課程談論於此，教師團隊目前正在從「做中學」來學習何謂跨年級教學，正透過彼此激勵、彼此討論，逐步建構出校本的運作模式。

　　試想，未來倘若小型學校的數量仍持續增加，具備跨年級教學的教學觀之教師需求將有多龐大，這或許是未來各縣市在辦理研習、各師資培育單位在規劃相關課程時，需要特別關注的區塊。若師資培育的速度趕不及學生學習需求的速度，或許許多學生的寶貴成長時光就在不知不覺中流逝，甚為可惜！

### （二）在教材發展方面

　　因為需要考量個別差異，在進行跨年級教學時，教師們幾乎都是自編教材為多，並視需要結合行動載具、加上線上學習資源等來輔助，或者可以說，目前尚無系統化的跨年級教學教材。當然，教師自編教材確實屬於教師的專業之一，但若有系統性的教材產生，尤其是國、英、數

等工具學科的部分，或許也能成為教師願意投入跨年級教學的一大助力，他們不須從零開始、而是從參考資料中進行改編或轉化，相信這絕對可以大幅降低更多小型學校摸索的時間，讓更多小型學校的學生因此受惠。

## 陸、期待：對於跨年級教學的期許

人人國小目前正持續參與跨年級教學計畫，期盼透過將實際執行的歷程加以整理，產生以下的效益。

### 一、對學校本身而言

人人國小目前仍在實施跨年級教學計畫，實施領域已由原先的英語、數學，增加至國語、健體、藝文、綜合等領域，實施的年級也從高年級擴大至全校，教學模式除了原先的「重組同質性班級」外，亦再加上「全部合班上課」、「異質分組」等方式；課程模式部分除了「課程連貫與螺旋課程」外，亦再結合「課程輪替」、「平行課程」與「全班教學」等模式。教師們從挑戰自己的教學習慣開始，由點至面，草根性地建構出人人國小的跨年級教學風格，從中實踐這所小型學校的教育願景，以「學生學習」為出發點而努力。

### 二、對學校實務工作者而言

對同在小型學校現場的實務工作者而言，人人國小現在在教學實施、行政運作方面，逐漸累積不同面向的資料，可提供有需求的學校作為參考，期待能將這樣的推動經驗讓有類似經營狀況或理念之學校作為參考，減少摸索時間。

## 三、對教育主管機關而言

建議從「學生學習品質」來思維小校的運作，跳脫出小型學校裁併與否的思維，為小型學校找尋一種以品質為導向之經營模式。

## 四、對教育研究而言

目前，國內對跨年級教學的實務研究仍處於起步階段，本行動研究之內容可提供未來進行相關研究之參考。

如同狄更斯所言：「這是最好的時代，也是最壞的時代。」對村落小校來說，或許學校無力改變少子化的事實，但能嘗試在少子化的狀態下逐步發展出自成一格、不同大班教學的有效學習模式。人人國小在106學年度仍持續實施跨年級教學，且仍秉持著「**從學生個體的質變，促成學校整體的蛻變**」理念繼續努力中。這項草根性的教育行動研究，還在進行中……

# 參考文獻

## 中文部分

林曉雲、劉婉君（2017）。今開學 93 校 130 班一人一班。2017 年 9 月 4
日，取自 http://news.ltn.com.tw/news/focus/paper/1131077

洪儷瑜（2015）。國民小學實施跨年級教學方案試辦計畫。取自 http://
link.ruraledu.tw/project_detail.php?id=A3

教育部（2017）。公立國民小學及國民中學合併或停辦準則。臺北市：
作者。

楊之瑜（2017）。開學日冷清清！全臺 9 間小學「零新生」，130 班只有
1 人報到。取自 https://www.thenewslens.com/article/77743

## 英文部分

Kalaoja, E. (2006). Change and innovation in multi-grade teaching in Finland.
In L. Cornish (Ed.), *Reaching EFA through multi-grade teaching* (pp.
215-228). Australia: Armidale.

# 4

# 一所偏鄉國小推動
# 跨年級教學之研究

陳文正[1]、劉俊億[2]

## 壹、前言

現今臺灣的貧富懸殊、城鄉差距不但是社會問題,也是教育隱憂(吳寶珍,2016),有關臺灣偏遠地區教育的發展,應走出經濟效能與社會正義兩種觀點的對峙,積極建立以主體價值觀為取向的發展前景(鄭同僚、李天健、陳振淦,2013)。偏鄉小校必須關注於學校教育品質,強調學校自身主體性的存在價值,認真思考學校一切作為,以提升學生的素質和競爭力為主要目的,適當運用教育資源整合領域課程,以深化學生的學習力(劉鎮寧,2015)。換言之,偏鄉小校的校長和教師們應盡力提升學生的基本能力,針對課程、教學、評量、班級經營等方面加以努力,改善學校的體質進而發展學校的特色。

晚近,跨年級教學(multi-grade teaching)逐漸被各國用來解決某些教育問題。有些國家執行跨年級教學以降低文盲比率,有些國家則使用

---

1 花蓮縣光復鄉大興國小教導主任。
2 花蓮縣光復鄉大興國小教務組長。

跨年級教學以撙節教育經費（Hyry-Beihammer & Hascher, 2015; Little, 2001; Veenman, 1995）。國內近二十年來的少子化現象，造成中小學的學生人數陡降，社會輿論關注的是學校面臨減班、裁校的問題，但更值得注意的是班級人數變少對偏鄉小校之影響，這些問題包括：學生課堂受關注時間較長、師生關係緊張、學生同儕互動刺激較少、學生沒有學習延宕滿足的機會、教師教學方法受到限制等（洪儷瑜、梁雲霞、林素貞、張倫睿、李佩臻，2016）。聯合國教科文組織關注全球各國的教育議題，不僅強調「人人生而有受教權」的學習公平性，更注重教學品質（UNESCO, 2013）。為了確保偏鄉地區的教育品質，日本早在 1954 即制定《偏鄉教育振興法》，除了提供額外的經費挹注之外，也針對跨年級合班上課的教學、教師研習及教科書等做出原則性規則（常本照樹，2017）。我國教育部則在 2015 年起辦理多次公聽會，針對《國民小學及國民中學混齡教學實施辦法草案》進行討論，期望未來法案通過之後，讓跨年級教學能有法源依據，且能確保偏鄉小校的教學品質。直言之，了解少子化現象對教學現場的影響，並尋求可行的解決策略，已成為刻不容緩的議題。

　　偏鄉小校是否有實施跨年級教學之需求？以花蓮縣 104 學年度的統計資料為例，73.08%是六班的小型學校（76/104），其中有 42.31%（44/104）是全校學生人數 50 位以下，有 15.38%（16/104）是全校學生人數 30 位以下；而調查結果也顯示，在 76 所的六班小型學校裡，有三分之一的學校（35%，26/76）至少有一個領域實施跨年級合班上課（陳文正，2015）。從上述資料來看，偏遠地區的小型學校的確有實施跨年級教學需求，在這現況的背後，更值得我們關心的是這些小型學校的合班上課是如何進行？是否存有適合國內小校採用的跨年級教學模式？實施跨年級教學的成效及困難為何？這些策略能否維持小校的教學品質？雖然跨年級教學在國外已有諸多研究成果，但國內目前有關跨年級教學的研究，有些是相關理念的探討（張臺隆，2017；潘淑琦，2016），有些

是針對教師備課的了解（陳金山，2017），實徵性的研究仍少，且多數為初探性質（李佩臻、洪儷瑜，2017；洪儷瑜等人，2016；陳文正、古智雄，2016；陳文正、陳吉文，2016）。雖然有研究者選取若干實施混齡教學的學校進行探討（林欣毅、鄭章華、廖素嫻，2016），然而該研究選取的個案多為實驗性質的學校，與本研究個案學校的場域不同。本研究關注的是當學校面臨班級人數過少時，在以國家課程綱要為本的前提之下，如何實施跨年級教學以解決教學現場的問題。所以，探討偏鄉小校推動跨年級教學以及推動的相關因素，應是急迫的研究議題，這些將有助於未來推廣跨年級教學之參考。

綜合以上，受到少子化影響，許多偏鄉小學的全校學生人數大幅下降，班級人數過少除了影響學生與同儕互動的機會，也限制教師教學策略的選用，而實施跨年級教學應有助於解決偏鄉國小所面臨的困境。本研究之目的主要在了解國小執行跨年級教學的推動之相關因素，以一所執行教育部跨年級教學計畫的學校為個案，採取質性研究方法，透過實地觀察、深度訪談、書面文件等方式進行資料蒐集與分析，以了解國小推動跨年級教學所應注意的議題。

## 貳、文獻探討

### 一、跨年級教學的意涵與實施現況

少子化現象讓偏鄉小校面臨併校廢校的危機，事實上有許多鄰近市區的小學，例如：南投縣的千秋國小和廣福國小，位於市中心邊陲，不符合政府對偏鄉地區的定義，同樣受到少子化影響，導致教育資源被邊緣化。這兩所學校並非特例，全臺灣有愈來愈多小學正面臨著共同的現象和困境（林筱珺，2017），也就是全校與班級內的學生數變少，需要找尋有別於一般班級的教學方式，而跨年級教學即為可能的選項之一。

　　目前，不同學者使用不同的詞彙來描述類似的教學場景，包括：混齡編班（mixed-age classes）、混齡編組（mixed-age grouping）、跨年齡編班（multi-grade classes）、垂直編班（vertical grouping）、家庭編組（family grouping）、無年級學校（nongraded school）等。使用這些詞彙主要想要表達的概念，是讓不同年齡層的學生在同一班級或團體裡，由教師進行相關的教學活動（Katz & Chard, 1995; Lindström & Lindahl, 2011）。所謂跨年級教學，就是由教師在同一節課中，在同一教學場域對不同年級的學生進行教學（Hyry-Beihammer & Hascher, 2015; Little, 2001），課堂上因應不同學生的學習進行差異設計教學，教學設計包括教學目標、學習歷程與評量等差異化的分析（洪儷瑜等人，2016）。

　　跨年級教學和混齡教學有何不同？Veenman（1995）形容，若來自兩個以上的班級合在同一個空間，由一位老師同時教這些孩子，就是跨年級教學；而混齡教學就是基於某種特定目的，混合某些年級及年紀的學生，長時間由某一位老師指導、授課，通常時間都是三年左右。Veenman 認為，實施跨年級教學具有必要性，通常是行政與經濟考量；反之，實施混齡教學則具有必需性，就是基於可能的教學上之優勢。跨年級教學更強調不同年級、課程目標與主題也不同，比較貼近教育現場的教學模式（洪儷瑜等人，2016）。

　　目前，國外的混齡教學情況比較普遍，實施的原因從經濟效益的觀點出發（林欣毅等人，2016；潘淑琦，2016；Hyry-Beihammer & Hascher, 2015; Little, 2001）。在 2015 年教育部的「偏鄉教育創新發展方案」實施之後，國內開始有兩個研究團隊進行相關研究，分別是鄭同僚教授倡導的混齡教學，以及洪儷瑜教授主導的跨年級教學；前者是實驗性質的混齡教學，後者則是著重以課綱為主的課程與教學發展（張臺隆，2017；潘淑琦，2016），兩者的取向不同，但關注的重點卻一樣，都在於如何改變課程與教學以協助偏鄉小校提升學童的基本能力。本研究的個案學校就是洪儷瑜教授主導計畫的合作學校之一。

## 二、跨年級教學的相關研究成果

國內的跨年級教學相關研究仍處於起步階段，但國外已有許多研究者探討跨年級教學，這些研究皆以跨年級教學為探討主題，雖然各國在編班、場域、教學策略等方面有所不同，且與近期國內推行的跨年級教學仍存有差異，但這些結果仍具有重要的參考意義。許多研究結果顯示，跨年級教學在學生情意方面有正向的影響，學生在混齡的學習環境中，可以增進自尊、建立同儕友誼、社會發展、助人行為與領導技能，並減少反社會行為（McLellan & Kinsey, 1999; Veenman, 1995）；另外，在學生的學習方面，研究也顯示，混齡學習情境中的合作學習策略，對於學生的自主學習、人際互動及教師的班級經營都產生正面影響（林欣毅等人，2016），而且不論是高成就或低成就的學生，對跨年級教學情境都有正向的知覺（陳嘉彌，2008）。

Mulryan-Kyne（2004）則從學童、教師及學校氛圍等三個面向分析跨年級教學的可能效益，該研究發現：對學童而言，低成就學生在跨年級班級中有更多學習機會，較低年級學生會向較高年級學生學習知識。有關教師執行跨年級教學方面的研究顯示，教師在執行跨年級教學時有孤立感，覺得缺乏教學資源及支援，自認為對於跨年級的相關知能不足，亟需要教育當局制定規範與協助解決跨年級教室中所面臨的問題（Hargreaves, Montero, Chau, Sibli, & Thanh, 2001）。至於有關跨年級教學對學生學習成效的研究顯示，實施跨年級教學對學生的情意方面有正向影響，然而，對於學科成績的影響之看法互異，有些研究認為跨年級教學可提升學生的學習成就（Quail & Smyth, 2014），但有些研究則認為沒有相關（Little, 2001）。

Little（2001）主張，僅將跨年級教學視為減少教育經費支出的觀點過於狹隘，應更積極地了解跨年級混齡教學對於學生學習的影響。相關研究應著重在跨年級的教學與實務，例如：跨年級的教學流程、課程與

評量設計，以及課程的經營與管理，必須讓所有的教師了解跨年級教學以學生為中心的差異化教學理念。

在國內有關跨年級教學的研究方面，鄭同僚教授及洪儷瑜教授的研究團隊皆主張，推動跨年級混齡教學有助於老師彼此觀摩與分享，學生也喜歡在合班上課的氛圍裡學習（潘淑琦，2016）。另外，跨年級的分組教學，能促進低學業成就的學童在組內發言的次數（陳文正、古智雄，2016）。

綜合以上，雖然各個國家與地區採行不同的編班方式，國內外推動的跨年級教學、混齡教學具有不同的背景，但從國內外的實徵性研究結果來看，跨年級教學對於「教」和「學」都有正向影響，特別是學生情意方面有一致的研究結果，至於在學生的學科學習方面之成效評估尚未有一致的看法，此可能與性別、教學策略、分組方式有關，需要進一步做探討。

## 三、教師實施跨年級教學的教學信念

晚近，許多縣市政府開始鼓勵偏鄉小校的教師實施跨年級教學，以減低少子化對學生學習的衝擊，但現場教師對教學實務的選擇受到許多因素的影響。其中，教師的學科知識與個人的專業信念是重要因素之一（Cuban, 1993），信念是行動的意向，也是行為的主要決定因素（Brown & Cooney, 1982）。何謂教學信念？教學信念即是教師採取教學行動時的意向，教學信念影響教師在教學歷程中的表現、思考與決定（Tsai, 2002）。

教師的教學信念是如何產生的？Richardson（1996）指出，教師信念來自個人經驗、學校學習經驗，以及學科知識經驗。Stuart 與 Thurlow（2000）則認為，教師的教學信念是長時間累積而成，包括：師資培育、家庭教育、學校教育、個人經驗等都會影響教學信念。

教師的教學信念植基於家庭教育與青少年時期指導同儕的經驗，在

任教後，成功的教學經驗會更加深教師的教學信念（顏膺修、吳為聖、張惠博，2012）。Kagan（1992）發現，教師的信念相當穩定，不容易改變，而且教師的信念與其教學風格有一致性。然而，有些研究顯示教學信念與實踐是一種互動的過程，教學經驗與自我省思確實可能影響教學信念（McDonald, 2009; Richardson, 1996）。換言之，教師會依照自己的信念來進行教學，一位具有反思能力的教師，可以透過不斷的實踐歷程來調整自己的信念，在實施跨年級教學的過程裡，教師的教學信念對教學實務的影響值得探討。

偏遠地區學校應投注較多的心力在落實學生的基本能力上（劉鎮寧，2015；鄭同僚等人，2013），藉由課程領導應是可行的策略。為提升學校的課程品質、教學效能與學習成效，學校的課程領導者應鼓勵教師積極參與各項專業成長活動，透過學習社群進行知識對話與分享交流，營造學校課程發展的支持性環境（高新建，2002；鄭淵全、蔡雅茹，2012）。學校的課程領導者之主要行為與任務有：（1）訂定學校願景與課程目標；（2）組織課程研發團隊；（3）規劃實施課程；（4）課程教學評鑑；（5）教師專業發展；（6）支持工作環境；而課程領導包含啟動課程領導、發展成功的課程計畫、持續發展、動盪等四個基本向度與相關行為（Gross, 1998）。

那麼課程領導是否會影響教師的教學信念呢？鄭淵全、蔡雅茹（2012）的研究指出，課程領導行為與教師教學信念僅具有低度相關，但課程領導行為與教師創新教學行為則具有中度相關。換言之，教師信念具有穩定且不易改變的特性，即使學校實施課程領導，仍不易改變教師信念。但是，學校的課程領導與教師的教學創新行為有關，相較於一般的課程與教學，跨年級教學可視為一種教學創新方案，一個具有結構明確的課程領導氛圍之團隊，可以增加教師的教學創新行為（潘淑琦，2016）。而教師的教學信念與實踐是一種互動的過程（McDonald, 2009; Richardson, 1996），當教師開始投入跨年級教學，逐漸發展出實用且有

效的跨年級教學實踐策略，透過持續實踐與自我省思的動態歷程，教師的教學信念就有逐漸轉移、提升的可能性。

## 參、研究設計與實施

本研究採質性研究方法，以一所參與教育部跨年級教學專案三年的學校為個案，透過長期實地觀察、晤談及文件分析方式來蒐集資料，以了解一所偏鄉學校實施跨年級教學的重要因素和議題。有關本研究的研究設計及實施內容，說明如下。

### 一、研究個案學校的描述

本研究的個案學校位於花蓮縣中區，該鄉鎮採自由學區制度，鄉內學生可自行選擇就讀的國小。過去，個案學校的學生人數曾經多達 200 多位，受到少子化的影響，自 92 學年度起全校學生人數陡降至 30 餘位，且每年新生約 5～6 位，曾被縣政府縮編為分校，面臨裁校危機，所幸政策改變又再獨立設校，106 學年度全校共 35 位學生，約 80%的學童具有弱勢身分。本研究的參與者為 35 位國小學童及 10 位教師，該校教學團隊有感學校是社區知識傳遞與文化傳承的中心，但學生人數過少不利學校發展，對學生的學習也有若干負面的影響，因此個案學校尋求突破困境的各種可行策略，自 103 學年度起參與教育部的跨年級教學專案，希望透過實施跨年級教學來促進學習成效、精進教學知能及建構行政模式。該校執行跨年級教學計畫成果獲得教育部肯定，自 105 學年度起，成為全國跨年級教學的基地學校。

### 二、研究工具與實施

基於研究者即研究工具的觀點，本研究第一作者為局內人，任職本研究的個案學校，教學年資十七年，兼任教導主任的職務，負責校內跨

年級專案計畫的規劃與執行，具有科學教育博士學位，具備跨年級教學的理論知識與實務經驗。在進行研究前，研究者利用教師週會說明，並徵得研究參與者的同意，接著再開始進行研究、資料蒐集。透過微觀分析，嘗試讓文本資料說話，並盡可能透過多次且深入的實地觀察與訪談，加上學校文件，以蒐集豐富的實地資料，進行有效的分析，分述如下。

## （一）參與觀察紀錄

本研究以實施跨年級教學的上課班級為觀察重點，在不同週次、不同時段，針對同一個實施跨年級教學科目進行課室觀察，以取得全面多元的資料。在觀察結束後，以反省札記及備忘錄儘速記錄或事後回溯方式進行，並力求完整的紀錄，以利資料的有效分析。

## （二）訪談

本研究利用教師空堂時間進行訪談，包含正式訪談二次，及前後相關議題的經驗交流，採取半結構式訪談，提問內容和教師實施跨年級教學的過程與心得有關，例如：「你在哪些科目有做跨年級教學？怎麼上課的？」「在跨年級班級裡，學生的表現如何呢？」「你會想要繼續做跨年級教學嗎？為什麼？」在正式訪談前，研究者與受訪教師進行非正式的對話，初步了解單元進度、教學設計、教師感受，以及預計的訪談重點。正式訪談時，每位教師分別進行，避免有其他教師在場而形成壓力，每人次的訪談約一至二個小時，視實際訪談情形而定，訪談錄音檔皆轉錄成逐字稿，共計 20 份。根據保密協定，相關人員的姓名以代號標示。

## （三）學校正式文件

本研究儘量蒐集與跨年級教學相關的校內正式文件，例如：學校日誌、行政會議紀錄、教學討論會議紀錄、教案、校內外活動資料，以及

學校例行性工作等,作為研究之參考佐證。

## 三、資料蒐集與分析

本研究所蒐集之相關資料來源為 2016 年 9 月至 2017 年 6 月之期間,研究者於學校田野現場觀察結束之後,針對成員訪談內容結合平常的觀察筆記之資料,資料蒐集後建立索引,並將訪談資料與觀察紀錄予以編碼,編碼內容如表 4-1 所示。觀察紀錄的編碼以「代號+日期」標示,例如:校長 12 月 5 日的訪談標示為「IP1205」;課室觀察紀錄標示為「O0314」;研究日誌標示為「R0526」。

表 4-1　本研究編碼對照表

| 項目 | 晤談 | 校長 | 教師 | 課室觀察 | 會議紀錄 | 研究日誌 |
|------|------|------|------|----------|----------|----------|
| 代號 | I | P | T1-T9 | O | M | R |
| 日期 | 2016 年 12 月 ｜ 2017 年 6 月 | 2016 年 12 月 ｜ 2017 年 6 月 | 2016 年 6 月 | 2016 年 9 月 ｜ 2017 年 6 月 | 2016 年 9 月 ｜ 2017 年 6 月 | 2016 年 9 月 ｜ 2017 年 6 月 |

訪談錄音檔轉譯成逐字稿,再彙整其他的研究資料,透過持續比較與重複檢視(Bogdan & Biklen, 2007),形成本研究資料的分類與編碼,以做為描述與分析的依據。跨年級教學有別於一般教學,特別需要從教師、教學與學生等三個主體進行探討,因此本研究參考 Cohen、 Raudenbush 與 Ball(2003)的主張,從教師與學生、教學內容及環境的互動關係,透過不斷地比較、分析本研究所蒐集的資料,逐漸浮現一所偏鄉學校實施跨年級教學的四項主要關鍵因素,並據此做為本研究資料分析的架構,如圖 4-1 所示。

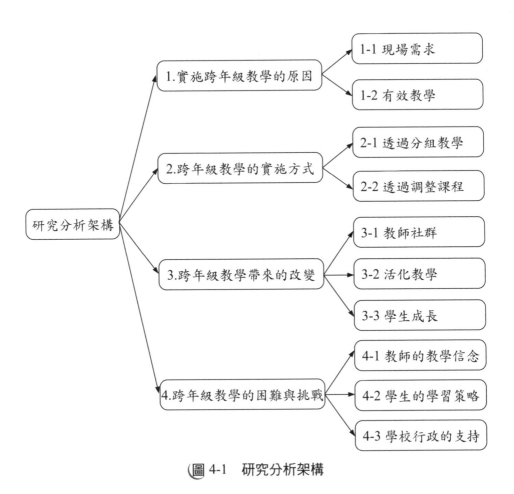

（圖 4-1　研究分析架構

本研究的分析架構有四大面向，包括：（1）實施跨年級教學的原因；（2）跨年級教學的實施方式；（3）跨年級教學帶來的改變；（4）跨年級教學的困難與挑戰。在實施原因下分為「1-1 現場需求」與「1-2 有效教學」兩個類別；在教學實施下分為「2-1 透過分組教學」與「2-2 透過調整課程」；在改變下分為「3-1 教師社群」、「3-2 活化教學」與「3-3 學生成長」；在困難與挑戰下分為「4-1 教師的教學信念」、「4-2 學生的學習策略」與「4-3 學校行政的支持」。

## 四、研究信實度

本研究採質性研究，透過研究者的視角來分析、詮釋蒐集的資料。由於作者是局內人，任職於研究個案學校，更應注重研究者的反身性，避免對研究資料的判斷及詮釋，落入單一視角的可能偏誤（陳向明，2004）。因此，本研究盡可能蒐集多元資料，在分析架構確立之後，透過參與者檢驗法、反饋法及三角檢證（triangulation），以確保研究分析的信賴性（trustworthiness）（陳向明，2004；Lincoln & Guba, 1985）。有關本研究對於資料信實之處理，簡要敘述如下：

1. 資料蒐集多元化：資料來源包括觀察、訪談、學校正式文件、宣傳文件，儘量採樣不同時段，與學校成員建立信任感，以增加觀察和訪問資料的真確性。

2. 參與者檢驗法：於觀察後儘速將訪談資料做整理歸納，並請當事者或學校成員做進一步之確認，經當事者確認之觀點及敘述，即納入研究分析資料，反之則被排除。

3. 反饋法：得到初步研究結論後，廣泛地與教育部跨年級教學研究團隊交換看法，分享研究之進展和困境，聽取相關意見，並於閱讀原始資料後，針對研究者分類觀點進行檢核對照。

4. 三角檢證方式：從觀察紀錄和訪談資料中所獲得的重要訊息或主題，與其他資料交互檢證。

## 肆、結果分析與討論

本研究就個案學校實施跨年級教學的原因、跨年級教學的實施方式、跨年級教學帶來的改變，以及跨年級教學的困難與挑戰等四大主軸進行綜合分析討論，分述如下。

# 一、實施跨年級教學的原因

## （一）現場需求

　　個案學校在近十五年來，全校的學生數大致維持在 30 位左右，曾經因為人數過少被裁撤為分校，後來因為政策改變，改為獨立設校，目前每個班級大多只有 4～7 位學生。在人數較少的班級學習，學生缺乏同儕互動及情意方面的學習機會，由於學習環境的關係，有許多基本的生活及學習規則，學生也較不熟悉。另外，有許多課程也必須要較多人才有辦法上課，「一個班級只有 2 個人，體育課的操作活動很快就結束了，沒有辦理分組競賽（O1015）」，所以確實存有合班上課的需求。

> 班級的學生人數比較少，學生受到老師關注的時間也比較多，整節課 40 分鐘對學生來講是一個很大的壓力，還有，學生比較不懂得要等待這件事情。（IT71214）

> 我們發現學生在學習上遭遇了某一些狀況，所以我們想要嘗試某一些改變。當我們知道有跨年級教學這個方案之後，我們就想要嘗試在體制內的小學裡面，走出一條朝向體制外小學中間的一個平衡點。（IT11206）

　　個案學校所面臨的困境，應該是多數偏鄉小校的共同問題，若干教學上的問題，也許採取跨年級教學模式就能獲得解決，「想嘗試跨年級教學但卻不知如何入門的老師，可以嘗試第一種模式全部合班上課，如果是想要執行能力分組，就可以嘗試第四種模式重組同質性班級（R0917）」。偏遠地區的小校應該採取更積極的新思維，檢視本身存在的價值與意義（鄭同僚等人，2013），以個案學校為例，當發現學生人數變少可能會造成教學與學習上的問題時，就必須務實地聚焦在尋求可行的解決策略上。

## （二）有效教學

偏鄉學校班級雖然人數比較少，但班級裡的每位學生仍具有個別差異，而且因為班級人數少，這些學生之間的落差會被放大。然而，若干教師的教學仍以教科書為主，「這節課是國語課，班上只有 5 位學生，臺上的老師逐頁地播放著教學光碟片，整個教學流程以一問一答方式進行著，觀察到每次會回答問題就是固定那幾位學生（O0917）」。為了解決教學上的問題，個案學校開始實施跨年級教學，希望將教學的中心從教師轉移至學生身上，也就是必須要關注學生的個別學習需求，有效提升學生在認知、技能及情意方面的學習。

> 那我們知道一個班級裡面的學生，一定會有程度上的落差，在我們這種小型小班的學校人數少，那這種落差會呈現得更明顯。（IT51212）
>
> 跨年級教學是個形式，真正的核心精神是要推動差異化教學，剛開始當中年級班導，模仿在大學時學到的方法來上國語和數學科，但是，學生程度落差很大，雖然班級人數少，但只用一種教法來教全班，成效很差，讓我感到很挫折。（IT10516）
>
> 學生逐年遞減，我們擔心學生的學習會因為人數少而變得枯燥，而且沒有同儕人際的互動，引進跨年級教學，就是希望我們的孩子他在每一節課都不是客人。（IP1205）

跨年級教學不是實驗教育，是因應學生班級人數變少，而且是以課綱為本，著重學生能力成長的一種教學方式之調整（洪儷瑜等人，2016）。然而，許多偏鄉小校為了學校的招生，通常會將學校的特色發展列為最重要的選項，這些多元的選擇或許是值得發展的方向，但更重要的是把教育的品質做好，培養每個孩子的基本能力（許芳菊，2016）。

偏鄉小校必須關注於學校教學品質，發揮學校的主體性與價值，以提升學生的素質和競爭力為最重要的目標，投注資源整合領域課程，以深化提升學生的學習力（劉鎮寧，2015）。從本研究分析的結果來看，以學習者為主體，讓教師進行有效教學，是個案學校實施跨年級教學的原因之一。

## 二、跨年級教學的實施方式

個案學校自 103 學年度開始實施跨年級教學，由於國內並無前例可循，一開始該校依據教師專長及學生需求來規劃跨年級教學，中後期則依據教育部跨年級教學研究團隊的建議，從「分組教學」及「調整課程」兩種方式來實施。其中，跨年級教學分組方式，可分成全部合班、合班同質性分組、合班異質性分組，以及重組同質性班級等四種（洪儷瑜等人，2016；陳文正、陳吉文，2016）；而進行跨年級教學的課程調整方式，則可分為全班教學、平行課程、螺旋課程、課程輪替、科目交錯等五種（Hyry-Beihammer & Hascher, 2015），茲說明如下。

### （一）透過分組教學

#### 1. 全部合班教學

個案學校的全部合班教學實施方式，就是把兩個以上的班級合在一起上課。合班後由一位教師授課，在教學過程中沒有對學生實施分組教學，教師對合班後的全體學生，採用相同教學內容。在這種教學模式裡，差異化教學不是教師關心的重點，所以在課堂上看不出明顯的差異化教學內容設計。

　　學校一直以來都有音樂性的社團，比如說：直笛和森巴鼓，因為社團本來就是由三到六年級的學生組成，學生們已經有合班上課的經驗，也不用做特別準備，所以我們用年段的方

式合班上課，高年級學的是烏克麗麗的指法，中年級學的是節奏。（IT31207）

　　這一節是美勞課，五年級和六年級的學生一起上，學習內容是版畫，老師先展示去年學生的版畫作品，接著讓學生構圖，有些學生自己畫，不會畫的則請老師協助，再利用描圖紙將構圖轉印至膠版上面。（O1212）

　　實施跨年級教學，就是把二個以上的年級合在一起上課，「音樂課是我們學校第一個開始實施跨年級的科目，因為老師有意願，學生在社團時也有一起上課的經驗（IP0515）」。以高年級跨年級音樂課為例，這種上課模式就是把五年級和六年級的學生集中在同一間教室由一位老師上課，因為這二個年級的課都是排給同一個老師，所以把兩班合在一起上課時，任課老師實際只上了一節課，就可以減授一節課。另外，個案學校有一些科目也有採取全部合班上課模式，「這個學期，一到六年級的彈性領域法定議題宣導，要採取跨年級教學模式，請各位教師將每節課的教案撰寫完成後，上傳至校內公用資料匣（M1025）」。就研究者觀察，由於跨年級合班上課沒有將差異化教學列為主要重點，這種分組上課模式比較適合剛開始嘗試跨年級教學的新手教師，透過全部合班上課，可以讓授課教師體驗跨年級教學，潘淑琦（2016）也認為，選擇非主學科來試行跨年級教學是比較容易的方向。但是，採取全部合班上課仍有使用上的限制，「一到六年級的彈性領域法定議題宣導，沒有明顯的分組教學設計，教師的教學提問沒有分年段的難度，有些問題對低年級來說又太抽象，而且內容要每年重新設計才不會重複（R1220）」。

## 2. 合班上課同質性分組

　　個案學校的合班上課同質性分組模式，就是把二個以上的班級合在一起上課之後，由一位教師授課，教學過程中依照學生的學習表現做同質性分組。教師可能採用相同或不同的教學內容，讓各組的每位學生有

機會學習到同樣的核心知識，在這分組模式中，差異化教學就是老師的教學重點。

> 上游泳課時，我們把中高年級學生合成一個班來上課，再依照學生的能力分成三組，大概是練習韻律呼吸、輔具協助前進，以及換氣自由練組，每組學生可以看到其他組的學生，如果有一個學生已經學好該組的目標，就可以升到下一組去。（IT11206）

> 如果是老師想要讓較低年級成績好的學生有模仿對象，可加深加廣其學習經驗，也讓較高年級成績差的學生有機會重新學習應有的教材（補救），應該可以嘗試合班上課同質性分組。（IT41209）

這種跨年級教學模式和全部合班最大的不同，在於教學過程中有明顯的分組，而且差異化教學是任課老師的主要教學目標之一。個案學校在許多領域的教學都有使用這種分組教學法，例如：「這節音樂課中年級一起上，學的是節奏，老師把一些三年級和四年級的分成一組，其他的分成第二組，先教第一組用手打簡單拍子，再教第二組的用樂器打拍子（O1116）」。從以上的音樂課例子可以看得出來，跨年級合班同質性分組的使用時機，就是學生必須學習某個核心概念或技能的時候。當老師發現兩個合班上課的班級內具有差異時，依據學生的能力區分為兩個組別，這兩個組別學的都是同一個核心概念，但學習內容可能會有所不同。另外，體育課也經常使用全部合班同質性分組，由於許多學生的身體發育之快慢不同，同一年級有的快、有的慢，在合班上課之後，能讓身體素質及運動表現相近的不同年級學生一起學習，安排強度不同的學習任務，讓學習者適性學習。在合班上課同質性分組時，「對老師來講比較好教，因為同一組的學生能力接近，容易安排教學活動，但是分組教學時要注意，雖然是同一組，但是學生還是有差異性（R0303）」。

### 3. 合班上課異質性分組

個案學校的合班上課異質性分組模式，就是把二個以上的班級合在一起上課之後，由一位教師授課，與合班上課同質性分組一樣，這種分組上課模式中，教師把差異化教學列為主要的教學目標，在教學過程中依照學生的學習表現做異質性分組，由教師安排學生合作學習，以達到差異化學習之目的。

> 國語課也做跨年級，當做是獎勵，視課程進度及學生需求，例如：課本的語文天地安排部件識字教學，我就找二年級和三年級的老師討論，將學生全部合班異質性分組。（IT41209）

> 若老師想要配合小組競賽制度提升團隊合作，希望能力好的學生學習如何教會別人，讓能力差的學生學習勇於發表，這個時候就可以用合班上課異質性分組。（IT61213）

這種跨年級教學模式與合班上課同質性分組相似，也就是教學過程中有明顯的分組，任課老師將差異化教學作為主要教學目標之一。就本研究觀察，個案學校除了在體育課和美勞課有使用這種分組教學模式之外，在其他領域也有做嘗試，例如：「這個月除了表定的跨年級科目之外，中年級有實施二節課的數學跨年級教學，二到四年級有實施一節課的國語跨年級教學（M1129）」。在體育課經常使用全部合班異質性分組，主要是因為許多球類活動需要進行分組對抗，為了讓兩隊學生的實力平均、增加競爭強度，個案學校的教師大多選擇使用全部合班異質性分組方式。另外，在數學課也可以採取這種上課模式，「三、四年級合班上數學課，老師把全部的學生打散平均分成三組，上課內容是解題，老師布題之後，同一組的學生，有的使用線段解答，有的則使用直式算式，核對答案之後，就趕快上臺搶答、發表，每一個學生之發表代表不

同的分數（O1016）」。使用全部合班異質性分組，確實能促進同儕之間的小組討論與合作，也增加教師使用多元教學策略的可能性，但仍有需要注意之處，例如：「分組沒有客觀的標準，有時體育課的分組之後，由於兩隊的強弱差距太大，比賽變得一面倒，降低學生的參與度，教師得適時的調整各組學生安排（R1220）」。

### 4. 重組同質性班級

個案學校的重組同質性班級分組模式，就是把原本幾個年級的學生依據教學目的或學習需求，做同質性重組成幾個班級；跨年級合班重組後，每個班級由一位教師教學，每班的學習內容不同，學生學習不同的核心知識。

> 學校一直有安排學生的作文投稿，但並非每位學生都有能力，所以幾位導師想要依照學生的作文能力來分班，比如說，把四到六年級重新分成三個班，每個班都可能有四到六年級的學生，這樣每個班上學生的資質就會差不多，任課教師可以使用適合那個班的教學方法，比較好教，學生也會學得比較好。（IT31208）

> 跨年級教學模式裡面有一個是「重組同質性班級」，我們學校的中、高年級作文課就是這個模式，這種依學生能力來分班的作法，透過跨年級的分組或分班，就可以解決學生的個別差異之問題。（IT11206）

這種跨年級教學模式和其他分組模式最大的不同，就是分班後的學生人數不會增加，而且分班之後各自在班級上課，個案學校目前只有在作文課採取這種跨年級分組模式，「這個學期的作文課，A 班採取的是集體心智圖教學模式，B 班採取的是作文仿寫教學模式，C 班採取的則是四格漫畫的短句寫作，這一輪上完之後，會依據學生的表現，下一輪

上課會再調整各班名單（M1227）」。和其他跨年級分組模式一樣，分組仍然沒有客觀的標準，「作文課的分組主要參考四到六年級學生依教育部補救教學測驗結果，再依據教師平日的教學觀察，做一些微調（R0303）」。另外，使用這個分組模式時，必須注意學生的感受，「作文課我上程度比較差的那一班，有些六年級的學生在問，為什麼我跟四年級的同一班，A班是不是就是程度好的才去（IT50522）」。個案學校在後續的課程裡，就不再使用具有標籤的班級名稱，改以動物名稱來命名。

## （二）調整課程來實施

### 1. 全班教學

全班教學的跨年級上課方式，就是把兩個以上的班級合在一起上課，在同一個時間學習相同科目，其學習的內容也是相同的。依據本研究分析，全班教學是個案學校最常使用的跨年級課程調整方式。

> 這學年的音樂課、游泳課、彈性領域作文課、美勞課、綜合課、彈性領域法定議題宣導等課程，使用的就是全班教學的跨年級上課模式。（M0222）

> 學校的法定議題宣導是全校一起，把課排在同一節，老師輪流上課，有的人負責環境教育，我是負責性侵害防治宣導，在這節課裡，學生都學一樣的東西，比較少會分組。（IT81215）

> 高年級的美勞課有外聘藝術家來指導，每次都連上二節，所有的學生在上一節都已經刻好木板，這節學生要學習如何將木板印在 T-shirt 上，有些學生較粗心，老師只要求印同一種顏色的漆料，有些人比較細心，老師會教他們印二種不同顏色。（O0419）

　　個案學校使用全班教學的跨年級教學課程模式時，教師會視教學目標，安排全部合班、同質性分組或異質性分組的學習活動。以體育課上樂樂棒球為例，「這節課是中、高年級合班上課，一開始全部合在一起上課，接著，在分組練習時，學生依投擲能力同質性被分成兩組，一起練習投球，最後，又異質性分成兩組一起比賽（O0330）」。從個案學校的經驗來看，透過調整課程來實施跨年級教學時，全班教學是教師比較容易理解與操作的方式。

## 2. 平行課程

　　平行課程的跨年級上課方式，就是把兩個以上的班級合在一起上課，輪流學習同一個學習內容或科目。在這種上課模式裡，學生可能需要有自學的任務。本研究顯示，個案學校僅在英語課才有使用平行課程的方式。

　　　　這學期的英語課開始實施跨年級教學，我們把學生依年段合班上課，每個月只合班上課一次。在每一個新單元開始要上新單字時，在那一節課，五年級學課本裡的新單字，六年級也學課本裡的新單字。（IT90524）

　　個案學校英語課的上課流程大致是，「五年級和六年級學生一起學五年級的單字，再安排五年級習寫單字的自學任務，同時間，老師再教六年級的新單字，接著，安排六年級習寫單字的自學任務，同時間，老師教五年級學生玩單字桌遊（O0324）」。平行課程的跨年級上課方式，經常會看到學生有自學任務，「學生遇到需要自己完成某個作業時，有時會左顧右盼、不知所措，還需要同學甚至老師的協助才可以完成，看起來不太熟悉自學的活動安排（R0411）」。換言之，訓練學生可以獨力完成自學任務，對於採取平行課程的跨年級教學相當重要。

### 3. 螺旋課程

課程連貫與螺旋課程的上課方式，就是先找出不同年級課程裡相同的學習內容單元或主題，在較低年級上的是基礎知識，在較高年級上的則是加深加廣的知識。依據個案學校的經驗，曾在國語、數學和游泳課採取螺旋課程。

> 我曾經試過跨年級合班上句型課，為了準備一節課，我和二年級、三年級的導師要先看三個年級的課本裡，有沒有共同要教的句型，在合班上課時，是利用異質性分組的方式來上。我發現可以增加學童的文本閱讀量，且達到高年級低成就學生的複習，也讓低年級高成就學生加深加廣學習。（IT40519）

另外，個案學校在數學課也可以採取這種上課模式，「三、四年級合班上數學課，上課的內容都是解題，三年級要學的是線段解答，四年級則要學直式算式，不過，有些四年級的還是習慣使用線段來解答（O1016）」。再以游泳課為例，「本學期游泳課要上4次，學生依能力分成三組，每一組安排的都是自由式游泳的分段技能。當學生學會初階技能時，就可以升到下一級，升上第二級之後，若動作不熟，也有可能會被降到下一級（M0329）」。在這種跨年級課程模式裡，相當有利於老師實施差異化教學，然而，「備課有挑戰，需要考量兩個年級以上的課程，課前要想清楚主要的教學目標，而且很難找到共同的教學單元（IT41209）」。

### 4. 課程輪替

課程輪替的跨年級上課方式，就是把兩個班級合在一起上同一個科目，這個學年先上某個年級的課程內容，等到下學年再上另一個年級的課程內容。目前，個案學校只有在自然課才使用課程輪替的方式。

　　這學期的自然課實施跨年級教學，五、六年級的每一節課都是合班上課，我們把每週三節課的排在一起，這個學年全部學生先上六年級的教材，等到明年六年級畢業之後，五年級再和下一屆學生一起上五年級的教材內容。（IT10516）

　　個案學校的跨年級自然課，看起來就像一個人數比較大的班級，大致的上課流程是，「老師利用保特瓶展示熱脹冷縮的現象，所有的學生都覺得很新奇，接著安排學生分組操作二個與熱脹冷縮有關的實作，再安排小組討論、寫習作，最後再由老師歸納總結 （O1107）」。課程輪替的跨年級上課方式，增加了同儕互動與小組討論的機會，但是，「熱脹冷縮是一個新的科學概念，雖然五、六年級都沒有學過，不過，六年級的曾經學過燃燒三要素，五年級卻沒有，在進行小組討論的時候，六年級能夠談的東西就比較多（R1108）」。由此來看，使用課程輪替的跨年級教學，必須詳細檢視選擇的教材內容，當有些學生缺少某些學習經驗及概念的落差時，教師要能適當地給予補充及說明。

## 5. 科目交錯

　　科目交錯和平行課程的跨年級上課方式相似，就是把兩個以上的班級合在一起上課，輪流學習不同的科目。在這種上課模式裡，學生可能需要有自學的任務。本研究的個案學校並未使用這種跨年級的課程調整方式，可能原因在於「這學期的課已經配好了，使用科目交錯的跨年級要兩個科目都是同一個老師授課，這個學期暫時不採取這種課程，列入下學年的參考（M0222）」。另外，教師們仍不了解這種上課方式，甚至提出質疑，「我不知道要怎樣做才能讓兩個班一起上不同的科目，國語和數學可以在同一節課裡上嗎？這樣學生會不會搞混？（IT91216）」。換言之，這種跨年級上課方式仍有進一步嘗試及探討之必要性。

## 三、跨年級教學帶來的改變

### (一)教師社群

　　一般而言，偏遠地區學校的教師流動較高，代理教師的比率偏高，甚至面臨開學之後仍然招不到教師的困境（自由電子報，2017）。本研究的個案學校同樣位於偏遠地區，但有別於其他學校，該校十年來的教師流動率低，近四年甚至沒有教師調動，看似有利校務推展的教師結構，卻逐漸形成教學團隊成員固著於自己的舒適圈，很少有教學研討的機會，「每年學校教師兼任的級職務大致延續過去的安排，只有局部的更動，在教師任教科目方面也是，教師每年大都教同一科目，在教學上應該要駕輕就熟，但事實上卻非如此，講述式教學還是主導了一切（R1023）」。沒有同儕教師可以討論、觀課、回饋，是個案學校教師普遍的意見。在實施跨年級教學之後，這個現象開始有一些改變，「教師原本習慣單打獨鬥，但是自從學校將跨年級教學作為重點，定期召開教學討論會，安排老師分享跨年級的教學、備課心得，之後，就常常看到老師們開始會找夥伴教師做討論（IP1205）」。

> 　　讓不同年級的老師一起來看一個課程，譬如說一起來看國語課、數學課，大家會有更多討論溝通的機會，老師彼此的對話溝通多了，其實就會有利於學生的學習。（IT31208）
> 　　因為我的夥伴老師他可以提供很多的建議給我，因為他上課的風格跟我完全不一樣，那我們上課的時候就可以互相去學習和觀摩。（IT61213）

　　個案學校實施跨年級教學之後，教師們為了讓兩個班級的孩子們一起上課，必須共同準備教材、設計教學活動。這些教學前的準備活動，兩位任課教師都要不斷地進行討論和對話，「實施跨年級教學除了幫助

孩子學習之外，也希望透過年段合班上課，提供教師使用多元化教學策略機會，透過結構性的課程領導，能增進同儕教師共同備課時間，提升教師跨年級教學的專業能力（M1025）」。也就是說，為了實施跨年級教學，個案學校的課程領導形成校內教師社群，且在教師社群的運作下，教師開始有教學創新行為，並相互觀摩來精進自己的教學知能。

## （二）活化教學

一位具有高教學效能的教師，深知教師教學、學生學習是一種交互影響的歷程。為了體現自己的教學信念，透過主動學習獲取新知，營造良好師生關係，安排適當教學環境。所以，教師在課程進行前，若能省思自己的教學信念，將有助於教師做好有效的教學，提升學生的學習效果（張如莉、陳淑美，2011）。從個案學校教師的受訪內容來看，教師普遍認為實施跨年級教學之後，開始將學生視為教學的主體，開始會注意學習個體差異性的問題。

> 跨年級教學裡面我覺得有一個很重要的精神就是差異化教學，把不同年級的學生合在一起，然後有兩個或三個老師一起來教，這樣就可以把學生的程度分開出來，現在我們把不同程度的學生用不同的方法來施教，這樣子才會對學生的學習比較有效果。（IT30518）
>
> 平常自己上課不太會仔細想，如果是要上跨年級的話，可能要和別的教師搭配，多一個人一起想，更能掌握課程細節，自己都覺得教學功力好像提升不少。（IT61213）

偏鄉小校的各班級學生人數少，除了影響學生與同儕互動的機會，也限制教師教學策略的選用，例如：人數少的班級較少有小組討論的機會，也很難實施小組競賽。另外，也有教師察覺學生喜歡和其他班級合在一起上課，因此將跨年級合班上課當作是對學生的獎勵。簡言之，透

過跨年級合班上課，班級人數變多，在混齡的教學環境裡，不但增加了學生情意方面的學習機會，也增加老師運用多元教學策略的可能性（林欣毅等人，2016；潘淑琦，2016）。

> 我曾經想在班上做分組競賽或者小組合作學習，但是因為人數少而無法進行。在做跨年級教學之後，班級的人數變多，我們班從 5 個變成十幾個，就可以實施分組計點的競賽，我在數學課和國語課都試過合班，每一個小朋友都會變得比較投入、認真，這是在以前沒有辦法做的事。（IT41209）
>
> 我們班的學生很喜歡跟別班一起上課，雖然不能每節課都一起上。所以，我都把跟別班一起上課當作一個獎勵，我常常跟小朋友講，如果你們有好表現，就可以和別班一起上課，學生上自己班的課也會因此比較認真。（IT60523）

## （三）學生成長

國內外有關跨年級教學的相關研究結果，大多支持實施跨年級教學對學生的情意方面有正向影響，國內目前沒有針對實施跨年級教學對學生學科成績影響之研究。然而，國外有些研究認為跨年級教學可提升學生的學習成就（Quail & Smyth, 2014），有些研究則認為沒有相關（Little, 2001）。偏鄉小校的學生並非每個人都要升學，但必須在學習歷程中找到一個偶像，讓他可以模仿學習，在小班級內不容易，若實施跨年級教學，學生可以學習仿效的對象就變得比較多（洪儷瑜等人，2016）。總的來說，個案學校的老師和學生對於跨年級教學大致持有正面的評價，也很喜歡在這種合班教學的環境下學習。

> 在音樂課做跨年級教學，就我們的觀察，上課時多一些學習夥伴，師生們都多了新鮮感和新刺激，大家普遍喜歡這樣子

的學習方式，學生間的互動次數也比較多。（IT20517）

跨年級教學時可以看到每一個小孩子都是有在參與這個活動，他們臉上都有表現出笑容，我覺得跨年級教學的最重要目標就是讓學生的每天學習都是快樂的。（IT80525）

另外，也有老師也認為，因為「依能力及學習需求，給予學生不同的學習目標（IT31208）」，「學生能進行有階段且有脈絡的學習（IT60523）」，所以學生開始關心自己的學習。而且，「實施重組同質性班級，學生的能力相近，參與討論較熱烈（IT51213）」，在分組學習活動時，開始有小組合作的情形，以前在個案學校的教室裡，較少觀察到學生表現出這些的學習行為。

我們班只有 5 個人，以前教的時候只有自己班，做跨年級教學之後，班上學生增加了一倍多，變 12 個，小朋友會去跟人家做比較，比較知道自己學會了什麼，我覺得這一部分對學生的學習態度上是好的。（IT41209）

在課堂上面我們都會儘量用不同的方式和策略，希望小朋友能夠融入到我們的課堂裡面，在課堂裡面不會像是客人一樣都沒有事情可以做，六年級的哥哥姐姐也會帶動一、二年級的小朋友。（IT21207）

在整個教學過程當中，我們就是讓孩子自己去做討論，有可能是四年級的去教三年級的，當然也有可能是三年級的小朋友去教四年級的，我們希望學得快的除了可以自己學習，也可以去引導其他的孩子，然後做共同的學習，幫自己加深加廣。（IT61213）

相關研究指出，合作學習可以提高學生的學習成效，在過程中讓能力高的學生指導能力較低的學生，這種學習方式也能增進人際互動機會，

培養人際關係的能力（林欣毅等人，2016；黃政傑、林佩璇，1996），本研究的發現也呼應了這個觀點。

## 四、跨年級教學的困難與挑戰

### （一）教師的教學信念

　　教師的教學信念和教學實務之相互影響為何？宋佩芬（2016）的研究結果顯示，持有以「教師為中心」信念的教師，在班級經營方面主張學生必須具有紀律，重視教學內容或教學方法，希望能提升學生的成績，因此安排很多的作業及練習。然而，持有以「學生為中心」信念的教師，則著重學生的學習需求，讓教學與評量結合，也設計多元課程吸引學生學習。也就是說，教師的教學信念明顯地展露在教學實踐上，在個案學校跨年級教學的推動也觀察到類似的現象。個案學校的跨年級推展，初期由行政端來主導、規劃學校的課程發展，做小規模的嘗試，「原本想要大規模的嘗試，但因為團隊教師大多保持觀望的態度，沒有教師主動表示想要參加，後來，我們就決定縮小範圍，組成校內的跨年級研發團隊，先從有意願的教師開始，安排教學討論、設定主題紮實討論，打算先試看看在本校是否可行（IP1205）」。然而，在實施跨年級的基本模式穩定之後，想要擴大實施的領域，以了解跨年級教學在個案學校的可行性，此時有的老師開始反思對於跨年級教學的了解，以及自己對跨年級教學的知能。Little（2001）的研究也顯示，在單一班級裡，教師仍使用統一教材及進度，然而在跨年級的班級裡，教師開始關注學生的學習，以學生的能力及學習表現來思考。

　　教師尚未掌握跨年級教學的基本理念，能力有待加強，且對合班後的學生狀況較不熟悉，無法發揮教學成效。（IT71214）
　　合班上課時，我們都會希望小朋友能夠融入在我們的課堂

裡，讓小朋友不會像是客人一樣都沒有事情可以做。我覺得要學習的東西很多，例如說：怎麼讓這兩個年級的小朋友可以一起上課，然後不受干擾而且能夠喜歡這個課程、對課程不會害怕。（IT21207）

另外，也有一些教師提出對跨年級教學的質疑，有些教師認為無法評估跨年級教學的成效，例如：「跨年級教學應該要較長時間，才會有成效，像作文教學每學期只上 3 週，過了學生就忘了如何寫作文（IT51212）」，以及「同一課程未能持續實施，如何比較跨年級教學對學生學習上的影響（IT11206）」，但當賦予教師教學彈性，請求老師實施較長時間的跨年級課程時，又有教師反應，「缺乏專家領導，課程研發的進度較慢，不知道該如何進行跨年級，所以沒辦法做長時間的跨年級課程（IT71214）」。上述這些看似矛盾的想法，可能就是教師教學信念的外顯表現，也就是個案學校的部分教師仍持有以教師為中心的想法，比較關注在各科的教學進度。換言之，「教完課程是很重要的事」是許多教師重視的，而且教師的動機與意願會直接反應在跨年級教學的推動上（Benveniste & Mcewan, 2000）。

此外，也有些教師表示，「課程設計較費時，無法脫離原課程進度（IT51212）」，很難長時間的實施跨年級教學，因為「必須在固定的教學節數中，先將自己年級的課程教完（IT61213）」；也有老師明白表示，「導師主要上國語和數學，想要長久實施跨年級教學，卻又擔心教學進度，陷入教學的兩難（IT21207）」。本研究發現，「當教導處鬆綁教學進度，讓教師可以自由選編教材內容實施跨年級，這些措施並未獲得相關的支持與協助。若干教師的立場被動、缺乏動機，甚至開始消極面對跨年級教學。造成這種狀況的可能原因，在於這些教師深信跨年級教學是外加的，必須先上好目前的進度之後，再來實施跨年級（R0502）」。教師對進度和自己班的觀念相當穩定且不易改變（Kagan,

1992），而且「教師已習慣單一班級的教學，且已固著於某種教學模式，特別是在國語、數學等科目方面（IT11206）」。個案學校在執行跨年級教學的後期，透過規劃課程領導方式，營造學校課程發展的支持性環境（高新建，2002；潘淑琦，2016；鄭淵全、蔡雅茹，2012），改以由下而上的推動模式，從教學端出發，讓教師們先察覺學生的學習問題與需求，接著探索適合自己的教學科目與單元內容，嘗試實施跨年級教學來解決學生的學習需求，最後觀察到教師們漸近地增加實施跨年級教學的領域與次數。由於教師的教學信念與實踐是一種互動的過程（McDonald, 2009; Richardson, 1996），透過持續實踐與自我省思，能逐步地影響老師的教學信念，讓學生成為學習的主角。

## （二）學生的學習策略

根據本研究觀察，實施跨年級教學的分組活動時，可以看到能力較高的學生指導能力較低的學生，「然後我們在異質性分組的時候，小朋友他們會照學習表現，表現好的孩子會去帶學習力比較差的孩子（IT61213）」。這種學習方式能增進人際互動機會，培養人際關係的能力（黃政傑、林佩璇，1996）。但是，當老師採取同質性的分組活動時，在能力較低組別花的時間比較多，雖然安排另外一組的學生進行活動，學生卻不知該如何自己完成。Quail 與 Smyth（2014）的研究也顯示，小組的組成方式會影響學生的跨年級上課知覺，特別是女學生。在平行課程的跨年級上課方式中，經常會看到學生有自學任務，「學生遇到需要自己完成某個作業時，有時會左顧右盼、不知所措，還需要同學甚至老師的協助才可以完成，看起來不太熟悉自學的活動安排（R0411）」。

就我們的觀察，跨年級的音樂課，上課時多一些學習夥伴，師生們都多了新鮮感和新刺激。不過，也有學生表示，老師有時候會花比較多時間教學得慢的同學，這時他就不知道該

做什麼。（IT20517）

　　老師教完三年級的英語單字，交待學生自己練習寫 5 張字卡，就開始教四年級的學單字，看到有 2 位三年級學生沒有開始寫，有些寫得比較快的馬上告訴老師，四年級英語單字的教學也因此被打斷。（O0922）

　　跨年級教學的積極目標是為了達成差異化教學，因此教師必須安排許多分組學習活動，這些教學活動段落必須依靠學生自己完成（張臺隆，2017）。然而，本研究發現個案學校的學生似乎無法自己完成老師安排的自學任務，即便是高學業成就的學生也做不到。若學生無法做到自己依步驟學習，那麼教師就會無法安排分組學習活動來進行跨年級教學，而導致課程進行得不流暢，同時該節課設定的教學目標也不易達成。

　　另外，合班上課之後的秩序管理也是一個問題，「低年級合在一起上彈性課，班上太吵鬧時，二年級老師請大家安靜、注意，卻只有二年級的小朋友做到，一年級的小朋友卻還在講話（R0629）」。學生的人數變多雖然有助於同儕互動，但也考驗著任課教師的班級經營能力。綜合以上，實施跨年級教學之後，學生確實遵守課堂教師的要求與指令，維持上課的秩序，也要習慣每節課有自學任務，並且要如實做到教師的要求，這樣才有利於跨年級教學活動的進行。

### （三）學校行政的支持

　　實施混齡教學有別於單一班級的教學，需要在空間及教材方面做調整（林欣毅等人，2016）。實施跨年級教學的班級成員也是混齡的，不僅是課程設計與教學方法的改變，也需要學校制度及硬體設備的調整，舉例來說，「教師已經很難找出共同單元進行跨年級教學，要花較多時間備課，想利用均一教育平臺上跨年級數學課時，學校教室只有 1 臺電腦，電腦教室也只有 6 臺，不夠用（IT41209）」。為了解決這個問題，

個案學校整合其他資源來解決，「這個年度的教育優先區經費已申請 10 臺電腦，預計在 7 月底前完成採購，可以提供老師教學使用（M0531）」。此外，跨年級合班上課之後，每間班級同時上課的學生數增加，新增教室的課桌椅也是必要的，減少上課還需要搬動桌椅的困擾。

個案學校在前幾個學期實施跨年級教學時，在規劃跨年級執行領域時發現，「未能在學年度開始時（104 年 9 月）做好規劃，本校只有 6 位教師參與本計畫，在執行的領域上受到限制（IT11206）」。換言之，當有意願參與跨年級教學的人數較少，教導處在分配教師的任教科目時，必須仔細思考，將學校實施跨年級教學的科目，優先分配給有意願執行跨年級教學的老師。另外一個情形是，當編制內的教師已全部參與跨年級教學計畫，理應所有的科目都可以試著實施跨年級教學，實則不然。

> 我們學校有一些科目是由外聘的鐘點教師來上，考量這些外聘老師是以時計薪，所以在跨年級教學的實施受到限制，大多以協同方式來進行。還有，三、四年級的藝文課都是同一個外聘老師，所以中年級的藝文課就不能實施跨年級教學。（IT11206）

另外，依據教育部《國民小學及國民中學混齡教學實施辦法草案》，跨年級教學合班上課若由一位老師上課，節數可以 1.5 倍計算，實施跨年級教學後，不論是實際教學或研發教材的老師，都能獲得實質的減課。這些減課的節數除了提供參與跨年級教學老師進行備課之外，應有其他的安排，但個案學校目前並未尋找出最適合該校的作法。

> 本校曾經將跨年級教學節省節數，應用在數學課中補救教學，就是讓有減課的老師去支援另一個班的數學課，在實施上仍有困難以待克服。（IT11206）

跨年級教學雖然可以減課，除了讓參與老師可以多一點時間備課、對話、做成果，應該還有一些空間可以安排其他的事項，目前我們好像沒有找出適合的使用方式。（IT91216）

個案學校在執行跨年級教學的初期，由於缺乏經驗，也曾經讓教學團隊成員感到無所適從，「104上學期行政端有規劃，而且逼得比較緊，感覺不輕鬆，104下學期感覺又沒有規劃，讓老師自由發揮，感覺沒有方向與規劃（IT41209）」。也曾擔心沒有範例可依循，需要教授指導，邀請教授及專家來學校辦增能研習，但卻發覺，「我們不知道該如何做，需要教授來指導，不過教授來學校似乎也只能提供原則性的東西，不太會有明白的指導（IT31208）」。由於學生、課程結構及教師專長等方面存在著差異，所以跨年級教學的規劃還是得由各校自行建構，「請各位任課教師彙整本學年度（105）執行跨年級的教案，下個學年度（106）執行的教學也要記錄下來，未來本校就有二個學年的跨年級教學活動設計可以參考（M0531）」。如前所述，課程領導和教師的創新行為有關，相較於單一班級的教學，跨年級教學可視為一種教學創新。透過持續不斷地跨年級教學實踐與教師的自我省思，這種重要的反思教學經驗，有助於老師重構自己的教學信念，當老師讓學生成為教室裡的學習主角，學生的個別差異才比較容易被察覺，老師更能正視學生的學習需求，如此跨年級教學才能落實到教師的教學裡。所以，完備的課程領導及行政規劃，有利於跨年級教學的推展（張臺隆，2017；潘淑琦，2016）。

## 伍、結論與建議

本研究之目的主要在探討國小推動跨年級教學的相關因素，以實際參與、實地觀察、深度訪談、書面文件等方式進行資料蒐集，經分析後，得到一所學校要實施跨年級教學之關鍵因素，其可能包括：校內實施的

原因、是否願意嘗試各種方式、是否主動覺察實施後的改變，以及是否解決實施過程遭遇的困難。

## 一、研究結論

### （一）以學生的學習需求為本的課程領導，能營造有利推動跨年級教學的團隊氛圍

以學習者為中心是跨年級教學的核心概念，在學習公平性的理念下，偏鄉小校實施跨年級教學的目的，在於確保學生的學習品質，而教師的教學知能是影響學生學習成效的關鍵因素之一。從本研究的分析結果來看，偏鄉小校的教學團隊若能關注在學生的個別差異與學習需求，就會發現過去使用單一班級的教學方法，較無法符合偏鄉小校教室裡的學習問題，此時跨年級教學的需求就會浮現。由於各校的教師結構與專長不同，而且每一位教師的教學信念影響著跨年級教學的執行意願，持有「教師為中心」想法的老師較不願意改變，實施跨年級教學的意願較低。反之，若教師的教學信念是從學習者的需求出發，則較有意願實施跨年級教學，並且會進一步在更多的科目嘗試更多節課的跨年級教學。就本研究的分析來看，有效的課程領導確實可提升教師執行跨年級教學的意願。

### （二）教師要調整慣行教學方式，以「分組教學」及「調整課程」實施跨年級教學

以國內的現況而言，國小教師在師資培育的養成過程裡，皆沒有接受過跨年級教學的理論與實務之經驗。依據本研究的觀察，過去個案學校的教師並沒有因為班級人數少，就選擇跨年級教學，主要原因在於教師並未正視學生個別差異的事實。所以，必須協助教師了解跨年級教學可以解決學生個別差異的問題（林欣毅等人，2016）。直言之，教師必

須具有在單一班級內進行差異化教學的能力，而安排學生進行自學任務及分組學習是可以進行的差異化教學方式。以個案學校的經驗來看，該校師生的教學模式仍以全班上課為主，老師不熟悉分組學習的設計與流程，當學生被分派自學任務時，也無法獨力完成個別學習活動。所以，在實施跨年級教學之前，老師必須先提升有效教學知能，再練習班級內的差異化教學實務，安排學生熟悉自學與分組學習，最後再開始實施跨年級教學。有關跨年級教學的方式，可透過「分組教學」來實施，包括：全部合班、合班同質性分組、合班異質性分組，以及重組同質性班級；也可以透過「調整課程」來實施，包括：全班教學、平行課程、課程連貫與螺旋課程、課程輪替。就本研究分析，全部合班及全班教學是個案學校教師最常使用的分組及課程調整方式。此外，「分組教學」及「調整課程」可以相互搭配，教師可視教學需求選用來進行跨年級教學。因此，若是一位新手教師想要體驗跨年級教學，可選擇全部合班及全班教學的方式，是最容易操作的跨年級教學選項。

### （三）主動覺察實施跨年級教學對學生及教師帶來的影響

在跨年級教學和單一班級教學的教室裡，老師的教學和學生的學習有許多不同之處。以個案學校為例，過去老師的教學以單一班級為對象，教學前沒有人可以討論課程，只能自己備課，教學時也沒有同儕教師可以入班觀課、做紀錄，教學後更沒辦法議課，教師沒有獲得教學回饋，無法判斷自己的教學成效。但是，在實施跨年級教學後，教學對象至少是兩個班級的學生，教學設計變得比較複雜，老師們必須共同討論，開始有了共備、觀課、議課的經歷，個案學校逐漸形成校內教師社群，透過教師社群的運作，教師可透過觀摩來精進自己的教學知能，開始會注意學習個體差異性的問題。從學生的角度來看，在跨年級合班上課之後，班級人數變多，班級結構被重組，學生們多了一些可以互動、學習的對象，課堂上安排的小組學習活動，讓學生有機會可以透過分組合作學習，

增進人際互動機會，培養人際關係的能力。換言之，實施跨年級教學後，增加了學生情意方面的學習機會，也增加老師運用多元教學策略的可能性，這些都是偏鄉小校單一班級教學無法觀察到的部分。偏鄉小校的老師需要正向的教學回饋，能覺察教師本身與學生的正面改變，將更能激勵老師持續實施跨年級教學。

### （四）正視實施跨年級教學遭遇的困難並能務實地解決

偏鄉小校面臨許多有關校務發展與教學方面的困境，跨年級教學可視為一種新的教學理念與模式。但是，跨年級教學並非偏鄉小校教學的萬靈丹，更不是萬能教學法。目前，學校的軟硬體設備與制度都是以單一班級為考量，在實施跨年級教學時必定會遭遇許多新的問題，例如：在硬體設備方面，因應合班之後的班級人數變多，兩個以上的班級合在同一個場所學習，必須新增教學設備與桌椅，以避免需要搬動桌椅耽誤上課時間；在課表編排方面，必須要保有彈性，把同年段、同科目安排在同一時段，當教師想要做跨年級教學時，就不需要調動課表；在配課方面，要檢視學校實施跨年級教學的重點科目，優先分配給有意願執行跨年級教學的老師，以解決無法擴展跨年級教學實施領域的可能性；在教室裡的教學方面，老師可能不熟悉跨年級的教學理論及實務，必須安排教師的增能活動，學生也需要熟悉跨年級教學的分組學習及自學活動。換言之，面對跨年級教學遭遇的困難，教學團隊必須要務實地解決，這樣跨年級教學在校內才能持續深化、推展。

## 二、建議

### （一）透過有效的課程領導可提升教師的跨年級教學知能與實施意願

一般而言，課程領導者都是由校長或主任來擔任，然而校內具有執行跨年級教學熱忱的老師也適合擔任課程領導的角色。也就是說，推動

跨年級教學可以是由行政端來組織規劃，或者由教學端來啟動校內的跨年級教學。從個案學校推動跨年級教學經驗來看，在推動初期可以採用「由上而下」模式，由行政端來確立方向，並提供教師增能的資源；在推動後期則採取「由下而上」模式，由教師社群決定跨年級教學的策略及課程方向。因此，各校應檢視校內教師團隊成員的特性，選擇適合推動跨年級的教學課程領導模式。

### （二）實施跨年級教學可從易入門的學科及有意願的老師著手

依據個案學校的執行經驗，初期參與跨年級教學的教師人數較少，大多集中在藝文、健體及彈性等領域，且多為點狀式實施，每月嘗試幾節跨年級教學。但是，隨著實施時間與經驗累積，個案學校的全校教師皆參與，而且國語、數學、英語、閱讀寫作等領域皆實施跨年級教學，有些領域才開始全學年實施跨年級教學。因此，未來若有學校想要實施跨年級教學，可從易入門的學科及有意願的老師著手。從非主學科來實施跨年級教學，透過共備、觀課及協同教學，是比較容易的方向（潘淑琦，2016），例如：找一位意願高的老師，在數學領域嘗試每個星期實施一節課的跨年級教學，或者找一位意願低的老師，在體育領域嘗試一個學期實施一個月的跨年級教學。

### （三）建構以校為本的跨年級教學課程

由專長團隊規劃一個跨年級教學課程方案，提供各校參考固然是一可行的方向，但考量各校在學生、課程及教師等方面具有差異性，以及每年人員更迭的可能性，本研究建議跨年級教學的規劃應由各校自行建構，並且透過完善的課程領導協助教師信念的移轉，以利校內跨年級教學的推行。

## 謝誌

　　本文感謝國立臺灣師範大學洪儷瑜教授及其研究團隊,在經費資源及課程發展上的支持,使得本研究得以順利完成;此外,個案學校的校長、老師及學生參與研究的奉獻,特此一併致謝。

# ● 參考文獻 ●

## 中文部分

自由電子報（2017）。**14 招還找不到代理師　全教總批：省錢犧牲幼教品質**。取自 http://news.ltn.com.tw/news/life/breakingnews/2209096

吳寶珍（2016）。為偏鄉小校培育優秀教師。**師友月刊，584**，20-25。

宋佩芬（2016）。扶助弱勢學生學習：教師教學信念與教學取向之探究。**嘉大教育研究學刊，37**，149-180。

李佩臻、洪儷瑜（2017，10月）。**跨偏鄉國小跨年級國語補救教學實施差異化教學之行動研究**。發表於 2017 偏鄉學校教育與教學創新國際研討會。臺北市：國立臺灣師範大學。

林欣毅、鄭章華、廖素嫻（2016）。混齡教學於國中小學階之實施方式與支持措施：多重個案研究。**教育實踐與研究，29**（2），1-32。

林筱珺（2017）。只有一個人的一年級：從南投跨校小學運看臺灣偏鄉難題。取自 https://www.thenewslens.com/feature/mitsubishi-motors-young-2017/82059

洪儷瑜、梁雲霞、林素貞、張倫睿、李佩臻（2016，10月）。**臺灣小校實施跨年級教學模式之探討**。發表於弱勢者教育國際研討會。臺北市：國立臺灣師範大學。

高新建（2002）。學校本位課程評鑑的相關概念。**教育資料與研究，44**，1-13。

常本照樹（2017，10月）。**日本偏鄉學校教育與愛努民族教育之現狀與課題**。發表於 2017 偏鄉學校教育與教學創新國際研討會。臺北市：國立臺灣師範大學。

張如莉、陳淑美（2011）。創意教師的教學信念之個案研究：以國小教師為例。**學校行政雙月刊，75**，83-103。

張臺隆（2017）。偏鄉學校推動跨年級教學省思。**臺灣教育評論月刊，6**

（1），177-182。

許芳菊（2016）。小校拚特色 不能犧牲孩子基本能力。取自 https://udn.com/news/story/6887/1612837

陳文正（2015，4月）。課程發展及撰寫計畫經驗分享。發表於花蓮縣104學年度教務主任研習。花蓮縣：花蓮縣立宜昌國民小學。

陳文正、古智雄（2016，12月）。國小高年級實施跨年級教學之初探：以論證教學為例。發表於2016第三十二屆科學教育國際研討會。臺中市：國立臺中科學博物館。

陳文正、陳吉文（2016，5月）。偏鄉國小發展及實施跨年級教學模式之行動研究。發表於2016實驗教育與授業研究國際研討會。新竹市：國立新竹教育大學。

陳向明（2004）。社會科學質的研究。臺北市：五南。

陳金山（2017，10月）。跨年級教學教師之備課歷程探究。發表於2017偏鄉學校教育與教學創新國際研討會。臺北市：國立臺灣師範大學。

陳嘉彌（2008）。跨年級同儕師徒制中師傅生學業成績及其學習感受改變之分析。教育研究與發展期刊，4（1），1-32。

黃政傑、林佩璇（1996）。合作學習。臺北市：五南。

劉鎮寧（2015）。小型學校跨校推動教師專業發展歷程及其成效之研究：以高雄市二所偏鄉小校為例。嘉大教育研究學刊，34，61-88。

潘淑琦（2016）。跨越偏鄉教育紅海困境：從非主學科跨年級混齡教學開始。學校行政雙月刊，106，9-26。

鄭同僚、李天健、陳振淦（2013）。偏遠地區小校再生之研究。另類教育期刊，2，25-60。

鄭淵全、蔡雅茹（2012）。國小校長課程領導行為、教師教學信念、教師創新教學行為與國小學童創造力傾向關係之研究。學校行政雙月刊，78，183-202。

顏膺修、吳為聖、張惠博（2012）。教室是平的？一位國小自然科教師

的敘說探究。科學教育學刊，**20**（2），97-118。

## 英文部分

Benveniste, L. A., & Mcewan, P. J. (2000). Constraints to implementing educational innovations: The case of multigrade schools. *International Review of Education, 46*(1/2), 31-48.

Bogdan, R. C., & Biklen, S. K. (2007). *Qualitative research for education: An introduction to theories and methods* (5th ed.). New York, NY: Pearson.

Brown, C. A., & Cooney, T. J. (1982). Research on teacher education: A philosophical orientation. *Journal of Research and Development in Education, 15*(4), 13-18.

Cohen, D., Raudenbush, S., & Ball, D. (2003). Resource, instruction, and research. *Educational Evaluation and Policy Analysis, 25*(2), 119-142.

Cuban, L. (1993). *How teachers taught: Constancy and change in American classrooms 1890-1990* (2nd ed.). New York, NY: Teachers College Press.

Gross, S. J. (1998). *Staying centered: Curriculum leadership in a turbulentera.* Alexandria, VA: Association for Supervision and Curriculum Development.

Hargreaves, E. A., Montero, C., Chau, N., Sibli, M., & Thanh, T. (2001). Multigrade teaching in Peru, Sri Lanka and Vietnam: An overview. *International Journal of Educational Development, 21*, 499-520.

Hyry-Beihammer, E. K., & Hascher, T. (2015). Multi-grade teaching practices in Austrian and Finnish primary schools. *International Journal of Educational Research, 74*, 104-113.

Kagan, D. M. (1992). Implication of research on teacher belief. *Educational Psychologist, 27*(1), 65-90.

Katz, L. G., & Chard, S. (1995). *The benefits of mixed-age grouping.* (ERIC

Document Reproduction Service No. ED382411)

Lincoln, Y. S., & Guba, E. G. (1985). *Naturalistic inquiry*. Beverly Hills, CA: Sage.

Lindström, E.-A., & Lindahl, E. (2011). The effect of mixed-age classes in Sweden. *Scandinavian Journal of Educational Research, 55*(2), 121-144.

Little, A. W. (2001). Multigrade teaching: Towards an international research and policy agenda. *International Journal of Educational Development, 21*, 481-497.

McDonald, L. (2009). Teacher change: A dynamic interactive approach. *International Journal of Learning, 16*(10), 623-636.

McLellan, D. E., & Kinsey, S. J. (1999). Children's social behaviour in relation to participation in mixed-age or same-age classrooms. *Early Childhood Research & Practice, 1*(1). Retrieved from http://ecrp.uiuc.edu/vlnl/mcclellan.html

Mulryan-Kyne, C. (2004). Teaching and learning in multigrade classrooms: What teachers say. *The Irish Journal of Education, 35*, 5-19.

Quail, A., & Smyth, E. (2014). Multigrade teaching and age composition of the class: The influence on academic and social outcomes among students. *Teaching and Teacher Education, 43*, 80-90.

Richardson, V. (1996). The role of attitudes and beliefs in learning to teach. In J. P. Sikula, T. J. Buttery, & E. Guyton (Eds.), *Handbook of research on teacher education: A project of the association of teacher educators* (2nd ed.) (pp. 102-119). New York, NY: Macmillan Library Reference.

Stuart, C., & Thurlow, D. (2000). Making it their own: Preservice teachers' experiences, beliefs, and classroom practices. *Journal of Teacher Education, 51*(2), 113-121.

Tsai, C.-C. (2002). Nested epistemologies: Science teachers' beliefs of teaching, learning and science. *International Journal of Science Education, 24* (8), 771-783.

United Nations Educational, Scientific and Cultural Organization. [UNESCO] (2013). *Practical tips for teaching multigrade class*. Bangkok, Thailand: Author.

Veenman, S. (1995). Cognitive and noncognitive effects of multigrade and multi-age classes: A best evidence synthesis. *Review of Education Research, 65*(4), 319-381.

# 一枝草，一點露：
# 偏鄉小校個別學習計畫
# 之建構與應用

陳淑卿[1]、乃瑞春[2]、梁雲霞[3]

## 壹、前言

　　偏鄉小型學校由於地理環境、社區特性和少子化因素，其就學學生人數少，但每一個學生的學習準備度和身心需求殊異。一枝草，一點露，天無絕人之路。從成長中的兒童眼光來看，學校雖小，但卻是他們成長發展的依靠。如果能獲得合適的雨露滋潤，枯萎的草兒也有機會可以重新活過來。如果偏鄉小校是偏鄉兒童依靠的處所，很重要的思考點便是：回到學校教育的本質，關注學生之身心發展和學習差異，思考如何為學生建立支持學習與發展的系統。尤其，從學校教學實施和品質的角度來看，學生的身心準備度是偏鄉教育不可忽視的核心，也正是教學轉型的

1 新北市雙溪區上林國小教務主任。
2 新北市雙溪區上林國小校長。
3 臺北市立大學教育學系教授。

契機。

因此，本文將描述偏鄉小校──上林國小，建構「個別學習計畫」的經驗。全校教師從兒童學習和教學的角度出發，不放棄任何一個孩子，構思發展偏鄉小校學生的個別學習計畫，以作為教師教學與輔導之依據。

上林國小位於臺灣東北角平林溪的河階臺地上，緊鄰省道臺 2 丙基福公路，距十分老街 7 公里、雙溪車站 4 公里，每年超過 3,000 公釐的雨量，是臺灣最多雨地區。學校旁有社區中重要的文化資源，即 169 年前道光戊申年修建的石造土地公廟，為雙溪地區迄今發現最早的土地公廟，也是社區居民的重要信仰廟宇。

學校成立於 1963 年，因社區開採煤礦而形成就學人口增加，由原來該地區小學的分校進行獨立設校，1975 年因學生數激增，校舍不敷使用而遷至現行校址。然而，1981 年後礦業沒落，人口外移，學生數銳減，至 103 學年度全校僅剩 13 人。在全校同仁與社區努力下，該年成立附設幼兒園，招收 2～6 歲幼生 8 名，並開闢螢火蟲生態溝，營造生態校園，學生數逐漸回升。

104 學年度，國小學生人數增加為 17 人，但因學生數少，面臨小校轉型發展的問題，甚至有裁併校的擔憂。校長思考學校未來，教師擔心自己的工作，而作為學校主體的孩子呢？該何去何從？偏鄉的學生家庭社經條件低，家長在外地工作無暇照顧孩子學習，學生程度落差太大，學習文化刺激不足。倘若學校裁併，學生靠教育翻轉的機會何在？

誠如王政忠（2017）在《我有一個夢》一書中提到，愈是偏鄉，愈是弱勢，愈是需要有人帶領這些起點遠遠落後的孩子們翻轉。他發現，偏鄉弱勢孩子面臨的始終不是如何選的問題，而是沒有能力可以選；之所以沒有能力選，是因為沒有得到和城市同樣專業而公平的教學對待。

學校是兒童的依靠，在孩童身處文化不利的環境下，上林國小的教師們努力思考如何為學生建立長期的支持學習與發展系統。學校的優勢在於師生就像大家庭般感情融洽，與社區居民互動良好。基於迷你小校

的優勢，學生數少，每位學生的學習發展情形都可以被細緻了解，學校進程的銜接都可以精心安排。在校內夥伴激盪下，決定自 104 學年度起推動「個別學習計畫」、學生就學免學雜費免餐費、課後照顧至夜間七點，並營造生態校園、設竹巢樹屋、螢火蟲基地、甲蟲基地、百香果園、魚蚓菜共生、大樹盪秋千，持續進行太鼓、烏克麗麗、書法、跳繩、扯鈴、蛇板等多元才藝學習，希望創造多樣化學習情境，讓孩子喜歡上學。所有老師積極充實教學知能與專業，用心教育孩子，家長安心將孩子交給學校。因此，在 106 學年度幼兒園招收滿額 22 名幼生，小學 22 名，合計 44 名學生。

學生數的成長關鍵在於學校夥伴們認為學校教育該回歸學習本質，關注學生的身心發展和學習差異。對家長而言，看到學校為他們的孩子量身訂做「個別學習計畫」，讓孩子的優勢智慧被看見，是他們所樂見的。研究者與將近 11 位教師住在教師宿舍內，觀察到教師下班後於宿舍閒聊時，話題仍圍繞著學生；在學校中也經常看到教師帶著自己或親戚的衣物與清寒學生分享，這是上林的課堂外風景。聊著學生的生活點滴，老師們察覺到全校教師應有一個平臺來討論學生學習狀況，建立兒童的學習支持系統，並且能在這個交流平臺上呈現兒童學習表現的累積。老師們經過一番商議後，也認為這樣的作法不僅有必要性，而且也有可行性。

因此，上林國小教師決定回歸教育本質，集合眾人的力量，翻轉學生的困境。於是，上林國小進行了一項非常創新且獨特的教育作法，全體同仁決定仿效特教的個別化教育計畫（Individualized Education Plan, IEP）的方式，觀察學生的學習，並輔予補救教學系統、英語線上課輔、均一教育平台等資源提出討論，為學生設計一套個別學習計畫。教師群討論學生的個別學習計畫時，除了各學科領域的學習表現，連孩子的平時日常生活常規、做事態度及家庭狀況也會一起討論，甚至護理師也會分享學生的身體狀況。學校教師除了學習的輔導外，連孩童生活的支援，

也一併協助。

　　綜合上述，上林國小將危機化為轉機，創發了偏鄉小校可行的個別學習計畫。本文參酌行動研究的精神，描述和討論上林國小建構學生個別學習計畫的作法和結果，分享實施個別教學計畫的經驗，並提出一些看法，以作為偏鄉學校教育之參考。

## 貳、個別化教育計畫在小校的轉化應用

### 一、從個別化教育計畫轉化到個別學習計畫

　　上林國小對於學校實施個別學習計畫的發想，初期來自於特教界輔導學生時的個別化教育計畫（IEP）。特教領域的IEP乃是特教界為身心障礙兒童的特殊教育需要，召開「個別化教育計畫會議」，並為特殊學生們個別設計或修訂的專屬教育規劃，其書面文件稱為 IEP（林素貞，1999）。美國於 1975 年通過《全體身心障礙兒童教育法案》（Education for All Handicapped Children Act, EHA）中，明定身心障礙兒童必須要發展及實施IEP。在其相關法規中也強調，IEP的每個部分都需要評估身心障礙學生參與普通課程的可能性，考量其在普通課程中可能的發展與需要的協助。

　　我國於 1997 年修訂《特殊教育法》，將IEP列為法定強制項目，並於次年修訂《特殊教育法施行細則》第 18 條（教育部，1998），詳列IEP 應包含之內容，規定其內容必須說明學生身心障礙狀況對其在普通班上課及生活之影響，以及能夠參與普通課程的時間及項目。

　　如上所述，個別化教育計畫是以個別化的教學為基礎，為個別學生所設計的教學計畫。它是為了確保身心障礙者得到適性、個別化的服務，而衍生出來的教學管理工具，所強調的是教師的績效責任，同時整合家長、教師及專業人員的期望，以擬定整體性的教育計畫（Ainscow &

Tweddle, 1982; Mittler, 1981）。

　　上林國小參酌上述的意涵，加以思考並進行轉化。學校想要建立的「個別學習計畫」乃是考量學生處於偏鄉小校，學生數及學習資源少。正因學生數少，學校教師可以以全體學生為學習主體，分析及察覺學生的學習需求，確保學生獲得適性的教育，因此上林國小教師希望依階段性提供學生最適切的教育服務與資源。在這裡要強調的是，上林國小的IEP並非基於特殊教育，而是在偏鄉小校人數少的特性下，將「人數少」這件事看成是一個契機，讓學校更可以關注學生的適性教育和發展需求，以此為出發點，建構出屬於偏鄉小校的「個別學習計畫」。

## 二、個別學習計畫的編擬與實施

　　由於上林國小在試行建構個別學習計畫時，國內並沒有實際的案例可參考，因此上林國小先從特殊教育上來尋找和吸取可行的作法。

　　國內研究者李翠玲（1999）認為，IEP 的作用就好像醫院的病歷一樣，每一位病人都有一份屬於自己的履歷，IEP是一種對症下藥的紀錄，教師為學生謹慎評量、設計處方，直到學生的潛力被開發，進步成果展現。而擬定IEP的流程，主要包括建構起點行為、設計IEP、執行教學與評鑑，並視學生學習狀況與需求再次實施教學或評量的過程，即為一個「評量─教學─評量」反覆行進的程序。主要流程分為三個步驟：（1）評量與決定孩子的法定起點能力；（2）基於孩子的特殊需求而設計IEP；（3）基於 IEP 紀錄與法令規定而決定提供適合的安置。

　　此外，國外學者Drasgow、Yell 與 Rosinson（2001）等人提出IEP計畫的流程為：（1）運用標準化和正式工具評估學生；（2）召開 IEP 會議，擬定文件；（3）發展與實施學生的教育計畫；（4）檢討並修訂IEP。針對實施的流程，國內學者認為實施IEP後，教師應參考每年或每一學期的 IEP 會議報告，每年或每學期再做一次總結性的診斷與評量，由前一期的 IEP 了解下一階段 IEP 設計的重點（林幸台、林寶貴、洪儷

瑜、盧台華、楊瑛、陳紅錦，1994）。

　　簡言之，IEP 的擬定與實施，首先需要教師依學生能力初擬 IEP 文件，透過會議取得參與人員及家長的同意。實施後的評量結果需透過會議，呈現學生經由教學介入而改善的成效。這樣的作法，在於保障學生獲得適性且具成效的教育，也提醒教學者必須有計畫的依據學生的 IEP 目標設計教學，並依照學生表現和評量結果，作為目標修正的考量。

　　本研究中的上林國小教師群考量無論在市區或偏鄉，班級學生呈現出的學習差異是無法用統一的教學方式達到最佳教學效果，因而在擬定教學計畫時，更需考量學生的起點行為及個人的學習優勢及弱勢。雖然大多數教師未受過如何擬定 IEP 的訓練，但教師是學生學習的引導者，仍可針對學習者的能力差異，嘗試擬定個別學習計畫。尤其上林國小的學生雖處於偏鄉，但並非全是特殊兒童，因此上林國小著重的是「學習」，根據學生們的優勢去引導學生，也協助學生克服和因應其不足之處，因此發展出該校嘗試的方法，在下一節將進一步加以說明。

## 參、行動研究與實踐

　　上林國小採用行動研究之精神，記錄和描述學校建構個別學習計畫的經驗。從研究場域來看，學校是新北市東北角的偏鄉小校，全校學生人數約為 17～22 人之間。從 2015 年 9 月起進行第一階段試作，至今長達兩年。在兩年之間逐步提出行動方案，為校內每一個學生量身打造個別學習計畫，並根據學生的學習成果與進步情形，進行檢視。它亦是學生學習表現的累積，當每個學生的個別教育計畫隨年級遞升，逐年的計畫檔案即形成學生個人長期的教與學支持系統。

　　根據行動研究的精神，學校從發現問題至尋找問題解決的過程，說明於下（如圖 5-1 所示）。

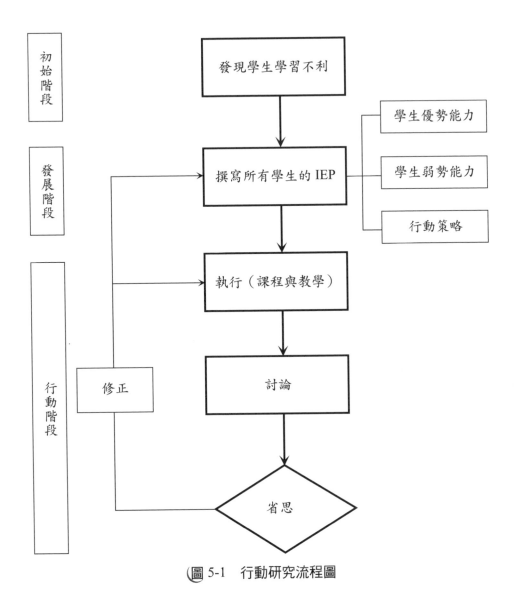

（圖 5-1　行動研究流程圖

## 一、初始階段：從特教 IEP 依樣畫葫蘆階段

　　一開始，大多數的校內老師並不是很了解什麼是 IEP，因此研究者參考特教學生的表格內容讓教師嘗試撰寫，但後來發現特教 IEP 表格對於

學校教師而言，內容過於詳細，表單較為複雜，學校教師並非特教專業，較難執行（如表 5-1 所示）。因此，教師群於晨會討論時，提出建議，認為學習計畫表格的訴求應為簡單且易執行，對學生較有幫助，讓教師好操作，因而個別學習計畫 2.0 表格在經過討論和修改後即出現了（如表 5-2 所示）。

個別學習計畫 2.0 由於表格撰寫簡易，易於操作，全校每位教師一起找出每位學生的各領域優勢能力、弱勢能力，擬定教學行動策略。教師群以一股初生之犢不畏虎，幫助學生的熱情，嘗試進行個別學習計畫的討論，同時於 104 學年度的校務會議中，教師們通過了個別學習計畫的執行內容。

## 二、發展期：站在前人肩膀上往前看

IEP 原是為了每一位身心障礙學生擬定之文件，旨在根據身心障礙學生之學習特質與需要提供最適當之教育服務，一方面可作為教學之方向，另一方面可作為教學成效評鑑之依據。上林國小地處偏鄉，學生人數稀少，家長社經地位弱勢，學習資源不若市區學校。面對學生的程度不同，教師若能根據學生差異擬定個別學習計畫，透過平臺討論，互相腦力激盪，提供彼此教學建議，必能幫助每個孩子。因此，上林國小教師團隊擷取 IEP 精神，尋找專屬於學校的個別學習計畫模式，看見每個孩子的差異。表 5-3 呈現特教 IEP 與該校個別學習計畫兩者之間的差異。

## 表 5-1 個別學習計畫 1.0 表格

### 國民小學普通班個別化教育計畫

班級：＿＿＿年＿＿＿班　　負責教師：＿＿＿＿＿＿＿　　填表日期：＿＿年＿＿月＿

**一、基本資料**

身分證字號：＿＿＿＿＿＿　學生姓名：＿＿＿＿＿＿　性別：＿＿＿出生：＿＿年＿＿月＿＿日

住址：＿＿＿＿＿＿＿＿＿＿＿＿＿＿＿＿＿＿＿＿＿＿＿＿

家長或監護人：＿＿＿＿＿　　電話（一）：＿＿＿＿＿　電話（二）：＿＿＿＿＿＿

身心障礙手冊/ICF：□無□有（續填）

　　　　　手冊記載類別：＿＿＿＿障礙　程度：＿＿＿＿度

　　　　　鑑定日期：＿＿年＿＿月＿＿日　重新鑑定日期：＿＿年＿＿月＿＿日

**二、家庭狀況**

1.手足人數：＿＿＿＿；排行：＿＿＿

2.父母關係：□同住 □分居 □離婚 □其他（說明：　　　　　）

3.特殊經濟狀況：□無問題 □清寒 □中低收入戶 □低收入戶

4.主要照顧者：□父親 □母親 □祖父 □祖母 □其他（說明：　　　　）

5.家中主要使用語言：□國語 □閩南語 □其他（說明：　　　　）

6.家中是否有其他成員為身心障礙者：□無　　　□有（說明：　　　　）

7.父母親是否有以下背景：□無 □原住民 □外籍人士（說明：　　　）

**三、健康情形、疾病史**

| 聽　力 | □ 正常 □矯正後左耳＿＿＿＿＿　右耳＿＿＿＿＿ |
|---|---|
| 視　力 | □ 正常 □矯正後左眼＿＿＿＿＿　右眼＿＿＿＿＿ |
| 疾　病 | □無 □癲癇 □心臟病 □氣喘病 □過動 □其他：<br>上列症狀說明： |
| 服用藥物 | □無 □有（藥物名稱＿＿＿＿＿　每天服用＿＿＿＿＿次 副作用＿＿＿＿＿） |
| 過　敏 | □無 □癲癇 □心臟病 |
| 其他特殊狀況 | 發燒時會：<br>緊張時會：<br>其他感官： |

**四、現況描述**

| 認知／學業能力 | **閱讀能力** □閱讀流暢□無法閱讀 □跳行跳字 □閱讀遲緩<br>**書寫表達** □抄寫流暢 □書寫流暢 □筆畫缺漏 □造詞困難 □造句困難<br>　　　　　□字形顛倒 □抄寫困難<br>**算術能力** □計算正確 □可文字理解 □推理能力差 □基本四則運算差<br>　　　　　□運算困難 □文字理解能力差<br>**學習習慣** □主動認真 □積極發言 □動機強烈 □缺乏動機 □被動馬虎<br>　　　　　□坐立不安 □注意力不集中 □反應緩慢 □上課不當發言<br>□其他觀察紀錄： |
|---|---|
| 溝通能力 | 慣用溝通方式<br>□口語 □非口語（□手語 □讀唇 □手勢 □書寫 □溝通板 □其他＿＿＿＿＿）<br>□說話流暢 □表情豐富 □理解指令 □表達需求<br>□有聽覺接收之困難 □無法理解指令 □詞彙缺乏 □以不當方式表達需求<br>□口齒不清 □聲調混淆 □畏懼與人溝通<br>□其他觀察紀錄： |
| 生活自理能力 | □能獨立完成<br>需協助：□盥洗方面 □如廁方面 □進食方面 □衣著方面 □整潔方面<br>說明： |

表 5-1　個別學習計畫 1.0 表格（續）

| | |
|---|---|
| 社會化及情緒行為能力 | □熱心助人 □活潑熱情 □文靜柔順 □人緣佳 □彬彬有禮 □具領導能力<br>□獨立性強 □合群 □挫折容忍度高<br>□常與人爭執 □固執 □情緒不穩定 □沉默畏縮 □缺乏互動能力 □不合群<br>□常被排斥 □依賴心重 □出口成髒 □挫折容忍度低<br>能保持合宜的兩性互動 □良好 □普通 □不佳<br>□其他觀察紀錄： |
| 行動能力 | **獨立行動方面** □完全獨立行走<br>　　　　　　　□需用輔具行動：□枴杖 □需用輪椅 □助行器 □其他：<br>　　　　　　　□完全無法獨立行動(需他人協助)<br>**精細動作方面** □能用手指撿起物品 □能捏揉 □能握拿 □能抓放 □能剪貼<br>　　　　　　　□能穿插拔 □能擊準 □手眼協調不佳<br>□其他觀察紀錄： |
| 感官功能 | **動作** □快速靈敏 □普通 □緩慢<br>**視知覺狀況** □良好 □普通 □不佳<br>**聽知覺狀況** □良好 □普通 □不佳<br>□其他觀察紀錄： |
| 優弱勢分析 | **優勢**　　　　　　　　　　　　　　**弱勢** |
| 需求 | |

**五、支持策略**

| | |
|---|---|
| 1.作業調整： □否　　　□是（請續填）<br>□作業減量 □電腦打字 □口頭報告<br>□降低難度 □錄音回答<br>□其他_____ | 2.課程與教材調整： □否 □是（請續填）<br>□降低難度　　　□教材減量<br>□坊間教材　　　□自編教材<br>□其他_____ |
| 3.評量方式調整： □否　　　□是（請續填）<br>□場地（□原班 □其他_____<br>□時間（□提早入場 □延長評量時間<br>　　　　□分段評量）<br>□內容（□調整題型 □配分）<br>□試卷呈現（□調整版面 □點字 □放大字體<br>　　　　　□錄音帶 □口頭報讀）<br>□作答方式（□替代性反應 □使用輔助工具<br>　　　　　□代填答案 □點字 □錄音 □電腦）<br>□輔具使用（□特殊桌椅 □特製筆 □放大鏡<br>　　　　　□擴視機） | 4.輔具提供： □否　　　□是（請續填）<br>□視障輔具（□放大鏡 □擴視機 □盲用電腦）<br>□聽障輔具（□助聽器 □FM調頻系統）<br>□肢障輔具（□輪椅 □電動輪椅 □助行器）<br>□電腦輔具_____<br>□其他_____ |
| 5.成績調整：<br>□否<br>□是（請說明） | 6.分組方式調整：□否　□是（請續填）<br>□與教師同組　□與小老師同組<br>□異質分組　　□其他_____ |
| 7.行為輔導：□否　　　□是（請續填）<br>□給予增強 □賦予任務 □使用計時器<br>□讚美優良行為　　□忽略不當行為<br>□其他_____ | 8.同儕輔導：□否　　□是（請續填）<br>□提醒活動進行　　　□協助求助<br>□適應校園生活　　　□突發狀況報告<br>□其他_____ |
| 9.座位調整：□否　　　□是（請續填）<br>□靠近老師 □最前排 □小老師旁邊<br>□離門口最遠 □其他_____ | 10.其他（如飲食輔導、穿著輔導、衛生輔導等<br>　項目之調整）：<br>□否 □是（請說明）_____ |

資料來源：彰化縣政府教育處雲端系統（2017）

表 5-2 個別學習計畫 2.0 表格

新北市上林國民小學 106 學年度 第一學期

# 個別化學習計畫

姓名：_____

班級：_____

參與訂定者簽名：

| 職　稱 | | 簽　　名 | 職　稱 | | 簽　　名 |
|---|---|---|---|---|---|
| 教師 | 教師 | | 教師 | 教師 | |
| | 教師 | | | 教師 | |
| | 教師 | | | 教師 | |
| | 教師 | | | 教師 | |

1. 封面：包含學生照片、學生姓名、參與教師簽名。

（表 5-2　個別學習計畫 2.0 表格 （續）

---

**一、學生能力現況、家庭狀況及需求評估**

**（一）基本資料**

1. 出生日期：民國＿＿＿年＿＿＿月＿＿＿日

2. 性別：☐男　☐女

3. 健康情形：＿＿＿＿＿＿＿＿＿＿＿＿＿＿＿＿＿＿＿＿＿＿＿＿

**（二）家庭狀況**

| 家庭背景 | (含同住家人、手足人數、排行、家庭社經背景、使用語言及居住環境) |
|---|---|
| 親職功能 | (含主要照顧者、教養態度、教養方式) |
| 家庭特殊需求 | (含福利補助、教養資訊、療育資源) |
| 家長期望 | |
| 其他 | |

**（二）特殊需求分析**

(請依學生學習現場實地評估,具體陳述其在學習、適應與個人生理的相關需求,並依其各領域的能力做綜整的需求分析。)

---

2. 內容：學生能力現況、家庭狀況及需求評估，包含學生基本資料、家庭狀況及特殊需求分析。

（表 5-2　個別學習計畫 2.0 表格 （續）

**（三）學習計畫**

| 領　域 | 已具備及優勢能力 | 弱勢能力 | 目標及實施策略 |
|---|---|---|---|
| 語文領域 | 國語文： | | |
| | 本土語言： | | |
| | 英語文： | | |
| 數學領域 | | | |
| 健康與體育領域 | | | |
| 綜合活動領域 | | | |
| 社會領域 | | | |
| 自然與生活科技領域 | | | |
| 藝術與人文領域 | | | |

3. 學習計畫：撰寫學生各領域（語文、數學、健康與體育、綜合活動、社會、自然與生活科技、藝術與人文等）已具備的優勢能力、弱勢能力、目標及實施策略。

表 5-3　特教 IEP 與上林國小個別學習計畫的差異

| 項目 | 特教 IEP | 個別學習計畫 |
|---|---|---|
| 學習焦點 | 依障礙類別協助（主科、生活學習、情緒） | 全部課程（主科、非主科） |
| 學生發展 | 依學生障礙類別與實際需求再提供協助 | 全校教師隨時掌握學生在校的發展與適應狀況 |
| 撰寫人員 | 資源班教師、導師 | 全校教師（導師、科任） |
| 目的 | 針對先天生理不同、有特殊需求的學生進行診斷、鑑定流程，並給予障礙名稱 | 基於迷你小校優勢，學生數少，每位學生的學習進展情形都應被細緻了解，由教師擬定計畫形優輔弱 |

## 三、行動歷程：計畫擬定與執行

上林國小從 104 學年度開始實施個別學習計畫，迄今約兩年。茲就每學期的個別學習計畫執行流程，敘述如下。

### （一）計畫擬定

學生的個別學習計畫於每學期初擬定。新學期開始時，教師剛接新班級，他們對於學生背景及學習狀況仍不熟悉，撰寫學生的個別學習計畫較有困難。經一個月後，教師已進行過家庭訪問、親師懇談，課堂上經由師生互動，彼此較為熟悉後，教師才開始撰寫計畫。由於撰寫個別學習計畫的需求，教師會於課堂中仔細觀察學生的回應，以了解學生的學習困難。

### （二）執行

當教師撰寫好學習計畫後，立即開始實施和討論。以一整個學期而言，大致分為期初、期中及期末三個階段（如表 5-4 所示）。

表 5-4　個別學習計畫執行期程表

| 期程 | 計畫討論時間 |
|---|---|
| 期初 | 校務會議、家長日、家庭訪問、週三教師進修 |
| 期中 | 教師晨會、週三教師進修 |
| 期末 | 結業式、期末研討 |

## 1. 期初

　　校長於校務會議及家長日時，向家長說明學校教師會為孩子量身訂作一份個別學習計畫，述說教育目的以及進行方式，讓家長了解計畫內容。教師於教師晨會及週三進修中，根據所撰寫的計畫內容做討論，教師在互相給予教學建議下，針對建議進行計畫的修正。

## 2. 期中

　　教師利用家庭訪問的時機，了解孩子的生活環境及學習情況後，以面對面、電訪、Line等與家長溝通孩子的學習情況。全校學生數雖不多，但計畫的討論涉及到家庭情況及學生的每一個學習領域，需花相當多的時間討論。教師通常於週二晨會中討論，一次約討論 1～2 個學生，週三下午的教師研習時間較長，可以討論的時間則更多。

## 3. 期末

　　期末結業時，教師群針對學生們一學期學習的成果做期末總檢討，討論學生的進步情形，若該位學生達成學習目標，就刪除教師為學生所擬的行動策略或目標，代表學生已完成。若學生未達成學習目標，則於新的學期持續進行，如同評量－教學－評量的循環。

## 四、執行方式

　　如初始階段所述，個別學習計畫經過複雜的 1.0 版，再調整為適用於該校的 2.0 版，茲將執行教育計畫的內容說明如下。

## （一）教育計畫內容與分工

個別學習計畫的表單主要分為基本資料及學習計畫兩部分，基本資料主要由導師完成，各領域學習計畫則由各科教師負責。教師開始討論時，先由導師描述學生的家庭情況、個性等，讓所有老師了解學生的背景及成長環境，護理師也會加入討論學生的健康狀況等。學生的身體狀況會影響學生的學習，當護理師談論到某位學生的身體特殊情形時，教師們就能及時注意，避免傷害。

## （二）撰寫與討論

### 1.撰寫學習計畫前

學習計畫的撰寫主要是根據學生的先前評量、課堂習作、動態評量等部分，包含上課學習情況觀察，再進行質性部分撰寫，大多數教師主要是呈現課堂觀察紀錄。導師透過不同教師對學生的討論，可以更全方位的了解班上的學生；科任教師能透過討論，在面對一些突發狀況或是師生衝突時，更了解如何處理學生的學習情緒或學習困難。

研究者觀察到教師群在討論學生的學習狀況時，發現孩子的行為在每一科都有某些程度的一致性，但當學生處於專長科目學習時，專注性則較高，例如：有位一年級學生在數學解題或國語文練習造句時，常會出現耐心不足的情況，但那位學生在美術創作時，卻相當的專注，對學習相當投入，獲得該科教師讚美。當學生在某個科目中，找到了成就感，他也會特別喜歡那個科目。

### 2.執行學習計畫時

### （1）討論及擬定策略

教師進行學生個別學習計畫的討論時會互相給予建議，教師根據建

議或課堂觀察再修正行動策略。當所有教師了解每位孩子的學習情況時，能夠幫助孩子的人就變多了，孩子受到更多的愛及關心，孩子的行為也會產生改變。

　　研究者曾觀察教師群在討論一位三年級的學生，描述他在學習自然或健康課時，容易出現遇到不會的問題就放棄的狀況；但資訊老師卻認為這位容易放棄的學生在上資訊課時，卻是遇到問題會勇於舉手表達及發問；本土語教師也提出他在朗讀課文表現大方。當教師們不斷討論該位學生的學習表現時，發現他是位缺乏自信的孩子。如何改善他缺乏自信的情況？教師們相繼提出一些解決策略，例如：上課時給予他多一點自信，在他的優點部分多給予讚美，也探討他沒自信的來源，可能是來自家庭的某些狀況等。當所有教師了解到孩子的學習及家庭背景時，能夠幫助他的人就變多了，孩子也會受到更多的愛及關懷。

## （2）進行課堂補救教學

　　教師了解學生準備度後，可根據他們擬定的學習計畫目標，於課程進行中隨時進行個別學生的學習輔導。為了更了解學生的學習情況和結果，研究者也對帶班的導師（A師、D師、E師）和科任教師（B師、C師）進行訪談，請教師分享採用個別學習計畫的經驗、觀察的學生學習狀態和學生的改變情形。A 老師在訪談中描述了撰寫個別學習計畫的益處，說到：

　　　　基本上，因為學生少，我們對學生的關注力會比較多，比較了解學生，雖然要花一點時間撰寫個別學習計畫，但可以在課堂上讓學生進行不一樣的學習進度。教師因為了解學生的學習狀況，可以做一個教學的調整。（A師20170915訪談資料）

## （3）調整教學內容

　　教師針對學生課堂學習做教學調整，例如：進度的調整，或課程目

標的調整修正，再進行教學。這樣的情形在許多教師的課堂內都發生了，也於教師訪談中充分的顯露出來（如表 5-5 所示）。

> 我目前教的一個學習遲緩的小孩，他跟班上其他人其實是不一樣的。舉造句方面好了，其他比較一般的小朋友是可以自己造句，但那個小朋友沒辦法，你必須要用口頭引導他，去把一個句子講出來，講出來之後再讓他轉換成文字，這個就跟其他小朋友不一樣，其他小朋友可以自由發揮，這個小朋友必須透過口語引導讓他講出來，講出來再進行書寫部分。……當我們為他擬定一個目標，然後針對目標來進行，對孩子來說，其實是有幫助的。（A 師 20170915 訪談資料）

表 5-5　個別學習計畫的撰寫與討論

| 撰寫期程 | 撰寫依據 |
|---|---|
| 撰寫前 | 1. 開學第一個月學習狀況觀察（各科教師）<br>2. 施測評量、課堂習作、紙筆練習、口頭回答 |
| 執行 | 1. 與教師群討論計畫與行動策略<br>2. 加強課程教學部分（依學生程度補救教學） |
| 調整 | 1. 針對擬定目標進行教學<br>2. 依學生學習成效調整課程 |

## （三）個別學習計畫課程執行與應用：以體育、藝文課程為例

### 1. 以體育課程為例

任教於體育課的 B 老師便從下面的三階段，說明她如何執行與應用個別學習計畫（如表 5-6 所示）：

> 撰寫前：在課程前，檢視上學期學生的能力狀況，先藉由基本體能活動，如單腳跳、開合跳、跨步跑、抬腿、小碎步等

方式，先觀察學生的身體行為表現，再構思這學期的上課分組方式可如何進行，視情況進行異質分組或是同質分組。

執行：在課程中，依據學生操作的情況來分組，以飛盤活動而言，課程中可先從同質分組進行基本擲盤練習，同時修正學生擲盤動作，藉以思考下一步的分組方式。倘若進行兩人互擲的活動，同質分組就很重要，兩人技巧相當時，在練習上會有更佳的表現。進行一段時間後，可調整成異質分組，如進行飛盤比賽時，就需要讓兩隊的能力相當，增加比賽可期性。以籃球運球與跑籃的課程來說，籃球運球先以個人分組，每個人的能力不同，可先以基本運球為主，接著針對課程設計進行異質分組，教師可根據學生的能力及學習目標來構思課程執行。

調整：在評估學生的學習表現時，透過檢核工具來檢視學生進步程度，以作為下一次課程的調整，例如：擲飛盤時，可以用異質分組，進行兩隊的遊戲。遊戲進行中，透過學生擲飛盤的情況來檢核學生能力，並於課堂中提醒學生調整，在課程後教師省思學生學習情形，針對學生修正目標，重新擬定策略。（B 師 20170928 訪談資料）

表 5-6　個別學習計畫在體育課程中的應用

| 撰寫期程 | 撰寫依據 |
| --- | --- |
| 撰寫前（課前） | 1. 檢視上學期學生能力，構思分組方式<br>2. 於學期開始第一個月實際課程觀察 |
| 執行（課中） | 1. 依操作情況分組，檢核學生能力<br>2. 教師群討論學習計畫與課中補救 |
| 調整（課後） | 1. 修正下次目標<br>2. 重新擬定策略 |

## 2. 以藝文課程為例

撰寫前：跨年級教學當中最重要的就是課程教材的撰寫。在學校內因為實施個別學習計畫的撰寫，讓 C 老師了解每個學生的起點行為以及優弱勢，因而她於課堂中會給予學生不同的學習目標或內容。她在新學期開始撰寫教學計畫時，就會去參考先前老師寫的個別學習計畫，了解學生的起點行為，針對學生容易退卻的地方，給予個別指導，讓他不再落後他人（課堂內的補救）。也可以利用師徒制度，像有些學生在技巧方面（如吹奏陶笛或直笛）程度較好的（不一定是年級高或年紀大的學生）達成該階段應有的目標後，可以去當小老師教程度較落後者，這樣的方式一方面可提升年級低或年紀小的學生，增加他們的學習動力，因為他們會想贏過年級高或年紀大者。

執行：以中年級為例，三年級 A 生的吹奏技巧較好，達成該階段之目標後即可成為四年級 B 生的小老師，一方面讓三年級 A 生愈來愈有學習欲望（因為想要成為他人的小老師），另一方面四年級 B 生因為不想要讓年紀小的人教導，進而更努力練習吹奏技巧。在團體討論時，年級高或年紀大的學生會努力表現想贏過年級低或年紀小者，他們會積極展現自我的想法及演出、演奏，例如：中年級學生在發表時，四年級學生就可以給三年級學生當作模仿的對象，一方面也增加四年級學生的自信心（畢竟多學一年總是比較厲害），而三年級學生因為有四年級學生的示範或模仿，也表現較佳。

調整：因為進行跨年級教學，教師更了解課程的架構以及各個學習階段應達成的目標，在這樣的學習中，教師更清楚並掌握課程教材的脈絡，進行課程的調整，除了學生受益良多，教師也在課程上成長許多。（C 師 20171030 訪談資料）

## 肆、上林國小的發現

　　自 104 學年度在上林國小實施個別學習計畫起，迄今已經兩年，研究者訪談校內五位教師，並整理個別學習計畫的內容及相關會議紀錄，將一些發現說明如下。

## 一、學校實施後的發現

### （一）偏鄉小校適合發展學生的個別學習計畫

　　根據訪談分析得知，教師們認為小校學生數少，適合實施個別學習計畫，除了能幫助每位學生外，學生學習表現的累積也可協助新手教師或是新接該班的導師、兼輔教師了解學生的生活及學習歷程。

> 我覺得個別學習計畫以小校而言非常適合實施，因為它很完整的可以讓新接任的老師或是輔導老師第一手立刻知道學生的學習狀況。（B 師 20170928 訪談資料）

> 因為是小校，所以每個學生都可以照顧得到，也透過這個個別學習計畫，方便讓我們去了解每個孩子。即使隔年這個班級不是由我授課，對後續承接的老師來說也可以清楚看到哪裡是需要加強的地方，這個計畫蠻好的。（C 師 20170915 訪談資料）

> 個別學習計畫對我來說，就是一個診斷病歷的概念，在剛進來不到一個月的情況下，方便我在短時間內更了解學生，所以它是有正面意義的。（D 師 20170920 訪談資料）

> 因為我們目前實施的部分也沒幾年，兩年，這樣的計畫到底幫助到孩子哪個部分，以特別生的個別學習來講，因為我們

給他的一個目標，其實如果有真的針對他的目標來進行的話，其實是對的。（A師20170915訪談資料）

## （二）教師參與計畫過程中獲得個人專業成長、同儕的支持，並能銜接課程

### 1. 教師專業成長

透過訪談，教師認為實施個別學習計畫可以幫助教師檢視學生的學習歷程，並且可分科檢視，從其他教師的分享中，解決個人的教學盲點，促進教師專業成長。

初次接觸到個別學習計畫的時候是有點訝異跟不熟悉，但經過前輩老師的提點之後，就大概知道個別學習計畫的目的是什麼。就我現在所了解的個別學習計畫是將學生的學習狀態做分科的細部檢視，那也是一個學習歷程的回溯，目的是幫助新的老師接到這個學生個案時，可以更了解他以前的學習軌跡是如何進行。（D師20170920訪談資料）

我們在分享的時候，就可以從別的老師分享當中更了解孩子。所以他們所提出來的或許是我的教學盲點，我就可以透過他們的分享使用在我的班上。（A師20170915訪談資料）

### 2. 同儕教師支持

透過同儕教師的討論，或是觀察其他教師撰寫的計畫內容，大部分教師覺得受益良多，除了有多面向的觀察及不同觀點的描述，還有彼此間專業的交流與討論。經驗豐富的教師透過討論平臺分享策略給新手教師，形成一個專業學習社群。

研究者從教師群討論發現，二年級的某位學生，他的學習較緩慢，

語言學習也有困難，需要老師多花一些時間等待他的回答。當導師將這樣的訊息告訴其他老師後，科任老師在上課時也願意花多一點時間來等待孩子，這對於孩子的信心是一種增強，因為當孩子被了解後，教師對該名學生一些歧見及先入為主的想法也就沒了，對於孩子的包容力也變大了。當教師們看見孩子的需求時，孩子得到的資源也變多了。重要的是，經由同儕教師教學偏方的分享後，教師也相對成長了。

> 我覺得有其他科老師一起加入、有個討論平臺的話，不至於會迷惘，因為大家都很有經驗，可以觀察其他老師是從哪個面向切入，應該抱持樂觀的態度就不會害怕。譬如說家庭的因素啊，會不會影響學生的學習狀況，或者是說這個學生的習慣，譬如他非常喜歡玩電動，會不會影響到學習，還是要前輩們多多提點，才會撰寫得比較詳盡。（D師20170920訪談資料）

> 其他老師撰寫部分，我覺得很有幫助。若是自己帶導師的話，對於小朋友在其他課程上有什麼學習的呈現，就還蠻了解。還可以跟其他老師討論，怎麼讓這個小孩學到更多，怎麼去改善他比較弱的地方。（E師20170915訪談資料）

### 3. 計畫以學生為中心，教師可全方位了解學生且課程銜接得宜

　　教師透過個別學習計畫的討論，可以全方位了解學生的生活狀況及各科學習表現，對新手教師或是剛接新班的教師幫助很大。透過對學生優缺點的了解，教師可了解學生的學習動機或是學習困難，進而調整教學。教師認為實施個別學習計畫對於課程的銜接助益最大，因為計畫內容記載著學生歷年的學習表現，這讓未接觸過學生的教師能從學生檔案中快速了解學生的學習優勢及弱勢，教師能迅速導入，增進親師生彼此間的溝通交流。

> 它很完整的可以讓新接任的老師或是輔導老師第一手立刻

知道學生的學習狀況，而且因為這是量身訂做的課程，對孩子的了解程度無論哪一位老師看了之後都可以更快進入，也可以知道說這個孩子需要什麼、缺少什麼、我們能夠給予他什麼，也可以為孩子在學習上做一個翻轉的可能。（B師 20170928 訪談資料）

　　即使隔年這個班級不是由我授課，對後續承接的老師來說也可以清楚看到哪裡是需要加強的地方，這個計畫蠻好的。（C師 20170915 訪談資料）

### 4. 教師發現學生的行為改變，除了自信心部分，計畫呈現學生學習歷程的成長

#### （1）實施計畫提升學生自信

　　進行了個別學習計畫迄今已經四個學期，學生成長最明顯的是自信心之提升。面對活動及比賽時，學生沒有畏縮或逃避的情況。因而，在英語歌唱比賽，全校學生獲得市賽優等的表現；在瑞芳田徑對抗賽時，也屢獲佳績。雖然很難斷定這與個別學習計畫有直接的相關，但孩子的行為表現被肯定了，他們對於比賽和活動都是很投入的。五年級有位學生因為體能被肯定，積極參加市小運，雖然沒有得獎，但他也沒有垂頭喪氣，對於來年仍充滿信心，後來他在六年級時展露自己的體育長才，於市小運獲男童 200 公尺第四名、100 公尺第五名佳績，他的天賦被看見了。除此之外，孩子們的品行也變好了，他們懂得感恩及幫助別人，學輔處處理學生糾紛的部分也減少了。

#### （2）展現學生學習歷程的成長

　　實施個別學習計畫可看得到較多教師進行質性描述觀察學生的行為成長，也提供量化的數據描述學生學習成效，例如：106 學年度五年級的新北英語能力檢測達到 3 位精熟程度、1 位通過（全班有 4 位學生）。學

習計畫也呈現學生的期中、期末評量進步情形。由於教師於課堂中針對弱勢部分給予適性的教學，強化學生亮點。當學生學習目標達成後，教師即將目標刪除，給予學生下一個階段性目標，這樣的學習表現歷程，即是記錄著學生學習的轉變歷程。

> 針對學生比較弱的部分做加強，評量上面學生無論在功課上或學習上有比較弱的部分，我們都會給他屬於比較弱勢的標準，讓他能夠在那邊提升。大部分的評量會依據他的學習能力，我們從個別學習計畫中知道他哪裡比較弱，當他達成時我們就會給他比較高的成績，讓他不會跟別人有什麼落差性。（C師20170915訪談資料）

> 班上兩個同學的發展，一個學科比較強、一個術科比較強，有點南轅北轍。可是兩人可以發揮互助的功效，譬如說術科較強的同學可以教術科比較不好的，反之學科好的同學可以協助另一位。之所以可以這樣操作是建立在他們兩人從小到大的情感基礎上，彼此不會惡性競爭。（D師20170920訪談資料）

### 5. 家長感受用心回饋正向

學校利用家長日及校務會議時，告知家長學校教師為孩童所做的學習計畫，教師於家長日時，也將學生的檔案分享給家長了解，但因上林社區家長以農工為主，礙於時間因素，較少到校參與教師對於他們孩子的學習討論。個別學習計畫執行迄今，唯一參與教師討論僅有1位家長，但她也給予教師群正向的回饋。

> 老師針對孩子做的個別學習計畫，可以讓家長更加了解自己的孩子在學校各領域的學習狀況，也讓家長從中再協助孩子各方面的發展，讓孩子得到更多的資源，很感謝老師的用心。

（A 家長 20170717 訪談資料）

## 二、執行上發現的困難

### （一）教師共同討論時間有限

個別學習計畫之撰寫是相當花時間的，雖然學校的表格已經簡化許多，但是教師在擬定目標策略時常花很多時間思考，有時怕擬定的目標太難，學生無法達到，或是太簡單，對學生沒有挑戰性。每位學生的討論相當花時間，有時候一個學生的問題是可以討論很久的，礙於時間的關係或是遇到上課時，得匆匆結束。

### （二）學習計畫多偏質性描述

教師於實施兩年後，反思上林國小學習計畫的撰寫部分，大部分教師認為撰寫較偏向質性描述及教學觀察文字部分，較缺乏量化數據客觀部分。教師認為學習計畫偏向情感的流動，若有質性量化都出現，會較全面性。但校內新手教師卻持不同觀點，她認為或許有量化數據時，也會讓教師對學生有先入為主的概念。

> 我覺得目前大家都還是偏向比較質性的部分，包含我自己也是。舉例來說，每個項目都要很具體描述的話，真的需要花很多時間，但是如果有一個大方向，就像我們之前是用能力指標來做一個分隔的話，那也算是有一個比較量化的表現。（B師 20170928 訪談資料）

> 目前看到大家的紀錄都還是很表徵的，不是很清楚明確，大多以比較口語化的方式，類似平常記錄的感覺，可以再比較具象一點，從各個科目要達成的地方去尋找，譬如說單元名稱或者像英語科會有達到幾個單字這種指標。（C師 20170915 訪

談資料)

　　之前的個別實施計畫比較多著重在文字,較少量化或數字的部分,當然這就是一個情感的流動,如果是一個數字的結果,說不定我會有先入為主的概念。(D師20170920訪談資料)

## 伍、結論與建議

　　本文以實務者即研究者的角度,根據兩年在偏鄉小校建構個別學習計畫之歷程和實踐經驗,提出下列的結論與建議,作為後續研究與實務發展之參考。

## 一、偏鄉小校適合發展個別學習計畫,累積學生學習表現

　　根據研究結果,教師們認為小校學生數少,適合實施個別學習計畫,除了能透過學生學習表現累積歷程,讓每位學生的學習進展被細緻了解外,亦可以協助新手或是新接該班的導師、兼輔教師了解學生的生活及學習歷程,進而擬定教學行動策略。

## 二、個別學習計畫形成學生長期的教與學系統,對教師與學生皆有助益

　　實施個別學習計畫可看得到教師撰寫學生的學習成長紀錄,經由教師的觀察情形,於課堂中針對弱勢部分給予補救教學,強化學生亮點,學生學習目標達成後,教師即將目標刪除,給予下一個階段性目標,這樣的歷程,即是記錄著學生學習成長的轉變。教師參與計畫過程的收穫,包含:個人專業成長、同儕的支持及課程銜接部分。

### 三、家長參與人數雖少但給予極大的正向回饋，建議未來可持續邀請家長參與計畫

學區家長礙於工作及時間因素，較少參與學生的學習討論。個別學習計畫執行迄今，唯一參與討論的僅有一位家長並給予教師群正向的回饋。由於學生學習的成長，家長的參與也是重要的部分，建議持續邀請家長參與計畫。

### 四、在未來的個別學習計畫中，建議納入學生自主設定的目標，提升學生學習的主動性

一枝草，一點露，這是上林國小教師對每位孩子的期待，希望幫助孩子找到學習亮點，每位教師皆對孩子用心指導，細心照顧。但上林個別學習計畫的實施，屬不斷試行再修正的過程，研究者希冀未來的個別學習計畫中（3.0 版），亦能納入學生自主設定的目標，提升學生學習的主動性及能動性。

### 五、個別學生資料的建立和運用，應持續精進和審慎運用

學校目前透過全校共同的努力，觀察和記錄學生的各項行為和表現，資料非常寶貴，也很具有參考價值，未來也可以參酌更多的評估方法和工具，精進學生描述性資料的建立。其次，從學生的發展角度來看，教師也要謹慎看待學生的描述性資料，避免先入為主的效應。小學生正處於快速的發展狀態，也要保持彈性的態度來使用資料和實施教學，對於學生仍應抱持正向和積極的期待，如同鷹架理論，成人提供支持，讓學生朝向更好的發展水準前進。

# ● 參 考 文 獻 ●

## 中文部分

王政忠（2017）。我有一個夢。臺北市：天下文化。

李翠玲（1999）。個別化教育計畫（**IEP**）理念與實施。臺北市：心理。

林幸台、林寶貴、洪儷瑜、盧台華、楊瑛、陳紅錦（1994）。我國實施特殊兒童個別化教育方案現況調查研究。**特殊教育研究學刊，10，**1-42。

林素貞（1999）。如何擬訂「個別化教育計畫」。臺北市：心理。

教育部（1998）。特教教育法施行細則。臺北市：作者。

彰化縣政府教育處雲端系統（2017）。國小普通班 **IEP** 撰寫範例。取自 http://www.boe.chc.edu.tw/sub/education_05/download_s1.php?c_id=6

## 英文部分

Ainscow, M., & Tweddle, D. (1982). *Preventing classroom failure: An objectives approach*. New York, NY: John Wiley & Sons.

Drasgow, E., Yell, M. L., & Rosinson, R. (2001). Developing legally correct and educationally appropriate IEPs. *Remedial and Special Education, 22*(6), 359-373.

Mittler, P. (1981). Training for the 21st century. *Special Education: Forward Trends, 8*(2), 8-11.

# 6

# 先行者的故事：跨年級教學在偏鄉小學的實踐歷程

洪儷瑜[1]、何佩容[2]

　　跨年級教學不僅是教室內的教學改革，也是學校行政和辦學的翻轉。基於下列兩個理由，本文以第一階段（2014 年）參加跨年級教學專案的一所學校之兩位基層教師在過去兩年的經驗採用敘事報導方式呈現。

　　首先，因敘事研究（narrative understanding）的重要，Clandinin 與 Connelly（1998）指出敘事性的認識對於教育改革的重要，主要有四個重要觀點，提醒大家重視敘事性的描述：（1）教育改革是複雜的實務和理論之間互動的歷程，應該更敏感在地的文化和教師的知識；（2）學校和參與者都有他們敘事的歷史；（3）教育改革溯源於上個世紀的文獻，也應持續發展當前相關的文獻；（4）教育改革的認識論應該包括參與者的知識。因此，本文想留下臺灣推動跨年級教學第一批學校參與者經歷的故事。

　　參與教師在實踐的歷程中有很多的經驗會呈現出實用知識（practical knowledge），誠如前文，教育改革是實務和理論之間互動的歷程，我們研究團隊致力於推廣理論性的知識、研發師訓課程和出版相關書籍，但

---

1 國立臺灣師範大學特殊教育學系教授。
2 國立臺灣師範大學教育政策與行政研究所博士班學生。

實用知識來自教師的故事、在教師的行動，以及內心中的經驗、想法和計畫，這些經驗來自個人和社會的互動歷程（Clandinin & Connelly, 1998），所以描述推動歷程中的一些成功故事有助於推廣到更大範圍（Huttner, Harbarth, & Nathwani, 2014）。

其次是執行科學，也就是設計一套特定的活動，通常是透過實證有效的活動，朝預設的目標去推廣執行到非研發單位，並透過充分的資料描述去偵測執行的活動和優勢（Fixsen, Naoom, Blase, Friedman, & Wallace, 2005），其執行的階段分探索、安裝、初期實施、全面實施、在地化改革和持續實施等六個階段。因此，各單位在前兩個階段（探索和安裝）應該是原本經驗與研發單位距離最大的時候，也是專家（或稱研發單位）最需要去深入了解的狀況。敘事探討即是提供實務現場的複雜脈絡，也可以讓我們由專家知識（professional knowledge）的觀點調整到更適合實務現場的複雜脈絡（Clandinin & Connelly, 1998）。

## 壹、研究方法

### 一、研究參與者

選擇訪問對象的考量，主要是選擇教育部國民及學前教育署委託跨年級教學之第一階段參與學校中持續參與第二階段者（洪儷瑜、梁雲霞、林素貞、張倫睿、李佩臻，2019）。本專案在兩階段的研究僅有三分之一學校持續參加，且其校內原來並未實施跨年級教學，也對此教學毫無背景或基礎，該校也未有縣市政府的壓力或支援在校內持續探索實驗。選擇之理由是可以看到學校（執行單位）對於新教學法較完整的推動，也排除其他縣市政府的政策或壓力，更顯出學校內在的力量。

本研究所選擇的學校是位於東部花東縱谷中段的一所國小，其位居東部火車經過的小鎮之邊緣聚落，該聚落學生多是原住民，近十年來的

全校學生人數均維持在 30 名上下，現有 30 多位學生。該校（下文稱淺島國小）規模雖迷你，但教師流動率不高，多為正式教師，且平均任教年資在 5 年以上。校長是在專案實施開始才到任，並未參與該校申請此專案的過程，但仍積極支持。

接受訪問的兩位教師，一位是最早就代表該校參與專案的行政人員，初期是教學組長，後來擔任教導主任，可說是該校推動跨年級教學的舵手，其在該校年資超過 15 年，本文以「舵手」稱呼。第二位是後來加入專案的教師，他由班級導師轉變成教學組長，與舵手主任合作在校推動跨年級教學，本文稱之為「左右手老師」、「左右手」。

## 二、訪問歷程

本文由第二作者擔任訪談者，第一作者從專案初期就擔任該校實施跨年級教學之輔導教授，常親自到校參訪，與校長、教師座談多次，且曾擔任該校推動跨年級教學影片的製作人之一。第二作者透過第一作者提供的背景知識，包括該校的影片、報告等，並討論訪談重點，擬定訪談大綱，以兩位教師的經驗蒐集影片和報告中的重要事件和經驗為主。再依據受訪者時間許可，於學期中安排一天時間參訪，對舵手與左右手老師進行個別訪談，分段訪談。其中，部分時間兩人因在同一辦公室，隨時在訪談中插入討論。訪談大綱分行政和教學兩方面擬定，如表 6-1 所示，採半結構的方式進行；教學方面的訪問又分執行方面和個人省思或心得兩部分。

## 三、訪談資料的整理與撰寫

本研究是採取半結構訪談，第二作者於 2017 年 6 月至淺島國小進行訪談，依據一整天的訪談錄音，謄打成逐字稿後，再依照舵手主任與左右手老師分享的內容，依事件發生的時間順序整理。以訪談聚焦的主題為經、時間線為緯，撰寫後經受訪者確認，與第一作者討論完成故事。

表 6-1　訪談大綱

| 行政方面的訪問 | 教學方面的訪問 |
| --- | --- |

**行政方面的訪問**

1. 在影片中提到「發現學生的一些現象,想做出一些改變」,指的是觀察到學生的什麼狀況呢?是否能具體描述?換句話說,為何會選擇跨年級教學計畫?

2. 如何取得校內老師的共識?校內老師對此項計畫的態度為何?反對的理由是什麼?又這幾年在推行過程中是否有轉變?

3. 跨年級教學在本校學校行政上,須做出哪些行政規劃措施?又103學年度以來有哪些演變與調整?請和我們分享。

4. 執行過程中,在行政規劃上是否有遇到衝擊與困難?如何克服解決?請和我們分享。

5. 一開始僅選擇藝文與健體領域作試辦,為何選擇寫作課作差異性教學試行?是否有特殊的原因?請和我們分享。

6. 如何決定哪些年級、哪些科目實施跨年級教學?

7. 104學年度開始,擴及到主科領域後,您對不同年級、不同科目實施跨年級教學的成效是否有不同的看法?請和我們分享。

8. 整體而言,您個人認為跨年級教學對本校來說,值得推廣之處為何?又缺點為何?

9. 未來如能繼續執行本計畫,您個人想推動的規劃為何?

10. 整體來說,您認為跨年級教學計畫在本校施行的結果是成功或失敗?原因為何?

**教學方面的訪問**

一、執行方面

1. 您個人認為在執行跨年級教學過程裡,有哪些事項是教師需要協助與精進的?

2. 執行跨年級教學的教師,需要做哪些教學上的準備?

3. 教學實務上,如何為學生進行能力分組?

4. 教師之間如何進行共同備課?您認為有哪些優缺點以及該注意的事項,可和之後有意執行的學校分享?

5. 跨年級教學的班級裡,在班級經營上有什麼需要注意的地方?

二、個人省思或心得方面

1. 您認為學生喜歡或不喜歡參與跨年級課堂的原因是什麼?

2. 您個人對跨年級教學的詮釋是什麼?請試著找幾個形容詞來形容跨年級教學(如快樂的、專業支持的、合作的等)。

3. 您認為跨年級教學在教學上與班級經營上的優缺點各為何?

4. 您目前在跨年級教學上遇到哪些困難?您目前的因應之道為何?

5. 您覺得身為第一線教師進行跨年級教學上,還需要哪些支援之處?

6. 整體而言,您個人認為跨年級教學對偏鄉學校來說,是否有所裨益?有或無的原因為何?

7. 未來如能繼續執行本計畫,您個人想推動教學上的規劃為何?

## 貳、跨年級教學的掌舵者：跨年級是為了做到差異化教學

舵手自師資班畢業後就來到淺島國小，一待就是十多年，103 學年度就參與跨年級教學計畫。當時他擔任教學組長，前任校長指派他申請跨年級教學試辦計畫，舵手起初對這件事沒什麼感覺，心想擔任行政，寫計畫申請經費是再平常不過的業務。直到聽完說明會，他眼睛為之一亮：這就是我們孩子需要的！

「我覺得跨年級教學，對全國的六班小校，應該都是很有幫助的！」舵手說。

### 一、偏鄉教學現場的困境：學生程度落差大

根據長久以來在偏鄉任教的經驗，舵手指出淺島國小學生的學習問題，也是所有偏鄉學校常見的：偏鄉學校班級雖然人數少，但學生彼此間的程度仍有落差，且因人數少，感覺上學生間的落差被放大了。

舵手擔任過班級導師，他表示當時帶的班有 8 個學生，光是數學單科，學生可能就有至少三種以上的程度，而且每個學生在每一科的表現、學習程度也不盡相同，科目間之表現落差也很大，幾乎每位學生都需要個別化的教學。

然而，大部分的老師教學還是以學校訂的課程計畫進度為主，而課程計畫的進度則大多是參照教科書商所提供的。因此每堂課，舵手和同事們總是按照進度把課程上完，若發現學生跟不上，便提供學生大量的單元練習題，想透過大量地練習讓學生學會。然而，這樣做的缺點就是容易擱置學生的個別需求，上課時因為要趕進度，而無法顧及學生了解與否，只求教完後多留時間再來練習就好了。

但這個問題一直在舵手的腦中迴盪，「只用一種課程內容與教學方式，就可以讓所有學生在課堂上學會嗎？這樣做，就好比只拿一種口味

的便當,想來符合所有人的口味」舵手說,「但如果我能讓一號吃 A 餐、二號吃 B 餐,讓他們能吃到符合自己口味的食物與營養,哪天他想換口味,還可以換,這樣不是比較好嗎?」

雖然知道只依照教學進度來教學是有問題的,但舵手從來沒採取行動去解決,主因是他不太知道要如何做,才能在現有的制度裡,讓每位學生「都點到自己想吃的餐」。「參加跨年級計畫後,我便有個保護傘,可以合法地操作,調整學生的學習內容,而且還可以邀其他的夥伴老師一起來」舵手說,「我深信這效果會是好的」。

舵手認為,最理想的狀況是把全校的學生全部打散,所有學生在每一科均按照能力分組授課,讓每一組學生都能在該組學習到適合程度的內容,亦即打破按照年級分班的安排,改由依據學生的能力來彈性分組學習。「所以,跨年級教學並不僅僅等於跨年級合班上課而已,很多老師都誤解這一點。跨年級教學是為了要進行差異化教學,要做到差異化教學,就必須要進行分組教學。總括來說,跨年級教學是為了做到有效教學」舵手簡要地說明跨年級教學的內涵。

## 二、跨年級課程與差異化教學的推動

跨年級教學在淺島國小初始推行的時間是 103 學年度上學期,在這一學期裡,舵手只找了校內的音樂老師進行中、高年級的跨年級教學;接著,在 103 學年度下學期,再加入與自己較要好的一、兩位老師,在部分課程,也就是游泳課和彈性課程的寫作課,推行跨年級教學。這些課程,主要根據學生的能力進行分組,每一組給予不同的教學目標。在這推動跨年級教學的第一年,舵手和兩位教師共嘗試了四種不同的跨年級分組方式:全部合班、全部合班同質性分組、全部合班異質性分組,以及重組同質性分班。

以寫作課為例,一開始為了鼓勵學生寫作文,學校每個月會督促學生投稿地方媒體(《東方報》),如果被刊登,學校就發給學生 100 元

禮券，以茲鼓勵，希望能帶動學生練習寫作的風氣。但學生的作文能力普遍程度不佳，為了維持每個月都有投稿，老師們有時便直接潤稿，再讓學生抄寫。對於這樣的情況，老師們也感到很困擾，認為這樣已失去了意義。為解決這個問題，從 103 學年度下學期開始，淺島國小利用彈性課程時間，嘗試四到六年級的跨年級寫作課教學，希望在課堂上讓學生寫出可直接投稿的作品。這堂課是將四到六年級學生全部打散，再依照學生補救教學國語科的篩選測驗結果，分成三個班，設計不同的教學鷹架，施予三班學生不同的策略教學。學期結束時，每位學生都寫出了 2 篇文章，自己打字、投稿，且大部分都獲得刊登，「我覺得這樣效果不錯。」舵手說。

　　跨年級的寫作課到了 104 學年度擴及至三到六年級，任課老師們開始發展出自己的分組依據。之前的分組是依照篩選測驗的語文能力，學生後來的分組則是依照任課老師們平時對學生的了解，多方考量後來進行分組的。「我認為這樣也很好，雖然分組方式沒有依據量化的指標，但跨年級教學依靠的是一個團隊，只要跨年級的教師群組達成共識，用自己的方式走下去，跨年級教學才能久久長長地走下去」舵手說。

　　至於體育課的進行方式，任教體育課的左右手老師在旁補充，因為跨年級教學的實施，他改變了上課的分組方式。「其實，淺島國小以前的體育課一直是合班分組上課，只是分組方式可能是丟得遠的一組、丟得近的一組。現在去研習後比較有概念，就比較會使用動作技能的程度來分組了」。

　　另外，舵手觀察到，跨年級教學能降低執行差異化教學時，班級經營與教學上的負擔。因為對一個剛接觸分組教學的老師來說，最好的情況是分成兩組，對該名教師的負荷是最輕的。但如果一個班的學生程度實際需要兩組以上，才能達到有效教學的話，那麼跨年級合班後，就安排兩位老師來進行協同教學，兩個人來處理兩組以上，就降低了一個人處理這麼多組的困難。

「所以，當班上分成兩組，還無法達到有效教學的時候，就應該要選擇使用跨年級合班的分組教學」舵手說。

總括來說，跨年級教學並不等於跨年級合班而已，其真正的內涵是依學生能力分組、必要時打破教室門牆的差異化教學。

## 三、教師共同備課，以發展學校的跨年級課程模組

執行跨年級分組的差異化教學，需要教師們共同備課。舵手也分享了和幾位老師執行跨年級教學共同備課的標準化流程（SOP）：首先訂定該單元有幾節課，以及學生要學會的學習目標；再來是看兩位教師彼此的專長，來決定誰來主導這個單元的備課。「比如體育課的游泳單元，左右手老師有教游泳的經驗，所以就由他主導分配教學流程。我不是體育專長的老師，和他協同，則去請教他怎麼做」舵手說。最後，每節課結束後，要針對該節課的學生學習表現、協同者扮演的角色、教學實施中的細節，做課後討論。

但這樣的共備 SOP，教師們反應備課的負擔很重。所以，舵手表示在推行的過程中，時時感覺真的需要有跨年級教學的模組可以參考。這個教學模組包括各科的哪些單元可進行跨年級教學、可執行的有效教學活動範本，教師們在考慮設計課程時，才會比較有頭緒，或者可以檢視自己班上學生的情況，再拿現成的教學模組進行修改，這樣應該可以降低教師們備課的負擔。

另一個共備的問題是教師們常常反應「找不到共同單元來設計」，舵手認為這是因為大家還相當依賴教科書的緣故。就理想狀況而言，一個任課教師應該將教科書解構，參考學生能力檢測的報告，來了解學習者的目前學習水準，重新設計具體教學目標，並且逐堂課發展跨年級分組的相關教學活動。「大家的教學目標都來自教科書，而不是課綱或基本能力的檢核報告，備課應該不以課本為主才對」他說。

然而，不可否認的是，若要教師共備、發展適當的教學模組，同時

放棄教科書、改成以基本能力檢核報告為主軸來設計教學，會使教師的備課負擔變得十分沉重。偏鄉小校的教師人力已經不足，備課負擔如果加重，教師們更容易呈現心有餘而力不足的情況，這是推行跨年級教學的最大問題之一。因此，舵手認為一開始是會很累沒有錯，但如果各科能完整執行過一學年，那麼下次寫課程計畫的時候，就知道遇到哪幾個單元可以安排跨年級分組教學。如此辛苦一年，就能建構出一間學校可行的跨年級差異化教學模組，這樣大家之後就有範本可以參考，而不會這麼辛苦了。

## 四、各校應能發展各自的跨年級教學模組

在舵手的想像裡，各校應可隨著學校的文化和老師們互動的方式，做出符合該校學生需求的跨年級教學模組。就淺島國小而言，經過這三年，彈性課程（寫作課）、藝文和健體領域（體育）的課程，都已經有固定的跨年級樣態，「其他學校應該還沒有像我們這樣的發展」舵手說。

舵手認為，學科領域應該也能發展出類似概念的教學模組。比如數學科，舵手認為數學科的知識結構很明確，包括：「數與量」、「幾何」、「代數」、「統計與機率」、「連結」等五個學習主軸，各年級的數學都是根據這五個大主軸來進行螺旋式編排，應該可以據此設計跨年級數學教學的架構。

在數學科跨年級的可行設計方面，以低年級數學為例，一開始的一年級和二年級教師們還是可以按照教科書進度各自進行分班的教學，但當教到內容屬性比較相近時，就可以開始進行跨年級教學，例如：依據學生的能力及需求將全班分成低組、高組以及自學組三組，兩位老師各自帶低組和高組，第三組是自學組，也就是操作經驗不足、需具體操作方能了解抽象概念的學生。這三個組別各自有不同的學習任務。舵手也曾在某次二年級的數學課時操作過分組學習，在單一年級是可行的。

當教到均分概念時，若6個蘋果分給2個人，操作上是：「6－2＝

4、4－2＝2、2－2＝0」分了3次，均分的概念即是在這裡發生的。自學組的同學此時需操作「分3次」這個動作，並且能說出操作的意思來，也就是舵手說的「說數學」；低組的同學，學的是一年級加減法的部分；而高組的同學也許已經能進入乘法了，但他們必須也要能學會自學組的該單元動手操作活動，如此才會確切知道「2×3＝6」的意思是什麼。

「就我們的觀察，這種單元，數學科在低年級特別多」舵手說，「如果是我和操作過差異化教學的老師來上低年級數學，我們可能會選擇整學年都這麼上喔！而且這也還只是屬於教學目標受限在課本裡的方式而已」。換句話說，若是重新解構教科書，跨年級數學教學會存在著更多的可能性。

至於國語科，舵手的想法是這樣的：就像體育課，淺島國小教師在設計體育課教學內容時，已經將爬、抓、握、拍、滾、擊、踢等核心能力列為教學重點，依照老師的專長與學校的設計來選擇教學活動時，雖然學生上的是樂樂棒球和籃球等球類活動，但教師的教學重點可以都是「擊」這項能力。因此，在舵手的構想裡，上國語課時，一到六年級的老師應可以把國語科的共通核心能力找出來，檢視整學期乃至整學年，低、中、高年級分別在聽、說、讀、寫上須達到哪些目標，接著分析所選用的教材有哪些須發展跨年級差異化教學，據此排定課程計畫進度後，再建構出共同的國語科教師教學流程。

「就我來看，若一間學校已建構出共同的國語科教師教學流程，以某年段一星期的五節國語課為例，第一節上生字詞、第二節上朗讀流暢性，以及第五節作文，都可用跨年級差異化教學的方式上課。而第三、四節上文本內容深究時，才需拆回原班上課」舵手說。

另外，如果是策略性課程，也可以安排跨年級教學。即便是合班上課，每位學生手裡的文本不同，但因為是學習同一個策略，所以也可採用跨年級教學，例如：教中年級刪除句子摘大意的閱讀策略時，安排三、

四年級合班上課，當學生學會策略後，再分別使用各自的課文文本練習使用該策略即可。因此，當教學目標是培養學生閱讀策略能力時，舵手認為這些課程即便是不同年級、手邊文本不一樣，應該也可以實施跨年級國語教學。

## 五、最大的困難：校內共識不易達成

104 學年度舵手擔任教導主任，開始積極推動校內的跨年級教學。為了增加教師對跨年級的熟悉，並探索在淺島國小實施的最大可行性，舵手要求每位教師在自己任教的科目裡，必須選出一科，每月至少實施一次跨年級教學，並在每月底繳交一份該單元或該堂課的跨年級教學簡案。在行政排課上，教學組長也依照教師們的需求，將預計實施跨年級教學的班級課表排在同一節課，以方便教師們執行跨年級教學。

104 學年度的推動歷程對舵手具有重要的意義，他在這個過程中發現，一開始 103 學年度下學期只有兩、三位老師在做的時候，還容易執行，但參與的人數變多之後，推動的難度就愈高。「每位教師的教學信念不同、理念不同、步調不同，就開始需要磨合」他說。校內大部分老師往往希望照自己原本的教學模式，因為原本的教學模式對教師們來說是最省時、省力的，甚至有平時在國語、數學科很認真教學的教師，當被分配到自己不熟悉的體育，且學校提供前一年已經發展的體育科跨年級教學模組，這位教師還會因一時無法習慣不同的教法而拒絕。「這些涉及教師教學信念的問題，我認為也許是永遠都不能改變的事情喔！」舵手說。

104 學年度下學期開始，舵手想要更進一步加深、加廣跨年級教學在淺島國小的應用範圍，開始要求教師們必須「任教科目的每一科均要嘗試實施跨年級教學」，這個要求對校內教師而言是非常大的改變，教師們便開始反彈，覺得這樣太累了，而且開始提出實施跨年級教學有許多窒礙難行之處，包括：教師共備時間不足、難以尋覓跨年級共同單元、

無法掌握教科書進度等。這些老師們提出的意見，都反映出上述教學信念不同的問題。經過不斷反思之後，舵手決定放慢推行跨年級教學的步調，原本預定想要兩年到位的全校實施跨年級教學，將時間拉長到三至五年來慢慢規劃，先逐步達成校內共識後再執行。

舵手所做的調整大致有三方面：其一是要求教師必須要做到教室內的差異化教學，不一定要跨年級，但至少要顧及學生的個別需求，在自己的班上進行差異化教學。「教師們會發現，如果要做差異化教學，就一定得分組。如果他能在自己課堂上至少分兩組，之後在推跨年級課程的時候，他比較可以適應」舵手說。「在淺島國小，只要老師做到差異化教學，有效教學的目標就達到了」。

其二是取消強制每月至少實施一次跨年級教學的措施，改採鼓勵的方式推行跨年級教學。目前淺島國小的教學氛圍已稍有改變，教師們知道跨年級教學是可以彈性運用的。老師們發現學生喜歡小組競賽，有的老師會在國語和數學科的單元上完之後，用跨年級合班方式，安排小組競賽活動，作為學生上課專心、良好表現的一種獎勵，通常學生在這種活動的反應會很熱烈。但因一個只有5～6人的班級，很難有小組競賽的機會，這時跨年級合班比較像複習，而不是教學，但學生喜歡合班上課，就已經促進學生在情意方面的學習了。校內教師們若願意嘗試，而且這種安排也有利於班級經營，舵手認為這是一件好事。就他的觀察，跨年級教學目前在提升學生學習的情意目標方面比較有成效，「在本校，操作跨年級教學比較頻繁的有兩個班，和其他四個班比較起來，這兩班學生的整體狀態也比較穩定」他說。

最後，為了減低教師的負擔，取消教師們繳交教學簡案的規定，改為要求每位老師記錄每週的教學內容。這個方式類似中學的教學日誌，做這件事的目的是讓老師們自我檢視單元教學的活動分配是否合理。以國語科為例，老師們都有其專業，知道各年段國語科應要有各自著重的部分：低年級要以流暢性和字詞為主，中年級以結構摘大意為主，高年

級則要有更難的目標。若一到六年級老師記錄的上課流程都一樣，都是在教生字、字詞、內容深究，透過教室紀錄，可以協助老師們進一步思考：這樣的安排是否合乎本校學生的需求？是否需要實施跨年級差異化教學？「**我想做的事情，是透過制度與方式的改變，讓老師投入在有效的教學上**」舵手說。

「我們沒有申請教師專業評鑑計畫，但是，我們也關注教師要做到有效教學，所以，我們做差異化教學、分組教學，讓學生可以用個別的方式來學習，雖然學生學得很慢，目前我們的 PR（縣內基本能力測驗的結果）還是很低，但我們還是會朝這個方向努力」。

## 六、支持跨年級教學的最大原因：讓老師們共同來關心學生

除了上述推動有效教學的原因外，舵手推動跨年級教學的另一個目的是希望老師們能共同關心學生，並且將重點工作拉到有效教學之上。

淺島國小有 10 位教師，各年級教師平時往往各忙各的，沒有彼此討論、交流教學經驗的風氣。舵手希望藉由跨年級教學的共同備課與協同教學，來讓教師們除了了解自己班的小朋友學習狀況外，也有機會認識其他班學生的基本能力。「最理想的狀況，就是全校的每個老師都知道每個學生的狀況」舵手說。跨年級教學要共同備課、要分組協同教學，讓老師們有共同一起關心學生的機會。此外，合班上課之後有機會換老師教，這樣也可以讓學生接觸不同的老師，學生更有機會接受到不同的教學方式，更有機會學會。「提升每個學生的學習，不應該是由一位老師負責，而必須是一個團隊來做」舵手說。

最後，他認為跨年級教學對學校教學風氣的改變，有一定的正面影響。基於某些原因，淺島國小原來的學校發展重點在於獨輪車、森巴鼓等學校特色活動上，「以前有種心態，就是學生成績雖然不好，但學生

至少會騎獨輪車、打森巴鼓,可是這些都只是一些特色活動教學而已,與學生的基本能力比較沒有關係」舵手說。他認為,跨年級教學這個計畫可以明確地將學校教育的目標拉回到著重學生的學習和基本能力的培養,也就是將有效教學列為學校的發展主軸,老師們也會因為協同教學的關係,激發出不同教學活動的創意來,而設計出多元課程。

## 參、健體背景的左右手老師:教孩子知識應該像學游泳

左右手老師目前擔任淺島國小的教學組長,其原來擔任中年級導師,於第二年才轉任教學組長,到淺島國小約十年年資。他認為,如果跨年級教學實施的頻率增加,更全面推動,將會有更多、更好的教學成效讓學生受惠。這樣的信念是從何而來呢?令人感到十分好奇。

「跨年級教學是個形式,真正的核心精神,是要推動差異化教學」左右手老師說。

### 一、跨年級差異化教學的必須:各年段的「學習技能」必須銜接

左右手原本是健體老師,某年他擔任中年級導師,因而要上國語、數學課。面對非本科的國語和數學科教學時,他遇到很大的瓶頸,然而以他體育的背景出發,看待問題、解決方式都能跳脫框架。

一開始,左右手只是模仿來學校實習的實習老師之教學程序,如國語的一個單元裡,第一節課教生字、第二節課教詞語、第三節課進入課文講解等。他發現學生程度落差很大,雖然班級人數少,但只用一種教法教全班,成效很差,讓左右手很挫折。

「我帶那個班從四年級開始,每年的能力檢測,結果都很差」左右手說。「我一直慢慢調整,到六年級,調整成一節課只教一個技能。比

如一節課，只教一件事，就是教學生從段落找出大意，這樣就好了。我發現這樣效果比較好」。

於是，從那一年小六的國語課開始，左右手自己摸索出了他認為國語科教學的有效方法，「我從此發覺，某些能力是可教的，學生不是學不會，只是他們必須一次只學一個技能，而且這個技能要在低年級開始搭起來。比如在低年級的閱讀，他只需要從一句話裡頭找到答案；中年級時，要在那一段找到答案；高年級則是串整篇文章才能找到答案」左右手老師說，「但我們沒有在國語課教這些能力給學生」。

像體育動作訓練一樣，每個技能都需要在各階段循序漸進訓練。他就此察覺，之前只是把課本內容上完、照本宣科地教下去，像跑流程一樣把摘大意、生字、句型練習教完，對學生來說無法產生有效的學習。因為學生前一個階段的學習能力沒有穩固，下一個階段的教師沒有去銜接這個部分，課本內容可能早已不符合該生程度了，老師們卻還是很盡責地教完。低年級、中年級乃至高年級的教師們，彼此沒有教學上的聯繫討論，大家都各做各的，並且給予大量的練習以應付評量。

不只有國語課，數學課也有類似的問題，「我也發現，若要教小六數學，只知道高年級的數學是不夠的，應該要連帶理解一年級到六年級整個數學知識的架構，了解我們選用的教材怎樣將那些知識疊起來的」他說。

他也指出，從每年要進行的數學能力檢測，可以看出問題的端倪。淺島國小學生到了五年級，數學能力檢測的表現會突然特別差，這是因為五年級開始，題目會把兩種教過的概念混在一起，而出現在應用問題中。但學生們在之前的學習，並沒有真切地理解，往往只是照著該單元的主題做機械式的計算。比如該單元教的是加法，就將看到的數字加起來；單元教的是乘法，就將看到的數字乘起來。因此到了五年級，看到應用問題的敘述好像不一樣，就覺得很難，便隨意將數字作加減乘除了事。

「學生在不同階段搭數學知識的時候，理解得不夠清楚。老師們沒有順著學生不同的情況，對班上的學生進行差異化教學」他說，「學生在搭數學知識的時候，因此不夠完整，有許多斷層」。處於斷層而跟不上的學生，在上了高年級，甚至中年級開始，便在課堂上發呆，也就是左右手所說的「呈現登出的狀態」。

## 二、學習技能：游泳課的啟發

為什麼左右手會注意到他所說的「學習技能」，諸如從段落中找大意的策略使用能力呢？此與左右手在大學時代擔任坊間游泳班教練的經驗有關。甚至他用的「技能」，也與體育學科的背景相關。

左右手於大學時透過系上的學姐介紹，到坊間游泳班擔任初級班教練。游泳班本就是混齡教學，面對一群同樣都不會游泳的人，「教什麼」的依據，當然不是來自於年齡，而是每個人不同的游泳技能程度。年紀大的，不見得學得比較快；年紀小的，也不見得學得比較慢。學姐依據自己的教學經驗，研發出一套游泳技能的訓練順序，也就是左右手口中的「SOP」。學姐嚴格規定擔任初級班教練的左右手，要按照她的 SOP 來教。

左右手發現，這套 SOP 執行起來的教學效果非常好，也可以讓新手教練能有所依據來教學生。「在這套 SOP 裡，教練要很知道所有動作技能的順序，比如要先學會悶氣，再來是漂浮、再來是漂浮站立、蹬牆漂浮，上述都教完，才能學自由式和蛙式」左右手說，「這套 SOP 很具體明確，學生都知道自己正在學什麼，教練也能針對學生在單一技能操作上遇到的問題進行思考、修正教學方法」。

有了這段高度結構化的教學經驗，使他在面臨學生的學習問題時，能以學習中所需具備的「技能」來看學生的學習問題。而當淺島國小於103 學年度下學期要推動跨年級教學時，左右手便覺得跨年級教學中的差異化教學理念，與他在之前上國語和數學，以及游泳課的經驗很相符。

「我想跟教游泳一樣，國語、數學的課程，老師應該要很知道學習技能是什麼，按照順序，在一節課裡頭，一次只教一個重點給學生」他說，「這樣學生應該是可以學會的」。

對學習技巧進行分析，則需要了解知識如何被建構，這是執行跨年級差異化教學的必要條件，而跨年級教學也能加強教師對不同年段知識架構的了解，這正是他認為解決偏鄉孩子學習問題的重要方法之一。

他舉數學的例子，認為數學的學習在整個小學階段的學習，是從實物操作開始，再來是會計算、會講出意思，進而理解應用問題，例如：學習減法，其先備能力是要會比數量大小，「我個人認知的比大小，是兩個人要同時拿出同樣的東西出來，這樣才是比大小，也就是說，當其中一個人拿到，另一個人還有，就是比較大」他說。

「所謂的 9 減 6，不是我的去減他的，我的東西怎麼可以減他的東西？應該是我們兩個同時有一樣的東西。9 減 6 的意思，是我有 9 個，減掉 6 個跟他相同的東西，剩下才是我多的 3 個」，這是數學概念被具體操作的部分，左右手認為抽象的計算要建立在這樣的具體操作上。「可是我們學生不懂。結果就是他們很習慣看數字、操作數字」他說。

**「數學課本裡頭給的訊息很多，學生的能力沒有被架構好，便沒辦法知道重點在哪」**他又說。

左右手提到他去代課，上數學課的某個單元，由於學生程度落差很大，因此他採用差異化分組教學。幾堂課下來，他很確定一半的學生是有達成單元教學目標的，而另一半學生則還需要動手操作，去補上生活經驗不足的部分，才可能學會。至此，他很確信，如果能將知識解構，一步步找出知識建構的順序，再針對學生彼此之間的落差，分組持續實施差異化教學，應該能把大部分的學生都帶起來。

他認為跨年級教學可以解決這個問題：把不會同一個學習技能的學生，集合起來再教一次。第一次學習的時候沒有學會的學生，到了上跨年級課的時候，就可以再補足他所不會的學習技能，以銜接上所處年段

的教學內容。

「會操作、會寫題目、會講出、會知道是什麼意思。這四個能力在數學裡頭都是要學會的，但一般的情況，我們好像都只檢核算題目的能力而已」左右手說。

## 肆、教師的進度焦慮：對教科書的依賴

104學年度，左右手接了教學組長。他發現老師們之所以沒有花時間進行跨年級的差異化教學，是因為忙著依照進度趕課。

教師們非常依賴手中的教科書，並且依照書商設計好的教學進度表，會給自己「進度壓力」，因而沒有停下來對學生前一個年段的學習進行檢核與補救，然而偏鄉孩子非常需要這部分。

老師們往往認為學生成效不彰，是由於文化刺激不足、練習不夠的緣故，所以會訂很多練習卷給學生寫。這原是一番美意，但左右手覺得，這是對學生的學習效果不佳之錯誤歸因，其實學生對該學會的「學習技能」沒有學會，大量的練習卷對提升學生能力助益不大，學生往往只是把題型背下來去應付考試而已。

若實施跨年級教學，課程設計上勢必會跳脫教科書的窠臼，而這正是左右手想要的結果，「假定學生在小學六年的時間裡，語文科需要學會一百項能力，為什麼不是把專注力放在這一百項，用各種方式讓每個學生都學會，而不要去在意教科書有沒有上完呢」他說。

「不過，要改變他們的想法很困難，這些觀念都來自老師們的過去經驗，要改變並不容易」左右手說。

### 一、缺乏共同備課的時間與精力：偏鄉教師的沉重負擔

左右手曾以教學組長的身分，和教導主任舵手建議：在推動跨年級教學的過程裡，讓全校老師一起來幫一年級老師備課。

「目的不是要把一年級老師揪出來，叫他應該怎樣教，而是要讓全部的老師都知道，該學科的知識與能力是怎麼從低年級一層層地被架起來的」他說。

但此建議沒有被採納，左右手也能諒解：由於偏鄉教師的員額太少、工作繁重，對一個老師來說，備課時間嚴重不足。

就淺島國小來說，目前編制有 10 位教師，在這 10 位教師中，除了要擔任各年級導師，還要兼教、訓、總、輔各處室行政工作，一個人兼兩個組的業務是必然的。在這種情況下，除了行政工作，還要準備自己份內的課程，已經有點吃重，更何況是跨年級教學需要花額外的時間共同備課。

雖然參與跨年級教學計畫，其設計上有減少節數的措施，但左右手提到他和舵手曾經就高年級自然課做跨年級共同備課，每次檢討上次課程、討論下一堂教學內容，就要耗去一至兩節課的時間，實際上並沒有因為實施跨年級教學而多出休息時間，教師們反而需要將減少的節數時間拿來作共同備課，而這共同備課的時間在實際的實施上，甚至時常會超過減課的節數。

就此他認為，要解決此備課負擔的問題，應該是讓一個老師負責一個科目，並且在上班時間由行政協助排出完整的共備時間，讓大家共同備課，這也是明年淺島國小計畫要執行的部分。

「如果能一個人只需要負責一個科目的備課，像國中那樣，這樣他負擔最輕」左右手說。此外也能解決前述知識建構的問題，讓老師知道一年級到六年級的知識細項，有助於推動跨年級的差異化教學。

除此之外，在淺島國小還有「夜光天使班」的因素。「夜光天使點燈計畫」是教育部於 2009 年開始推動的免費課後扶助計畫，係針對單親、隔代教養、低收入學生，由於放學後在家往往乏人照顧，因此由學校教師支援，讓他們在放學後留在學校，安排活動，寫回家作業等，由學校提出申請，縣市政府提供經費，最晚可讓學生留在學校到晚上七點，

是縣市政府為服務弱勢家庭開辦的免費課後輔導計畫。

在淺島國小，有八成的學生屬弱勢學生，社經地位普遍較低，學校開設「夜光天使班」行之已久，學區內的家長早已習慣學生能免費參加此課後輔導課程。如果要取消，老師們會擔心家長們來抗議。

「你仔細想想，我們學校夜光天使班的放學時間是約晚上七點，學校老師多半住在市區，開車單趟要一個小時，老師們回到家就晚上八點了。第二天早上六點就要出門，除了一般課堂的課程要準備，再加上跨年級課程內容需要特別設計，他哪有時間好好備課？」左右手說。

就算是低年級的老師，雖然課堂數較少，一週有兩個下午沒課，也就是有六節空堂的時間，但為了要把學生留下來上夜光天使班，排課時又得把那六節補滿。「這樣他每天光上課就很累了，哪有什麼力氣做精進教學的事情？」左右手說。

實際上這也反應出偏鄉弱勢家庭的需求。家長本人在成長過程中，或許也沒有體會到經由學習改變社經地位的過程，因此比起孩子的學習，孩子的課後照護對家長來說，可能是更符合實際需求。

「然而，到底是我們要配合家長需求，還是家長應該要來配合我們教學？」左右手問。

## 二、學生的反應

學生喜歡跨年級教學嗎？

「學生喜歡。因每個班原本的人數都太少，多人一起上課，學生比較有競爭感，比較好玩」左右手說，「學生的學習態度也會轉變。程度弱的學生可以一直接觸到不同的學習內容，他們會覺得比較有趣，不會一直卡在同個地方；程度好的學生不再被定位為提弱的角色，而是有適合他能力的內容，跨年級課程能給予他的刺激比較多」。

左右手提到他帶的寫作課，在同質性分組時，程度好的學生之角色定位不再是負責教導程度弱同學的小幫手，而是能接觸到與自己程度相

符的教材，並和程度相當的同儕討論激盪出不同的火花。

「他可能是小五的學生，在原來的班上一直扮演著專家和小幫手的角色，但跨年級課堂上，他和小六的學生分為同一組，和同組的人能力相當。這樣一來他比較有競爭的感覺，會覺得比較有趣」左右手說。

此外，學生能因為跨年級教學接觸到不同風格的、不同班級經營能力的老師。有經驗的老師都會同意，不是所有學生都能適應所有的老師，而跨年級教學能讓學生有機會接觸更多不同的老師。有的老師教學經驗比較不足，雖然是好老師，但可能班級經營能力不夠強，或是和某些學生「八字不合」，導致學生失去常規管束的情況。「老師們其實平常在辦公室有彼此討論學生狀況的習慣，跨年級教學能增加每位老師和接觸學生的廣度，能幫助更多老師了解這些孩子」左右手說。接觸不同的老師、和不同的老師建立關係，有時會有助於學生行為問題的處理，這是左右手認為實施跨年級教學另外的好處。

## 三、教師心態的其他調整

左右手認為，要在一間學校推動跨年級教學，教師要跨過的心理障礙不是只有對教科書的依賴而已，還有必須被迫跨出自己的教學舒適圈。

「我們參加過很好的、關於跨年級教學的研習，也請過很好的講師來，但老實說，聽完這些研習要不要動手做，真的是看各個老師」左右手說。

他認為關鍵點在於「教室的門牆很難被打破」左右手說，「老師都很習慣教自己的班級，使用自己最習慣的教法，待在自己的舒適圈內。一旦併班上課後，教室內有多個老師，課程討論與交換授課等如同箭在弦上，教師要花很多心力、時間在準備課程上，要踏入未知的領域需要勇氣」。

這種教師的問題，也會顯現在跨年級教學計畫中的觀課活動上。教師們往往不喜歡被觀課，「他們討厭觀課完要議課，感覺像被圍剿」。

左右手以自己的經驗來說，他一開始也不喜歡被觀課，但自從有一次被臺東大學陳淑麗教授觀課後，對觀課整個改觀。

「因為教授的話聽起來是建言和鼓勵，而不是被攻擊的感覺。她那時告訴我在搭鷹架的過程裡，有的模仿和表達方式不夠明確。這樣我就知道，下一次我在教的時候，搭鷹架時可以讓學生有模仿的對象可學習」他認為，這是目前對許多老師很重要的事：有開闊的心胸，把自己的教室敞開，讓別人進來。

「但教學真的需要精進，並不是我上了十年，就代表我的教學一定有效能」他說。

## 四、結語

「老實說，因為沒有強制全面實施跨年級教學，所以目前各科的成效還不明顯」左右手老師說，「所以校內目前有的老師認為，跨年級教學沒什麼用，學生進步幅度不大。但我認為，就是因為沒有全面實施，所以才暫時看不到成效」。

左右手與同樣熱心推動跨年級課程的舵手討論過後，他認為老師們如果對課堂上的分組教學操作不熟悉，那麼跨年級教學對老師們來說便像是「越級打怪」[3]。因此，目前淺島國小主要推動的，是每位老師在課堂上的差異化教學，以班內分組教學為主，而跨年級課程則由行政配合排課，鼓勵教師們多多使用。

左右手是一個健體老師，他以自己擔任游泳教練的經驗，應用在非專長的國語和數學學科的教學，摸索出學科學習應該以「技能」為單位，讓學生學到帶得走的能力，而非只有教科書中的知識。他在教學現場所

---

3 越級打怪，是網路遊戲用詞。在遊戲開始，玩家通常會選擇一個人物，在闖關的過程沿途打怪獸，打的怪獸愈多，人物的等級會愈高，等級愈高則技能與裝備更好。但隨著玩家持續深入遊戲，出現的怪獸也會愈難打敗。有的玩家不自量力，覺得已經把自己的人物練得很強了，便選擇不在符合自己程度的關卡打怪，而跳到比較後面的關卡打怪，使得自己損失慘重，這種人就叫「越級打怪」。

習得的教學心得，竟與跨年級實施差異化教學推動的概念，不謀而合。

在這裡，把事情做好，並沒有如雷的掌聲，沒有漫天歡呼的彩帶，只有幾位老師對著寥寥數人的教室。然而，孩子們的笑容，一張張笑臉如燦爛千陽，就足以點燃教師們心中的火花。

## 伍、執行者故事的啟示

淺島國小的兩位教師和行政人員說出了他們在推動跨年級教學的故事，從他們故事中看到他們帶著過去的經驗和想法、努力推動的動機和行動、遇到實施困難的因應，尤其是舵手如何在考量校內教師的反應、需求，在目標不變的狀況下重新調整實施策略，以及如何找出有利的因素。學生的反應、教師的教學目標和專案的資源，讓新教學帶來的教育改革可以透過初期實施階段順利進入期待的下一個階段——全面實施，而不至於像其他學校一樣，在初期實施就陣亡退出。淺島國小推動跨年級教學已有三學年的經驗，在調整實施策略後，有些課程已試行出穩定的跨年級教學模組，雖然在國語、數學等學科領域尚未發展出穩固的教學樣態，但全校已逐步形成跨年級教學的氛圍，「如果持續推動，時間久了，在老師的創意激盪下，我想學校的特色課程應該就會發展出來，屆時跨年級就不再只是一個教學模式而已了」舵手說。

如何讓教育改革目標被執行者認同，兩位參與者都承認在偏鄉小校推動跨年級教學的諸多困難，包括人力不足、校內共識不易，尤其是小校教師負載著很多行政和課後照顧的任務，但是因為能落實差異化教學、有效教學，尤其是為偏鄉小校的教學困境解套，讓他們看到孩子學習的笑容和落實教育目標之可能性，其樂於將專案的理論知識發展出校本的推動程序和知識。兩位參與者的故事也呼應了 Clandinin 與 Connelly（1998）以及 Drake 與 Sherin（2006）的想法，教師在面對教育改革會從其個人經驗、背景和社會脈絡發展出其實用的知識，身為臺灣在跨年

級教學的先驅學校或校內推動教學的前鋒，兩位走在前面的執行者，其在執行過程所發展的實用知識透過分享和淬鍊，不僅是淺島國小繼續推動的基石，也是研發單位將跨年級教學本土化推廣的重要參考。

兩位先行者對於跨年級教學的體驗除了專案提供的研習和交流之外，主要透過他們過去對於教與學的知識或體認。左右手因體育專長以及過去擔任游泳班教練的經驗，很容易抓到以能力發展和學習奠基的概念，所以他建議所有老師跟一年級教師一起共備。舵手因其長期關注偏鄉學生的落差，在期待偏鄉學生獲得個別化教學時，跨年級教學的能力分組學習讓他看到解套。所以，在面臨校內其他反彈時，他們在推動計畫中，可以放棄全面實施或是增加共備，他們依據個人對學生的學習需求，在跨年級教學的推動中，堅持個人的核心價值——能力分組學習，也許這並非跨年級教學實施的全部，但卻訴說出先行者在推動時，為理念所做出的調整與讓步。由本文的故事，我們看到調整歷程所堅持的，反映出執行者對於教育改革和個人理念的共識。

# ● 參 考 文 獻 ●

## 中文部分

洪儷瑜、梁雲霞、林素貞、張倫睿、李佩臻（2019）。跨年級教學在臺灣推動之初期現況與問題探討。載於洪儷瑜、陳聖謨（主編），**跨年級教學的實踐與眺望：小校教學創新**（頁3-33）。新北市：心理。

## 英文部分

Clandinin, J., & Connelly, F. M. (1998). Stories to live by: Narrative understandings of school reform. *Curriculum Inquiry, 28*, 149-164. doi:10. 1111/0362-6784.00082

Drake, C., & Sherin, M. G. (2006). Practicing change: Curriculum adaptation and teacher narrative in the context of mathematics education reform. *Curriculum Inquiry, 36*, 153-158. doi:10.1111/j.1467-873X.2006.00351.x

Fixsen, D., Naoom, S., Blase, K., Friedman, R., & Wallace, F. (2005). *Implementation research: A synthesis of the literature.* Tampa, FL: University of South Florida, Louis de la Parte Florida Mental Health Institute, The National Implementation Research Network.

Huttner, B., Harbarth, S., & Nathwani, D. (2014). Success stories of implementation of antimicrobial stewardship: A narrative review. *Clinical Microbiology and Infection, 20*, 954-962.

# 數學奠基活動模組實施國小學生跨年級教學之個案研究

羅廷瑛[1]

## 壹、研究動機與目的

李哲迪（2016）比較臺灣學生的城鄉數學成就，發現從 2003 年、2007 年與 2011 年的 TIMSS 分數，顯現兩者的差距有顯著擴大的現象。而臺灣的原住民居住在臺北市或六都之外的縣市，尤以後山的花東地區最多（行政院主計處，2017）。國內也有些研究顯示，原住民學生的數學成就遠低於非原住民學生（翁欣瑜，2002；黃德祥，2007），而花蓮縣還因為都市化層級及數位落差之問題（劉介宇等人，2006；謝雨生、簡文吟、吳淑俊、游其明、紀玉臨、周孟嫻，2012），尚有教育資源弱勢的問題。因此，如何提升原住民學生的數學成就，亟待教育單位重視之。

---

1 慈濟大學兒童發展與家庭教育學系副教授。

其次，全臺受到少子化衝擊，而花蓮縣諸多國小又位處偏遠地帶，全校學生數可能不超過 50 位，如果併校，其結果導致部分學生上下學的交通將成為問題；但如果留校，學習環境又面臨缺乏同儕競爭的刺激。如何營造學習環境的豐富性，並重視每位學生的公平受教權，跨年級教學將是國家未來小校小班教學的可能趨勢之一。

跨年級教學是比混齡教學更能貼近偏鄉小校教育現場的教學模式，不僅包含混齡強調的年級跨越之特色，還強調因應不同年級的教學內容、歷程及評量進行差異化教學，易達成適性教學、因材施教的目標（洪儷瑜，2015）。研究者在思考花蓮縣雖擁有上述的教育弱勢及潛在的人口危機；但同時也發現到花蓮縣亦是擁有多元文化資源強勢者，因為它不僅是全國原住民人數最多的縣市，且也是原住民族數最多的縣市（內政部主計處，2015）。是以在花蓮多數的學校，其班級學生的組成雖跟其他縣市相同者皆是多族群學生，但卻較常見到原住民學生，且可能占全校學生多數者。以社會建構論的觀點來看多族群學生的數學學習，Radford（2006）指出，教師如能使用學生熟悉的心理性工具（如符號），將可作為協助學生理解思考、符號化和溝通數學概念之重要工具，此論點也從許多數學教學研究獲得支持，例如：從學生的文化或生活經驗取材，結合數學概念教學，可有效提升整體學生以及少數族群學生的數學成效（引自徐偉民、楊雅竹，2008；羅廷瑛，2015；Rickard, 2005）。

研究者長期與原住民學生占多數的國小進行教學實驗，常發現到不管是部落之活動中心或是學校，隨處可見幾何圖案的藝術創作，進一步閱讀原住民的圖騰史料，才知此幾何圖案還具有族群的文化意義，例如：太魯閣族的菱形代表「祖靈之眼」，魯凱族的三角形代表守護之神「百步蛇」（臺灣原住民文化產業發展協會，2007）。是以引起研究者思考，如果能從原住民生活經驗常見的三角形、圓形和四邊形之幾何圖形或是從此圖形的神話傳說取材，結合數學教學，似乎可以將原住民文化視為多族群學生學習文化欣賞和幾何概念之教育資源；且對班上的原住民學

生，能在數學教室看見自我文化的展現且體驗原、數文化的結合與跨界的學習機會。是以本研究欲探究此模組是否有利於學生提升數學思考層次及文化認同的認知、情意和行為之學習目標？

　　研究者邀請花蓮縣榮合國小（化名）成為本研究的合作學校。研究者在十年前剛與榮合國小進行教學合作時，該校每個年級有 3 個班，然而學生數逐年遞減，目前僅剩下一個年級 1 個班，而學校的學生也以原住民學生占多數（60%），學生的族群文化不僅包含原住民族和非原住民族者，也包含原住民族內的差異，例如：阿美族占多數外，也有太魯閣族、葛瑪蘭族等。而學生皆有跨年級教學經驗，例如：學校的族語課程。

　　面對少子化的隱憂，該校也期待本研究的教學實驗能解決其隱憂所帶來的教學困境。鑒於教育部（2015）訂定「偏鄉教育創新發展方案」，依據以實驗教育、教育創新作為幫助小校長久發展之政策方向（引自劉偉瑩，2015），研究者以四邊形的幾何概念教學為例，透過大學與小學合作所組成的教師專業社群，採用國立臺灣師範大學數學教育中心（2015）所執行的「數學奠基活動模組開發」計畫相關幾何概念教學之數學奠基活動模組結合原住民文化作為教材，以探究跨年級教學方式對學生在幾何思考層次的影響及學生對此模組的教學回饋，進一步歸納影響跨年級教學方式的因素，以提供建議給小校教學者及對此議題有興趣的研究者參考之。

## 貳、文獻探討

　　研究者整理文獻後，分為學生的族群和年級變項對幾何概念學習的影響，以及跨年級教學之相關研究，最後統整說明給本研究的啟示。

# 一、學生的族群和年級變項對幾何概念學習的影響

就探討學生的族群文化對數學成效的影響，國外如Rickard（2005）採個案研究，發展以阿拉斯加的原住民文化—搭魚架曬鮪魚活動，來教導學生有關面積與周長的關係。以多族群學生的班級來實施之，結果發現此文化素材可顯著提升整體學生及原住民學生理解「即使周長一樣，但面積卻不固定」的數學概念。國內如翁欣瑜（2002）比較花蓮縣的平地學生和泰雅族學生有關幾何概念之先備知識和幾何解題的表現，結果發現平地學生有關幾何概念之先備知識和幾何解題表現，均顯著優於泰雅族學生，而學生的先備知識對解題表現有顯著的影響力。葛曉冬（2000）分析花蓮縣的四和六年級泰雅族學生在 van Hiele 三階層幾何概念的差異，結果發現除了圓形、四邊形（正方形）在階層一、等腰三角形在階層三及直角三角形在階層三之通過率無顯著差異之外，三種圖形在不同階層則有顯著差異；其次從試題關聯結構圖，也顯示該族學生在 van Hiele 幾何思考階層一、二的理解，由易而難依序為正方形、圓形、等腰三角形及直角三角形。

在發展適用原住民學生的數學模組時，部分學者會以「文化差異說」來推論原住民學生數學低成就之因。此學說指出，因原住民學生所擁有的族群文化與學校文化或是主流文化有極大差異，造成其學習適應不良的問題（林妙徽、顏瓊芬、李暉，2008）。在探討適合原住民學習的教學介入時，分別有主張發展原住民文化結合數學概念的教學方式（黃志賢、林福來，2008；羅廷瑛，2015）；或是提醒教師要正視原住民的學習風格與漢族學生不同（吳明隆、林慶信，2004），因學習風格係指每個人的最佳學習方式（林思吟，2016），並用以提醒教師在教材、教學歷程及評量設計皆要敏感其學習風格帶來的影響；或是依據原住民學生的學習風格來設計教學模組，以提升其數學成就（如黃志賢、林福來，2008）；或是採文化回應教學方式，從原住民的文化或生活經驗引導學

生發現其所蘊含的數學智慧；或是以數學為工具來協助解決原住民的生活問題（Rickard, 2005）。

就探討學生的年級變項對幾何概念學習的影響，多數研究會以 van Hiele 的幾何思考階層來分析之。就國小階段來看，Ma、Lee、Lin 與 Wu（2015）以臺灣一至六年級共 5,581 位學生為對象，欲了解不同年級的學生是否符合 van Hiele（1986）各階層的幾何思考特徵。研究結果顯示，不同年級學生的幾何思考特徵，符合其模式。張英傑（2000）進一步調查兒童相關幾何圖形的認知概念，以幼兒至國小三年級共 40 位為對象。研究結果顯示：這些年齡的學生在說明圖形之屬性，以整理性的知覺思考，並以舉例的方式來比擬，但都不能全部說出必要充分的相關屬性。

## 二、跨年級教學之相關研究

跨年級教學之本質為差異化教學及合作學習（林柏寬，2016），茲就此兩項描述本研究的理論架構，並整理相關研究。

### （一）差異化教學之定義與相關研究

差異化教學的定義係指此教學法用以補充傳統講授法之不足，由教師的專業來自主判斷，以正式或非正式的評量為基礎，將部分的教學程序予以差異化處理（吳清基，2012）。

本研究較以個人建構主義教學取向（Song, Spradlin, & Plucker, 2009）來作為差異化教學的理論基礎。此理論認為，知識是個人主觀的建構，對個人有意義者才會學習。當進行差異化教學，須將教室營造一個安全且具有挑戰性的學習環境，教師的任務為對課程內容要掌握核心概念、課程設計須注意能吸引所有的學生參與、強調規定作業的平衡，以及使用多元評量（Tomlinson & Strickland, 2005），不要求學生符合先前決定好的課程標準；甚至會設計以廣度為基礎的課程（broad-based curriculum），以符合學生能自主選擇和決定學習的需求。

就差異化教學的內涵，包含教學內容（教材）、教學歷程（教法）以及教學成果（評鑑），此三者依據學生的三項特性，分別是準備度（先備知識）、動機（興趣），以及學習風格來變化之。有關差異化教學的相關研究，較為熟知的是 Mastropieri 與 Scruggs（2014）強調有效教學要注重 PASS 變項，此為一種提升思考和達成差異化、融合教學的方式，以下舉例 PASS 可使用的認知學習策略：

1. 設定目標的優先順序（prioritize）：此策略如判斷教學內容的相對重要性，依目標優先順序來進行教學。
2. 調整教學、教材或環境（adapt）：此策略如教學概念的流程，可依照教授規則、辨別、示範、提示及意見回饋來調整之。
3. 系統教學（systematic teaching）：此策略如請教師發揮教學熱忱，以及教學採用循序漸進的步驟等。
4. 系統評量（systematic evaluation）：此策略如強化記憶、理解或將引導及獨立練習並用等。

有關差異化教學在數學領域的實施成效，黃于真、陳美如（2018）採用準實驗研究，進行實驗組的「差異化教學法」和對照組的「講述教學法」之教學成效比較；結果發現實施差異化教學的班級，顯著提高學生的數學學習成效，其中以中分群學生之學習成效最為顯著！連秀敏（2010）以 4～6 歲的幼兒為對象，採行動研究法，進行幼兒主題式差異化教學之學習成效研究；結果發現大多數的幼兒接受教學後，在各項預期的目標均有明顯的成長，並建議提供適合個別需求的學習內容，更可以幫助每位幼兒容易理解概念，有助於提升數學能力。詹惠雪、林曉音（2014）實施數學差異化教學，以國小六年級生為教學對象，採行動研究法；研究結果支持差異化教學適用於學生學習程度明顯差異的課程內容，教師若能再靈活運用異質及同質分組，可有效增進學生的學習成效，其中以低分群學生的學習表現最為顯著！

## （二）合作學習之定義與相關研究

本研究以互惠理論和社會學習論作為合作學習之理論架構。前者即 Blau（1964）強調的社會互動，係指人們透過彼此的回報可用來維持和強化關係的連結。此回報是一種互惠、自願性質者，分為內在酬賞（internal reward），如愛、情感等；或是外在酬賞（external reward），如金錢、勞動等。如果彼此無法確知回報為何，就必須透過信任之機制，才會加深和擴大互惠的行為（引自施文玲，2006）。

後者即 Bandura（1968）強調學習發生的要件為注意楷模、學習記憶技巧、出現觀察行為及產生學習動機。而學生生活的社會環境對其態度、自我信念以及世界觀，都具有相當的影響力（引自周麗玉、丁振豐，2000）。

有關合作學習策略的教學成效之相關研究，例如：洪儷瑜（2015）曾提出同儕協助學習策略（peer-assisted learning strategies, PALS），而國內有關 PALS 的教學，均以弱勢者或是特殊需求者來進行之，例如：李嘉倩（2012）實施 PALS 以國小五年級學生為對象的讀書會，以探究對弱勢學童閱讀理解之成效進行行動研究。結果發現，PALS 有利於提升學生的學習成效，但也提出教師遭遇到的問題，如分組問題、成就評量標示不清、教材難字太多、活動流程不順暢等，研究者亦針對上述問題提出其解決策略。但崔夢萍（2006）運用 PALS 並發展電腦教學管理系統應用於國小融合班的國語文教學，結果發現此系統能有效協助教師實施 PALS 教學活動，例如：小組分組、登錄形成性評量分數，以及實施 PALS 獎勵系統等。此教學策略亦能提升普通班兩位特殊學生的國語文學習，並對於高能力組學生的同儕社會關係，具有正向影響。

研究者整理相關文獻給予本研究的啟示：從學生的族群和年級變項思考對幾何概念學習的影響，可以發現到 van Hiele 的幾何思考階層模式，仍是許多研究者在檢核學生幾何概念習得及編製工具的重要參考依

據，是以本研究也使用此模式來探究學生的幾何思考習得成效。其次，就發展適宜原住民的數學教學模組，國內外相關此研究仍有待充實，但可以看到原住民文化結合數學概念均有顯著成效，此也給本研究嘗試將原住民的四邊形圖騰文化結合幾何概念教學的可能方向。

而跨年級教學有關差異化教學的定義及相關研究，發現給予教師彈性從部分的教學內容、歷程或評量來進行差異化處理，可降低教師在進行此教學設計的負擔。而跨年級教學使用 PALS 是值得嘗試的方向，但是國內相關此策略的研究未應用在數學領域以及未探究以班級多文化學生為對象的實施成效。是以本研究欲採取 PALS 的原則來進行教學，例如：兩人配對通常是較高年級者與較低年級者配對，並給予小組完成學習任務的獎勵，以及包含以小組為單位，使用合作和競爭比賽的方式，以提升小組學生的合作行為及學習動機，並讓學生透過示範及觀摩學習等，以探究對跨年級學生的數學學習成效。

## 參、研究方法

### 一、個案研究法

跨年級教學實施在小校小學的數學領域，仍在試探階段。研究者鑑於質性研究的特性，例如：個案描述的豐富性、對情境脈絡的觀照（陳雅文，1995）、著重事件發展的歷程本質等，有利研究者從實務經驗中彙整出較深入的研究結果與可能的建議（林欣毅、鄭章華、廖素嫻，2016），是以本研究採個案研究法。研究者藉由蒐集平面圖形幾何測驗、教師觀察日誌、教學討論會議、學生回饋表等質量化資料及分析方式，使用此研究法，能提供研究者可精緻、深度地了解研究參與者接受跨年級教學的學習情形及對實驗教學的回饋。

## 二、研究場域與研究參與者

本研究的榮合國小位在花蓮縣新城鄉，該鄉列為都市化層級 3，屬於「新興市鎮」（劉介宇等人，2006）。而從數位落差的調查結果（謝雨生等人，2012）顯示，此鄉與花蓮縣所有地區一樣，均列為亟待關心區。從人口密度來看，此鄉雖與花蓮市擁有同樣的土地面積，且比鄰花蓮市，其總人口數僅為花蓮市的五分之一。上述現象可以看出此國小的劣勢所在，其次還因就近花蓮市，該校面臨學生易於轉學市區的危機，因為家長在考量工作機會和期待孩子有較高的受教品質，往往待孩子升上中年級之後，很容易透過轉學至市區大型學校就讀。

目前，全校 75 位學生，由多族群組成，以原住民學生占多數（60%）。研究者為符合此「自然情境」的原則，邀請該校三至五年級學生，透過該年級導師協助提醒學生須有家長同意書，才能參加寒假所舉辦的「數學好好玩營隊」。最後確定有 14 位研究參與者，其中三年級有 6 位、四年級有 3 位、五年級有 5 位，其族群分別為新住民 1 位、閩南人 2 位、客家人 1 位、阿美族 7 位、太魯閣族 2 位、葛瑪蘭族 1 位。

## 三、原住民文化結合數學奠基活動模組的設計理念

以下描述數學教師專業社群發展結合原住民文化要素的數學奠基活動模組之歷程。

### （一）組成數學教師專業社群

以發展四邊形的數學奠基活動模組為例，此模組由大學教授與 1 位活動師、1 位美術老師、1 位師培生以及 3 位大學數學志工群共同合作來發展之。大學教授在花蓮任教十多年，所作的社會推廣活動及研究計畫皆以原住民學生為對象，其論文寫作或研究場域都以原住民學校或是原住民部落為主。活動師在國小任教十五年以上，教學經驗豐富，參與活

動師培訓後（國立臺灣師範大學數學教育中心，2015），曾申請過參與「數學好好玩營隊」的教學者。美術老師在進行數、美領域統整的教學，在花蓮縣為帶領學生獲獎無數的常勝軍。師培生修習過教育心理、教學概論等師培專業科目，並有課後輔導國小學生之實務經驗。大學數學志工群分別各具數理組或文組之專長，透過本研究的教師專業社群課程之培訓，以及參與四邊形小組在教學準備期間進行一系列的教學演示和討論，在營隊擔任教學助理，以協助活動師的小組教學工作以及協助師培生的營隊行政工作，培養從理論和實務累積其教學經驗。

## （二）原住民文化要素結合數學奠基活動模組之設計理念

教師專業社群歷經五個月的討論、試教、修正、調整等準備工作，採用原住民的四邊形圖騰文化結合「四邊形 36 變」和「整型平行四邊形」的數學奠基活動模組（國立臺灣師範大學數學教育中心，2015），以下描述本研究的數學模組發展過程。

### 1. 選擇 2 個四邊形的數學奠基活動模組

由林福來（2014）主持的「就是想學好數學計畫」，目的在為數學準備不足的學生奠基數學，其模組的特色如下。

### （1）兼重中小學端的實務經驗與大學端的專業和社會責任

國民中小學教師基於自己的數學教學專業或是對數學領域有興趣者，成為數學奠基活動模組的設計者，臺灣師範大學數學系教授擔任數學理論的諮詢者。大學教授擔負的社會教育責任，包含將修改完成後的模組推廣到全國各地，並透過舉辦活動師的培訓，由模組的設計者來做教學示範，由大學教授介紹模組的教學重點及「奠基」的重要教育意涵。此外，尚包含不定時到各校訪視，以及給予設計者相關模組設計的專業知識諮詢，期待徵求更多的優良數學模組，作為教科書的補充資源，以作為更多數學教師進行數學改革的參考。

（2）奠基的教育目標

有別於補救教學的計畫目標，該計畫所發展的模組，其教學目標以未來作為導向，意即「奠基」係指啟蒙學生為未來數學概念做準備。是以非常適用於跨年級教學，因為教師可參考每個年級的數學基本能力指標（教育部，2003），對較低年級者，此模組可視為數學概念的「奠基」教學，對較高年級者，則可視為數學概念的「精熟」教學。

（3）強調活動的操作及遊戲取向

建構主義的興起以及九年一貫課程綱要，均突顯 Dewey（1938）的做中學、做中思的重要性。本研究採用臺灣師大的數學奠基活動模組，其特色強調以活動為主，以數學概念為輔的教學內容；其次，教學法著重在實作和遊戲，實作的重要性長久以來即為數理領域所重視的教學方式，而近幾年將遊戲應用在數學領域也顯見其教學成效（Lin et al., 2013），由於兼具此兩種取向的數學教學法，也獲致參與培訓的活動師一致肯定（國立臺灣師範大學數學教育中心，2015）。

（4）給予鼓勵教師教學實施的配套措施

為鼓勵中小學教師在培訓後的教學實施，該計畫除了不定期的舉辦活動師培訓；也訂定培訓的升級制度，以朝向永續經營的方式，讓受訓的教師有具體進修的目標。其次，也訂定鼓勵教師申請將模組應用在教學實務的獎勵措施，例如：給予經費開辦週末或暑假的數學營隊等，並進而設有可申請優良活動師至校演示模組，以及大學教授訪視各校等配套措施，讓有熱情投入此實驗教學的教師能持續獲得專業支持。

教師專業社群的培老師（化名）因參與國立臺灣師範大學的活動師培訓，對四邊形的數學奠基活動模組有過觀摩教學及自己教學過的經驗，所以選取第一期的「四邊形36變」及「整型平行四邊形」模組來修改，並結合原住民幾何圖形文化來進行教學設計。

## 2. 修改原數學奠基活動模組

為了解學生的先備知識（張臺隆，2017），以榮合國小三至五年級學生在研究者編製的平面圖形幾何概念測驗之前測分數，進行學生在錯誤題的一對一訪談。研究者歸納分析的結果，發現該校原住民學生不分族群和年級共有的學習問題有：閱讀題目會故意忽略某些詞語，才發現學生是因為題目中的單字或詞彙不會唸；不懂題意、幾何概念的名稱及要素會混淆、遺忘所教過的四邊形概念。

活動師在教案初稿完成後，即進行與榮合國小學生學習風格相似的樂天國小（化名）四年級小朋友的試教，再與研究者討論後，修改原數學奠基活動模組（洪雪芬，2015），如表 7-1 所示。

表 7-1 原設計者的模組與活動師修正模組的比較

| 原數學奠基活動模組 | 原模組 | 模組修改 |
|---|---|---|
| 四年級的四邊形 36 變（洪雪芬，2015） | **教學目標**<br>發展四邊形的先備知識。<br>**教學流程**<br>1. 做出兩個雙胞胎的直角三角形，並拼湊成四邊形。<br>2. 至少拼排出 15 種四邊形。<br>3. 桌遊：喊、排四邊形要素牌。<br>4. 教師歸納各種四邊形的特徵要素（教師口頭介紹及學生使用扣條複習）。<br>5. 書寫學習單（採發現式教學法，書寫操作記錄與歸納發現）。 | **教學目標**<br>如左。<br>**教學流程**<br>1. 透過太魯閣族傳說，了解學生辨識平面圖形之先備知識。<br>2. 操作扣條複習直角三角形及等腰直角三角形。<br>3. 將上述雙胞胎三角形組裝成各種四邊形。<br>4. 桌遊：四邊形要素心臟病。<br>5. 教師歸納各種四邊形的特徵要素（教師口頭介紹及呈現特徵及要素）。 |

表 7-1　原設計者的模組與活動師修正模組的比較（續）

| 原數學奠基活動模組 | 原模組 | 模組修改 |
|---|---|---|
| 五年級的整型平行四邊形（阮正誼，2015） | **教學目標**<br>3 個核心概念：面積守恆比較、分析長方形和平行四邊形的長寬和底高的對照、以長×寬求平行四邊形面積的公式。<br><br>**教學流程**<br>1.複習平方公分。<br>2.介紹平行四邊形。<br>3.利用邊長各是1公分的正方形方格紙，經由教師解說活動任務，學生進行裁切不同四邊形拼貼成長方形的操作活動，並算出長方形面積。<br>4.思考如何以最少的裁切刀數來拼貼出長方形。<br>5.桌遊：如何以最少刀數拼貼出長方形，且算出正確面積者為優勝者。<br>6.學習單（書寫操作記錄與發現）。 | **教學目標**<br>縮小為 1 個核心概念：面積守恆的認識。<br><br>**教學流程**<br>1.複習平方公分。<br>2.長方形的長、寬與面積的關係。<br>3.介紹平行四邊形。<br>4.利用邊長各是 1 公分的正方形方格紙，經由教師示範平行四邊形的裁切拼貼成長方形，學生再進行裁切不同四邊形拼貼成長方形的操作活動。教師提問如何裁切等腰梯形，拼貼成長方形呢？<br>5.請學生觀察及比較長方形與不同四邊形的長寬及面積的異同處。<br>6.歸納及介紹面積守恆的概念。 |

## 3. 將原住民文化要素融入數學奠基活動模組

　　教師專業社群根據差異化教學的教學原則，以三至五年級的數學基本能力為基礎，針對教學歷程及評量做差異化處理。以修改洪雪芬（2015）的「四邊形36變」為例，如表7-2所示。

（表 7-2 「四邊形 36 變」的差異化教學

| 年級 | 基本能力指標 | 學習內容 | 學習歷程（分） | 學習評量 |
|---|---|---|---|---|
| 五 | 概念的精熟（五上）能運用切割重組，理解長方形、平行四邊形、梯形的面積 | 1. 原住民傳說——圖騰之美。2. 扣條操作活動。3. 桌遊。4. 四邊形概念學習單。 | 1. 太魯閣族傳說（30 分）。2. 扣條操作直角三角形及等腰直角三角形（15 分）。3. 將上述雙胞胎三角形組成各種四邊形，鼓勵量數和不同形狀（30 分）。4. 桌遊：四邊形要素心臟病（採同年級分組）（30 分）。5. 教師歸納各種四邊形的特徵要素（15 分）。 | 1. 提問：難度層次會以基本能力為主，採不同年級者可勝任的題目進行搶答得分。超過該年級的提問難度層次，則給予再加分鼓勵。評量採標準通過制。2. 創作「魔術師的四邊形世界」：小組合作學習。3. 四邊形概念學習單：教師會統計不同年級在學習單上錯誤最多的題目來解說，並給予正確答案，再給小組指導訂正的時間來完成此學習單。 |
| 四 | 概念的精熟（四上）三角形的構成要素。概念的奠基（四下）能理解長方形和正方形的面積公式和周長公式 | 如上 | 1. 如上。2. 如上。3. 如上（但數學志工會以線索提示方式，提供學生有關答案的思考）。4. 如上。5. 如上。 | |

表 7-2 「四邊形 36 變」的差異化教學（續）

| 年級 | 基本能力指標 | 學習內容 | 學習歷程（分） | 學習評量 |
|---|---|---|---|---|
| 三 | 概念的精熟（三上）<br>1. 認識面積概念及單位。<br>2. 認識角和邊的關係。<br>3. 認識周長及面積。 | 如上 | 1. 透過扣條操作來複習直角三角形。<br>2. 如上，但數學志工在旁提供鷹架支持（認知和情感）。<br>3. 認知和情意桌遊：如上，但提供概念統整表讓學生參考答案（同年級分組）。<br>4. 教師歸納各種四邊形的要素（師口頭介紹及呈現概念表格）。 | |

教師專業社群設計的數學活動，如圖 7-1 所示。

（1）圖騰之美

採 Banks（1989）的多元文化課程貢獻模式，講述太魯閣族的「彩虹橋的傳說」，介紹菱形圖騰象徵「祖靈之眼」。此圖騰的文化意義代表太魯閣族祖先對族人的凝視，是告誡族人即使你做錯事情，別人不知道，但是心中的審判長（祖靈）會告誡、叮嚀、庇佑你。接下來邀請其他族學生發表該族有關菱形象徵的文化意義或分享相關的傳說。最後透過太魯閣族的圖騰，檢核學生辨識菱形的數量及說出要素的先備知識。

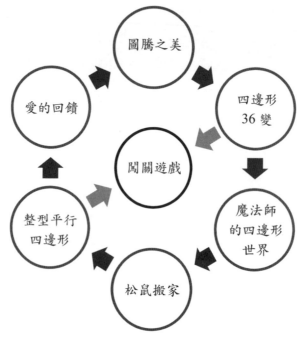

（圖 7-1　「數學好好玩營隊」的數學活動

**（2）數學奠基活動模組**

　　營隊一天進行兩個數學奠基活動模組，早上是「四邊形 36 變」，讓學生使用扣條操作不同四邊形，了解角度和邊長的變化。下午是「整型平行四邊形」，讓學生透過操作，發現到四邊形的面積皆可透過不同四邊形的剪和貼，拼湊成長方形的長和寬，再以長方形公式求得之。茲以「四邊形 36 變」差異化教學模組為例，說明跨年級所涉及的基本能力指標、學習內容、學習歷程、學習評量，如表 7-2 所示。

**（3）魔術師的四邊形世界**

　　介紹達文西的作品，教師傳達他是一位美術與數學家，啟蒙原住民學生的創意思考。教師帶領學生觀賞達文西的畫作後，進行美、數文化跨界結合的小組創作。此活動設計為每位小組成員要回答數學志工群的

數學問題後，可獲得 1～4 張四邊形圖卡，小組成員要將拿到的四邊形圖卡，以組為單位，拼貼出魔術師的四邊形世界的創作作品。

### （4）松鼠搬家

學生於午餐後，教師進行用來提振學生精神的遊戲。此遊戲為參加者當聽到成語中的數字，就要組成此數字的小組，如三人成虎，就要三人形成一組，落單者就要成為喊數字成語的鬼，要喊下一個成語，讓同學繼續玩遊戲。教師設計此活力活動，不僅用來提振精神，也藉著團體遊戲，更加凝聚小組成員的向心力。

### （5）愛的回饋

教師專業社群設計教學回饋單，請同學利用一天課程結束前的 20 分鐘，寫下「愛的回饋」，內容包含讓學生自評教學後有關四邊形概念的習得情形，以及對各個教學活動喜愛度的回饋。

### （6）闖關遊戲

設計兩個檢核學生四邊形概念習得成效的總結性評量，一是設計「四邊形 Bingo」，其闖關原則為每位學生都會拿到一張 4×4 的四邊形賓果圖，學生先將不同的四邊形物件隨意貼在圖裡，當聽到同儕喊的四邊形名稱時，就在自己的賓果圖圈選相同者，將表格的行、列或是對角線的每個圖形圈起來連成一條線，在時間限制下，連線愈多者分數愈高，評量標準為每位學生至少都要完成兩條連線。另一是設計「四邊形大作戰」，由關主隨機翻出四邊形的角和邊之特性卡各一張，每位組員須在限定時間內，依據邊和角要素的組合，判斷這是何種四邊形。評量標準為不僅要說出且要到黑板畫出此四邊形，全數通過者，始進入下一關。

## （三）教學流程

本研究的跨年級教學之進行方式如下。

### 1. 分組原則

每組成員都包含 3 個年級者，實施異質性分組，但會注意性別和能力需平衡的原則，避免同性別一組，採 5 高 4 中 3 低（數字代表年級、高中低代表能力）的分組比例原則，其次也將手足分開以及親戚關係太近者分開。最後分成 4 組，每組有 3～4 人，由高年級為導生（組長），而三和四年級為組員，只有組內成員才能協助之，但不硬性規定一定得如此，學生遇到困難仍可尋找其他組的導生或是教師群來解決學習問題。

### 2. 小組工作模式

為讓小組成員盡快熟悉，學生每天來營隊即是依照分組名單坐在一起，且都是與固定的跨年級小組成員參與營隊活動。

### 3. 開放性任務

一個模組的教學時間為 90 分鐘（國立臺灣師範大學數學教育中心，2015），由於實施差異化教學，教師設計學習任務會給予較長的操作時間。就操作的任務，每人皆有一套教具操作，學生可單獨 1 人或是跟小組成員合作進行，但活動師傾向給予以小組為單位的獎勵措施，例如：小組可以在規定時間內達標，即可獲得加分的鼓勵。其次，學習任務也在「質、量」部分進行精緻化的考量，亦即題目設計有不同難度之區分；鼓勵多元的解題方法，相同解法就不重複加分。評量的方式採標準參照，依據不同年級設有基本能力的標準，學生可以選擇完成自我標準即可，也可以挑戰較難的任務，依據不同年級者，採不同加權的加分方式。

### 4. 提供個別及小組的鷹架模式

雖然學生是以小組為單位來學習，但是在操作活動時，活動師允許學生可以自由走動到其他組，從事觀摩、討論或尋求協助之學習行為。而學生在個別操作時，如遇到問題，數學志工群或是活動師在巡視組間，會依據其個別需求或問題給予協助。而活動師也會依據數學奠基活動模

組的「重操作、少講授」之本質，將上課時間的三分之二放在操作，採引導式發現探究法，最後再留三分之一時間由教師解說核心概念。

## （四）研究工具

### 1. 平面圖形幾何概念測驗

研究者依據 van Hiele（1986）的幾何思考階層模式與九年一貫課程能力指標（教育部，2003），再參考先前研究的幾何測驗編製之（翁欣瑜，2002；葛曉冬，2000）。初稿完成後，給予 1 位大學教授及 5 位小學教師審核，修改其概念、文意不清楚者，而形成 50 題的預試題。再預試 178 位花蓮縣的三至五年級學生，建立各 24 題的平面圖形幾何概念測驗之甲、乙本（難度 .46～.77，CR 為 3.16～8.17），其信效度為複本信度 .91，具專家效度（CVI ＝ 87.40）。其中，四邊形概念在三階層的幾何思考題目數，依序為階層一有 2 題、階層二有 3 題、階層三有 1 題。

### 2. 師生的文件資料

師生的文件資料包含教師部分的省思日誌、觀察日誌及教學討論會議紀錄。學生部分包含教學回饋表以及師生的上課錄影資料。

## （五）資料蒐集及分析

就蒐集的資料，分為學生在甲、乙平面圖形幾何概念測驗的分數和師生的文件資料，說明分析方式如下。在量化部分，研究者將學生在平面圖形幾何概念測驗的分數，使用描述性統計來比較學生在教學前後的幾何概念精熟或奠基之成效。

在質性部分，數學志工群先將師生上課錄影的內容謄寫成逐字稿，再經過兩兩比對其逐字稿和錄影對話的一致性。研究者將此逐字稿和其他的紙本資料先進行編碼，例如：「阿美 3」代表三年級阿美族學生、「觀誌，1060124」即為教師社群成員或研究者在 106 年 1 月 24 日的觀

察日誌。再依據研究目的，採主題分析法（Neuman, 1997）的「開放式譯碼」→「主軸性譯碼」→「選擇性譯碼」之順序分析之（引自潘淑滿，2006）。

## （六）研究限制

本研究的限制如下：

1. 樣本特性：本研究樣本因是自願性，其參與數學動機較高；其次是樣本較少，不足以推論班級整體學生的學習情形及效果。

2. 實施方式：本研究是以寒假的營隊方式實施之，是以在推論學校舉辦的週末營隊或是一般教學的數學課場域，宜謹慎為之。

3. 教師資格：本研究的「小學教師」須具備活動師的培訓資格，以及對數學奠基活動模組有一定的專業認識，是以在推論教師的影響因素，須謹慎教師此專業的差異。

## 肆、研究結果與討論

研究結果分為兩部分：一是學生參與跨年級教學後，在幾何概念的表現及對模組教學的回饋；二是歸納影響跨年級教學的因素。最後透過與相關文獻的研究結果對照，以對結果做深入的討論。

## 一、描述學生的數學表現及教學回饋

## （一）學生的數學表現

本研究分析整體及不同年級、族群的學生接受跨年級教學前後的幾何思考成效，如表 7-3 所示。整體學生接受教學後，在階層一的表現與教學前一樣，而整體及階層二、三的平均數高於教學前。

表 7-3　整體學生接受教學前後在平面圖形幾何概念測驗的平均數與標準差

| 四邊形概念 | 人數 | 前測 | | 後測 | |
|---|---|---|---|---|---|
| | N | M | SD | M | SD |
| 總測驗 | 14 | 3.21 | 1.67 | 3.35 | 1.95 |
| 階層一 | 14 | 1.50 | .52 | 1.50 | .52 |
| 階層二 | 8 | 2.50 | 1.07 | 2.63 | .52 |
| 階層三 | 8 | .63 | .52 | .88 | .35 |

　　其次，比較三至五年級學生在教學前後有關四邊形概念的精熟表現，如表 7-4 所示。三年級者在階層一的後測平均數低於前測，顯示學生接受教學後，精熟率下降（75%→58%），其原因為第六題「平行四邊形的圖形辨識」（83%→33%）。訪談其原因，學生表示前測是「猜對」，而後測是「長方形和平行四邊形的概念容易搞混」。四年級學生在階層一、二的後測平均數高於前測，顯示學生接受教學後，提高其正確率（50%→83%，67%→89%），表示其教學有效提升四年級學生的學習。五年級者在階層一、三的後測平均數也高於前測，顯示該年級學生接受教學後，提高其正確率（70%→89%，80%→100%），階層二稍微下降（93%→91%）。顯示四、五年級學生透過跨年級教學可提升數學表現。

表 7-4　三至五年級學生接受教學前後在平面圖形幾何概念測驗的平均數與標準差

| 四邊形概念 三年級 | 人數 | 前測 | | 後測 | |
|---|---|---|---|---|---|
| | N | M | SD | M | SD |
| 整體 | 6 | 1.83 | .41 | 1.33 | .52 |
| 階層一 | 6 | 1.83 | .41 | 1.33 | .52 |

表 7-4　三至五年級學生接受教學前後在平面圖形幾何概念測驗的平均數與標準差（續）

| 四邊形概念 | 人數 | 前測 | | 後測 | |
|---|---|---|---|---|---|
| 四年級 | N | M | SD | M | SD |
| 整體 | 3 | 3.00 | 1.73 | 4.33 | .58 |
| 階層一 | 3 | 1.00 | 0.00 | 1.67 | .58 |
| 階層二 | 3 | 2.00 | 1.73 | 2.67 | .58 |
| 階層三 | 3 | .33 | .58 | .67 | .58 |
| 四邊形概念 | 人數 | 前測 | | 後測 | |
| 五年級 | N | M | SD | M | SD |
| 整體 | 5 | 5.00 | .71 | 5.20 | .84 |
| 階層一 | 5 | 1.40 | .54 | 1.60 | .55 |
| 階層二 | 5 | 2.80 | .45 | 2.60 | .55 |
| 階層三 | 5 | 0.80 | .45 | 1.00 | .00 |

　　進一步比較原住民與非原住民學生接受教學前後的學習成效，在階層一的正確率，原住民生退步（83%→50%），非原住民生也是（82%→77%）；在階層二的正確率，原住民生表現進步（76%→86%），非原住民生保持滿分表現（100%→100%）。在階層三的正確率，原住民生進步（71%→100%）、非原住民生在前後測均答題錯誤（0%→0%）。

## （二）學生對教學實驗的回饋

　　本研究亦藉由學生自評營隊活動的喜愛度，以獲知跨年級教學的成效。

### 1. 對教學活動的回饋

　　統計學生的活動喜愛度的百分比，有三項獲致七成以上學生的肯定，分別為圖騰之美（71%）、魔術師的四邊形世界（71%），以及「整型平行四邊形」數學奠基活動模組（71%）。

就「圖騰之美」，從下列師生的回應，顯現此活動達成多元文化教育目標——數學也是一種文化活動，可與原住民文化在課堂上並存與跨界結合，其次也讓整體學生認識原住民族的圖騰文化意涵，有利於文化學習和欣賞，例如：

> 學生並非都是同一個族群，所以在這方面（圖騰之美教學），我認為反而有更多的彈性及空間，可以帶領學生認識他們的族人傳說；也讓其他族學生多了對文化多樣性的欣賞機會。（觀誌，1060124）
> 好看！因為（圖騰）有很多四邊形。（阿美3）
> 奇妙！有很多圖形拼成一幅畫。（非原3）
> 漂亮！有條紋、圖很美。（葛3、阿美3）

在講述傳說時，邀請該族的同學分享所聽過的傳說或文化，學生透過聆聽，也給予正向的學習收穫，例如：

> 第一次看見（本族）有眼睛的圖騰，真是酷喔！（太5）

「魔術師的四邊形世界」為小組成員共同合作的創作活動。從下列學生的回饋，顯現跨年級教學有助於提升學生的社會性和認知性成效，例如：

> 好神奇、開心，因為可以跟不同的人一起做圖畫，要（用）我們的想像力來畫畫。（閩3，1060124）
> 開心、有趣，因為大家一起能發揮想像力、可以做很多的東西。（阿美4，1060124）
> 用四邊形的圖形做拼貼畫，好好玩。（太5，1060124）

## 2. 教學活動的適用性

整理不同年級學生的回饋，發現對三年級學生來說，即使是高能力者，還是會對學習內容感到比較困難。但對四、五年級學生來說，很驚喜此教學方式且學習到多元、有趣的解法，例如：

> Happy、開心，遊戲很好玩，但有點困難。（太 3，1060124）
>
> 開心、刺激、好玩，因為玩遊戲的時候，我感到很刺激。
> 很開心可以做很多的東西，也可以製造很多的東西。（閩 4，
> 1060124）
>
> 覺得自己很聰明。把圖形整型成長方形，我第一次認識，
> 可以讓面積很好算。（太 5，1060124）

進一步請學生比較學校和「數學好好玩營隊」的數學上課方式的異同處：三和五年級學生覺得學校的上課方式較以課本和習作為主，很少有操作教具的機會；四年級學生則覺得上課都以老師的講課為主，但都聽不懂，且很少有討論的機會，例如：

> 上課本和習作。（客 3，1060124）
>
> （都是）老師在說，不好玩。（閩 4，1060124）
>
> 在寫課本跟習作，不會用器具。（阿美 5，1060124）

而就「數學好好玩營隊」的數學課：三年級者覺得好玩、可以玩東西，而且老師會個別給予知識的教導；四年級者覺得老師群很幽默，且有很多討論機會、又可以自由討論；五年級者覺得很棒的是可以大聲討論、動手操作、可以玩遊戲、多元的活動設計，且活動師的講課都聽得懂。更有學生直接說最愛這位活動師，例如：

> 好玩、可以玩東西、玩遊戲、超開心。（蔦 3，1060124）
>
> 老師講的都聽得懂，也不會無聊；玩遊戲，有很多遊戲；

很好玩。（阿美 4，1060124）

　　會用數學的教具。都有很多的活動、很瘋狂。（阿美 5，1060124）

　　當研究者進一步問道「希望能將營隊的哪些上課方式移到數學課去上呢？」，三年級者期望的是學習的自由、遊戲和教具操作；四年級者期望的是小組討論；五年級者則是結合三、四年級上述的期待，例如：

　　玩扣條、玩遊戲、自由活動。（三年級，1060124）

　　一起討論，學校的數學課很無聊。（四年級，1060124）

　　可以大聲討論、有動手操作、玩遊戲、有多元活動。（五年級，1060124）

## 二、影響學生跨年級教學的因素

　　本研究歸納影響跨年級教學成效之因素有二，分述如下。

### （一）學生的背景文化會形塑其學習風格，影響教學成效

　　學生的學習差異可能來自學習風格的差異（董修身，2013），例如：譚光鼎、林明芳（2002）指出，泰雅族學生的學習風格由於部落或是生存環境所致，較強調團體意識、喜愛跟同儕學習，傾向透過活動及視覺影像之方式學習，以及喜歡在輕鬆、無壓力的非正式情境中學習，此與漢文化偏好講述、個別學習、相互競爭的方式有所不同。

　　對照上述的研究發現，本研究參與營隊者多為原住民學生，研究者亦觀察到不同族的學習風格亦會影響合作學習的成效。對照譚光鼎、林明芳（2002）觀察到的原住民學生之學習風格，有部分相同，如喜歡在輕鬆自由、不喜歡講述的情境下學習，喜歡活動、操作，且喜歡無壓力、輕鬆的學習氛圍來學習數學。但與上述不同的是從泰雅族分出而正名的

太魯閣族，其民族性較強調獨立，觀察由此產生的學習風格在以太魯閣族成員為主的小組裡，分組工作多半是各做各的，即使該族較低年級者有學習問題時，高年級者仍是採獨立解決原則，所以他們多數會直接向老師求助，例如：

> 高、低年級者會因為相互合作，而使感情融洽，參與學習動機也較高，有些組的成員還會主動積極協助同學，但有些組如太魯閣族那組，高年級者指導較低年級者就很被動，常各做各的。（教學討論會議，1060124）

相對的，小組中的較高年級者如是阿美族，似乎母系社會所形塑的主動關心族人等的學習風格（阿美族族語老師訪談紀錄，1060301），再加上如果高年級生很在意團體的得分，研究者觀察不分男女，阿美族學生會很敏銳的觀察出小組需要幫助的成員，且在學習任務之始，就在小組很熱心的自我推薦擔任導生，而對於能力較優的低年級者，導生在觀察後也會判斷提供協助的必要性，例如：

> 第二組的高年級者是個阿美族男生，他很積極想拿很多小組獎勵分數，所以每次數學任務一出現，他自然就會靠近四年級的學妹（低能力者），但是對聰明的三年級學妹，在觀察一、二次後，發現她很會問問題，就不管她，比較會跟四年級生一起合作。（觀誌，1060124）

### （二）學生的求助模式

本研究發現當學生遇到問題時，觀察到學生尋找導生的模式及對象也互有差異，其求助的順序為好朋友，亦即同年級者會聚在一起解決問題。接下來就等待自己組的導生主動介入，最後才是主動或被動等待教師專業社群的數學志工群來協助，例如：

　　第四組的 $S_{41}$ 只要有問題，就會去找第二組的 $S_{42}$，一起請數學志工群協助。研究者問四年級三位女生感情很好的原因，其中一位答說：「老師！我們本來在教室就是好朋友，當我知道備取有上的時候，我好高興，因為我妹妹和好朋友都有參加，我們三個好朋友又可以每天一起玩」。（教學討論會議，1060124）

　　有趣的是，較低年級者如有親姐妹或是兄弟，或是表親關係的家族成員，均不會向他們求助，較容易跟同組的高年級者形成導生和組員的親密夥伴。其次，比較於男生獨自求助完成任務的方式，女生的求助行為就比較傾向同性別的高年級者，且出現的次數比較多，例如：

　　　　研究者問三年級的小朋友怎麼不去找自己的姐姐或哥哥協助，如果是兄弟檔，年級小的都很討厭哥哥，因為哥哥會去鬧、打他；如果是姐妹檔，也很討厭姐姐，因為姐姐都很凶。三年級者回答說反而覺得同組的學姐和學長比較好，比較有耐心教人。（訪誌，1060124）

　　其次，本研究也發現到透過上述的合作方式，較低年級者不僅會比較容易接受高年級者的指導；也使高年級能力較弱者較有成就感。其次在輕鬆時間的師生互動非正式互動模式，就如同林書伶、蕭夏玉、萊素珠（2010）的發現，較低年級者會觀察較高年級者親近教師之示範行為，此讓他們比較勇敢於表現自己且比較敢問和求助老師，例如：

　　　　我很喜歡營隊的老師們，像汶老師（營隊總召）很搞笑，像安老師（數學志工）很親切，他們都會回答我們那組的問題。我最喜歡培老師，他都會對我的問題感興趣，會一題題回答我，我在教室不敢發問，因為同學都會笑我，而且老師也不會搞笑。

（葛3，1060124）

## 三、討論

　　從營隊學生給予跨年級教學模組之正向回饋，探討其可能之因為該營隊教師群做到了 Hoffman（2003）所指的教師須具備多元角色、營造合作同盟的教室氛圍，以及掌握差異化教學之原則。就教師的多元角色，在小組工作時，教師群會因應學生的需求，可能是位增能者、催化者、教練或講師。在營造合作同盟的教室氛圍，包含會故意設計活動來引導和鼓勵小組成員協助彼此，以營造同儕的支持性學習氣氛；在給予每位學生個別、彈性使用教具來完成學習任務的同時，也會故意公開獎勵某組的合作行為，透過告知大家，引發其他組也會模仿此種學習方式來完成任務。就掌握差異化教學之原則，差異化教學的成功關鍵在於教師的教學方法要有彈性且具多元化，教學內容要豐富，才能夠滿足每位學生獨特的個別需求（董修身，2013）。數學奠基活動模組以遊戲及實作的方式進行教學，透過活動師在試教後，提升對較低年級者的認知發展水準之注意，修正原模組而改以較開放的、問題導向的和探索性的學習任務（Benveniste & McEwan, 2000），進而給予不同年級有關基本目標的通過標準及挑戰目標加權的獎勵，可提升較低年級者挑戰較高難度任務的動機，例如：

　　數學志工：小靜！你確定要如此剪嗎？老師說三年級只要將等
　　　　　　　腰梯形用尺對齊上底的長度，畫兩條垂直線到下
　　　　　　　底，再剪下多出來的兩個三角形，就可以拼貼出長
　　　　　　　方形，即可完成任務。你卻畫了很多條垂直線，等
　　　　　　　下要拼成長方形會很不好拼喔！
　　小靜（阿美3）：不會耶！我有觀察過組長他很細心地拼貼，好
　　　　　　　厲害，她都可以拼出長方形耶，我也想試試

看！（觀誌，1060124）

而本研究的評量設計也是一個催化跨年級教學成功的因素。如同林欣毅等人（2016）採用形成性評量和總結性評量並行所產生的成效，本研究也使用形成性評量來觀察個別學生的學習方式，並將他們感興趣的事物，應用在改善教學內容（Hargreaves, 2001），例如：教師群因擔任不同教學階段的教學內容（師培生負責原住民傳說、活動師負責數學模組教學、數學志工群負責概念應用活動），主教者會利用下課時間，將私下跟學生互動的特殊發現和教師群成員討論，以傳達學生需要提供的協助和需要注意的學習問題。總結性評量採用闖關和美術創作等的多元評量，以小組為單位，採標準通過方式，教師或是關主會依照不同年級學生的認知水準，給予不同難度的問題以及輔助資源，並鼓勵同組組員可以提供協助行為。是以當小組所有成員通過考驗的那一刻，就會看到成員彼此會心一笑，而同感驕傲的成就感。

但本研究結果與Song等人（2009）較不一致，五年級相較於三年級學生，數學思考成效反而進步較多，且高年級不分能力者均提升自信心。推論其原因為所選取的模組對五年級學生來說，其內容有80%是學過者，透過PALS，他們更可以藉由教較低年級者的機會，增加對此概念的理解和複習成效。但對三年級學生來說，此兩個模組均是「概念奠基」的學習，學生仍需要一段時間來進行新概念的理解；再加上此數學模組的教學並不是將重心放在概念的解說，是以當學生遇到平面圖形幾何概念測驗此種紙筆類型的評量時，例如題目：「辨識下列何者是平行四邊形」，學生回答錯誤的原因是教學活動教了很多四邊形的概念，會很容易搞混。此回答就符合上述研究者對學生學習失敗的推論。

其次，本研究結果亦和 McClellan 與 Kinsey（1997）一致，發現跨年級教學的學生如以小組方式進行，成員間皆能提升親社會行為，最明顯的是高年級者會因為此行為出現頻率高，間接提升其自信和成就感。

# 伍、結論與建議

本研究結論為邀請三至五年級的多族群學生來參與「數學好好玩營隊」，教師專業社群透過文獻的分析、整理，以建構論、互惠理論與社會學習論為基礎，採跨年級教學的差異化教學及合作學習來發展將原住民文化的圖騰結合數學奠基活動模組。研究發現，透過此教學模組有助於提升整體及不同年級、族群的學生奠基或精熟四邊形前三階層的認知性成長，提升三至五年級學生彼此正向的互動、感情融洽及利社會行為的社會性成長，以及挑戰更高難度的數學解題行為。最後歸納影響跨年級教學的因素，分別為教師的差異化教學理念、學生的學習風格差異、求助模式、數學概念的精熟程度。

本研究依據上述結論，提出教學及研究建議如下。

## （一）合作學習需給予導生相關認知及情意知能的專業培訓

本研究發現，PALS如以高年級者擔任導生，其協助意願是促成合作學習成功的關鍵因素。是以建議現場教師在實施跨年級教學之前，宜先挑選較高年級且有高助人意願的導生，並給予數學思考指導技巧及人際關係管理之系列培訓課程，以增強在進行小組活動，在指導較低年級者有挫折時，能因之前的受訓經驗而能思考解決問題的方法，持續成為教師進行 PALS 教學的重要資源。

## （二）分析學生的教學回饋，有利於更接近差異化教學的設計

教學活動的設計常注重學生的認知評量，卻常忽略教師也可以設計以學生為主的教學回饋表，以提供教師進行課程彈性修改的參考。本研究發現此教學回饋對跨年級教學更顯重要，因為差異化教學強調的是要適性教學，而從不同年級學生對教學的期待及重視點，更呼應此教學回

饋之重要性,例如:三、五年級生期待有更多操作教具機會、四年級生則期待教師的講課要清楚及給予學生討論的機會,這些都可以作為教師在教學的內容及歷程的差異化設計之參考。

### (三)結合原住民文化,有利於整體學生和原住民學生的數學表現

本研究發現,針對學生的族群背景文化,在融入原住民族內差異的菱形傳說,不僅讓整體學生發現原住民文化可作為數學學習的補充資源;還可讓原住民學生對自己文化能展示於教室感到自傲;且透過原住民學生對自我文化教材的熟悉性,還有助於提升學習動機,並降低對接受數學概念「奠基」學習的負向衝擊。

## 謝誌

本文感謝科技部經費支助(MOST 105-2511-S-320-004-),感謝教師專業社群以及榮合國小師生,亦感謝審查教授提供寶貴的意見,謹此致謝。

# 參考文獻

## 中文部分

內政部主計處（2015）。**103 年底原住民人口概況**。取自 http://www.moi.gov.tw/stat/news_content.aspx?sn=9235

行政院主計處（編）（2017）。**縣市別原住民人口數按性別、身分及年齡分（總計）**。取自 http://sowf.moi.gov.tw/stat/month/list.htm

吳明隆、林慶信（2004）。原漢學童學習行為與學業成就之族群、性格因素的比較研究。**高雄師大學報，17**，37-55。

吳清基（2012）。**差異化教學與學習**。取自董修身（2013）的演講投影片資料。

李哲迪（2016）。以 TIMSS 資料檢視 2003 至 2011 年臺灣八年級學生數學成就城鄉差異。**教育研究集刊，62**（4），1-40。

李嘉倩（2012）。**運用同儕學習策略對國小五年級弱勢學童閱讀理解之研究**（未出版之碩士論文）。國立臺中教育大學，臺中市。

阮正誼（2015）。**「整型平行四邊形」教學模組**。取自 http://www.sdime.ntnu.edu.tw/page2/super_pages.php?ID=page201

周麗玉、丁振豐（2000）。**社會學習論**。取自 http://terms.naer.edu.tw/detail/1306841/

林妙徽、顏瓊芬、李暉（2008）。原住民族科學教育之困境與未來展望。**臺灣人文生態研究，10**（1），89-112。

林欣毅、鄭章華、廖素嫻（2016）。混齡教學於國中小階段之實施方式與支持措施：多重個案探究。**教育實踐與研究，29**（2），1-32。

林思吟（2016）。淺談差異化教學。**臺灣教育評論月刊，5**（3），118-123。

林柏寬（2016）。**偏鄉混齡教學，見樹不林**。取自 http://www.thinkingtaiwan.com/content/5353

林書伶、蕭夏玉、萊素珠（2010）。混齡編班幼兒教師運作課程之研究。醫護科技期刊，**12**（3），212-222。

林福來（2014）。**就是想學好數學計畫**。取自 http://www.sdime.ntnu.edu.tw/intro/super_pages.php?ID=intro5

施文玲（2006）。**社會交換理論之評析**。取自 http//www.nhu.edu.tw/~society/e-j.htm

洪雪芬（2015）。**「四邊形 36 變」教學模組**。取自 http://www.sdime.ntnu.edu.tw/page2/super_pages.php?ID=page201

洪儷瑜（2015）。**國民小學實施跨年級教學方案試辦計畫**。取自 http://link.ruraledu.tw/project_detail.php?id=A3

徐偉民、楊雅竹（2008）。影響原住民學生數學學習的因素：從屏東縣部落小學的教學行動來看。**臺中教育大學學報：教育類**，**23**（1），129-152。

翁欣瑜（2002）。花蓮縣六年級泰雅族學童與平地學童幾何解題表現相**關因素之研究**（未出版之碩士論文）。國立花蓮師範學院，花蓮市。

國立臺灣師範大學數學教育中心（2015）。**數學奠基活動模組開發**。取自 http://mec.math.ntnu.edu.tw/?p=1473

崔夢萍（2006）。運用同儕協助學習策略於國小融合教育國語文學習之研究。**特殊教育研究學刊**，**30**，27-52。

張英傑（2000）。兒童幾何形體認知概念之初步探究。國立臺北師範學**院學報**，**14**，491-527。

張臺隆（2017）。偏鄉學校推動跨年級教學的省思。**臺灣教育評論月刊**，**6**（1），177-182。

教育部（2003）。**九年一貫課程綱要：基本能力**。取自 http://teach.eje.edu.tw/9CC/basic/basic6.php

連秀敏（2010）。**幼兒數學主題式差異性教學之研究**（未出版之碩士論文）。國立臺東大學，臺東市。

陳雅文（1995）。**個案研究**。取自 http://terms.naer.edu.tw/detail/1681584/

黃于真、陳美如（2018）。差異化教學對國中學生數學學習成效影響之研究。**師資培育與教師專業發展期刊，11**（1），91-122。

黃志賢、林福來（2008）。利用活動理論分析臺灣泰雅族國中生的數學學習並設計教學活動。**科學教育學刊，16**（2），147-169。

黃德祥（2007）。原住民學生數學學習的困境與突破。載於行政院原住民族委員會（主編），**臺灣原住民族教育新思維專輯論文**（頁7-1～7-12）。臺北市：行政院原住民族委員會。

葛曉冬（2000）。**花蓮地區國小泰雅族學生 van Hiele 幾何思考層次之調查研究**（未出版之碩士論文）。國立花蓮師範學院，花蓮市。

董修身（2013）。**差異化教學**。取自 http://www.cjhs.kh.edu.tw/UserFiles/files/20131015123944713.pdf

詹惠雪、林曉音（2014）。差異化教學運用在國小六年級數學領域之實踐歷程。**教育研究月刊，245**，130-148。

臺灣原住民文化產業發展協會（2007）。**太魯閣族、魯凱族**。取自 http://indigenous.pristine.net/peoples/puyuma/index_zh-tw.html

劉介宇、洪永泰、莊義利、陳怡如、翁文舜、劉季鑫、梁賡義（2006）。臺灣地區鄉鎮市區發展類型應用於大型健康調查抽樣設計之研究。**健康管理學刊，4**（1），1-22。

劉偉瑩（2015）。**重視差異化與合作，混齡教學成趨勢**。取自 http://www.mdnkids.com.tw/news/?Serial_NO=94075

潘淑滿（2006）。**質性研究：理論與應用**。臺北市：心理。

謝雨生、簡文吟、吳淑俊、游其明、紀玉臨、周孟嫻（2012）。**鄉鎮市區數位發展分類研究報告**。臺北市：行政院研究發展考核委員會。

羅廷瑛（2015）。多元文化探究教學模組實施國小學生數理成就及文化學習之行動研究。**國立臺灣科技大學人文社會學報，11**（4），1-28。

譚光鼎、林明芳（2002）。原住民學童學習式態的特質：花蓮縣秀林鄉泰雅族學童之探討。**教育研究集刊，48**（2），233-261。

## 英文部分

Banks, J. (1989). Approaches to multicultural curriculum reform. In J. A. Banks & C. A. M. Banks (Eds.), *Multicultural education: Issues and perspectives* (pp. 195-214). Boston, MA: Allyn & Bacon.

Benveniste, L. A., & McEwan, P. J. (2000). Constraints to implementing educational innovations: The case of multigrade schools. *International Review of Education, 46*, 31-48.

Dewey, J. (1938). *Experience and education*. NY: Collier Books.

Hargreaves, A. (2001). Emotional geographies of teaching. *The Teachers College Record, 103*(6), 1056-1080.

Hoffman, J. (2003). Multiage teachers' beliefs and practices. *Journal of Research in Childhood Education, 18*(1), 5-17.

Lin, C. H., Liu, E. F., Chen, Y. L., Liou, P. Y., Chang, M., Wu, C. H., & Yuan, S. M. (2013). Game-based remedial instruction in mastery learning for upper-primary school students. *Educational Technology & Society, 16*(2), 271-281.

Ma, H.-L., Lee, D.-C., Lin, S.-H., & Wu, D.-B. (2015). A study of van Hiele of geometric thinking among 1st through 6th graders. *Journal of Mathematics, Science & Technology Education, 5*, 1181-1196.

Mastropieri, M. A., & Scruggs, T. E. (2014). *The inclusive classroom: Strategies for effective differentiated instruction* (5th ed.). Hoboken, NJ: Pearson.

McClellan, D. E., & Kinsey, S. (1997). *Children's social behavior in relationship to participation in mixed-age or same-age classrooms*. Presented at the 1997 Biennial meeting of the Society for Research in Child Development (SRCD), Washington, DC.

Rickard, A. (2005). Constant perimeter, varying area: A case study of teaching and learning mathematics to design a fish rack. *Journal of American Indian Education, 44*(3), 80-100.

Song, R., Spradlin, T. E., & Plucker, J. A. (2009). The advantages and disadvantages of multiage classrooms in the era of NCLB accountability. *The Center for Evaluation & Education Policy Education Policy Brief, 7*(1), 1-2. Retrieved from http://files.eric.ed.gov/fulltext/ED504569.pdf

Tomlinson, C., & Strickland, C. (2005). *Differentiation in practice: A resource guide for differentiating curriculum, grade 9-12*. Alexandria, VA: Association for Supervision and Curriculum Development.

van Hiele, P. M. (1986). *Structure and insight: A theory of mathematics education*. Orlando, FL: Academic Press.

**8**

# 翻轉教室應用於跨年級
# 教學之理念與策略

簡瑋成[1]

## 壹、前言

　　近年來，少子化現象造成偏鄉小校的狀況愈趨嚴重，且偏鄉學校更是遭遇到同儕互動機會少、學習壓力高、師資流動高、教學僵化無創新等問題（洪儷瑜，2015）。然而，為了保障偏鄉學生的受教權與學習品質，教育部於 2008 年 11 月訂定《國民中小學整併之處理原則》，規範國民中小學整併問題，以學生獲得最好的受教環境與學習效果為前提，確保偏鄉小校的存續。因部分學校無法裁併校且有存續必要性，以及編配教師數量遠不及學生所屬年級數量，也出現因為班級人數過少而難以實行傳統教學模式，為了解決此一困境，跨年級教學（multi-grade classroom）的模式應運而生，以解決偏鄉小校的教學難題（陳聖謨、張淑媚，2014）。所謂跨年級教學，多應用於師資人力不足的偏鄉小校，不依據學生年級或年齡所進行的編班教學，而是改由一位或少數幾位教師在同

---

1 國家教育研究院教育制度及政策研究中心助理研究員。

一課堂時段中,於同一教學場域對不同年級的學生進行教學,即是將不同年級、年齡與能力的學生同時安置於同一個班級的編班,並針對每位學生的學習狀況進行差異化教學設計,包括教學目標、學習歷程各方面(張臺隆,2017;陳聖謨,2015;Smit, Hyry-Beihammer, & Raggl, 2015)。跨年級教學實則強調學生的差異化與學生互動關係的建立,本質立基於「差異化教學」與「合作學習」,所有學生的進度不盡相同,可以進行差異化的分組學習或個別學習,教師則從課堂的主導者變成協助者(林柏寬,2016)。跨年級教學對學生最大的好處在於增進小校裡彼此之間的同儕互動機會,十分依賴教師的教學專業知能,尤其是否具備充足的跨年級教學概念與能力,這對偏鄉教學環境而言,無疑是一大考驗。

為了偏鄉教學環境的革新,教育部於 2016 年提出「偏鄉教育創新發展方案」,以提升偏鄉教育品質及偏鄉學生學力基礎,並開始著眼於各項教育實驗方案,促進課程與教學的創新。「教學創新」在近年國內教育雖已耳熟能詳,但它不僅是教學方式的變革,也重視學生的學習樣態、師生互動與教學模式的改變,而「翻轉教室」(flipped classroom)正是重視學生自主學習與改變師生互動模式的教學創新改革(Mullgardt, 2008)。翻轉教室源自於 2007 年 Jonathan Bergmann 與 Aaron Sams 兩位美國科羅拉多州高中老師,為了解決部分同學缺課以及學習進度落後的情形,開始將他們的講課內容錄製成影片上傳網站,請學生在家裡自行上網觀看學習,這樣他們就可以把有限的課堂時間運用在跟學生進行其他深入的討論學習活動,實行後發現學生的學習成效確實普遍有所提升(Bergmann & Sams, 2012; Raths, 2013)。也可以說,翻轉教室一開始的設計就是針對弱勢學生的教學方法,而且在美國近年受到重視,也是因為同樣有老師在貧窮學區內,對學習成就很差的學生實行翻轉教室的教學,結果學生的學習成績獲得重大改善。因此,翻轉教室只要使用得宜,對於偏鄉學習弱勢的學生而言,無疑是教育品質提升的催化劑。

　　延續 Bergmann 與 Sams 的理念，翻轉教室不再僅是被動的幫助學習落後學生，而是開始翻轉原本上課與回家作業的時間與步驟，利用科技輔助，教師們先自行製作數位教材，讓學生在授課前先在家中利用網路觀看教學影片或預習相關線上授課教材，自己消化了解教材內容及進度，然後將課堂的時間完全用來進行分組討論、實驗、提問、練習、小型研討、專題研究、完成作業，或其他師生互動的活動，更深入地讓學生完全理解、吸收（Anderson, 2013; Stansbury, 2013）。簡言之，就是「在學校做家庭作業、在家庭做學校作業」，將傳統課後才完成的作業調整為課堂內做，而傳統課堂內的學習活動則調整為課前由學生自行完成，整體概念是指將學習的方式由老師對學生講課，轉變為蘇格拉底式學習，讓學生透過批判性思考彼此學習（Honeycutt, 2013; Yonatan, 2015）。

　　翻轉教室後來在國內教學現場的定義上有了很開闊的廣義定義，統稱為「翻轉教學」（flipped teaching）。一般具有變革特質的創新教學都被視為翻轉教學的範圍，但它較狹隘的定義，就是翻轉教室的起源作法——將教學的時間和空間進行翻轉，把傳統教學和家庭作業時間互調，即是在家先行自學、在學校做作業。實際上，跨年級教學要面臨的一大難題，就是教師較難以採用傳統講述教學模式在同一時段照顧到所有學生，即使有效採用不同科目或分組模式下的交叉教學，恐仍有力有未逮之慮。此外，教師在跨年級教學中要面對同一個教學場域內，每個不同年級學生的學習需求，教師需要有充分時間照顧到每個學生的學習需求，而藉由翻轉教室模式，可幫助學生準備好各自學習所需教材，更有利於協助教師於跨年級教學的發揮。然而，翻轉教室係以學生自主學習精神為主，教師角色不再是單一的教學者，而有更多時候是轉變為輔助角色，這樣的教學模式對跨年級教學所需而言，是不謀而合的。國內開始落實跨年級教學理念，也強調融入如翻轉教室等的彈性教學模式，隨時建構最有利的課程內容與教學模式，協助學生的認知發展，讓其能夠在翻轉教室的學習模式中，培養自我學習與合作學習能力，並且建構自己的知

識體系，提升學習成效（高雄市桃源區寶山國民小學，2016）。因此，本文認為翻轉教室或可融入偏鄉小校的跨年級教學當中，成為跨年級教學方法中的另一種可能。

## 貳、翻轉教室與跨年級教學之理念銜接

跨年級教學透過課程理論與實務的改革，進行跨年級教學的模式。教師在過程中要能活化各種教學理念，包含：差異化教學、合作學習、多元彈性分組、統整式主題教學、自主學習、個別教學、同儕教學等，以提升教學成效，有益於學生學習（高雄市政府教育局，2016）。這些教學理念實際上是與翻轉教室的理念相通的，部分文獻也顯現出將翻轉教室的操作融入跨年級教學的跨領域跨年級當中，或許是另一條可能的途徑（程瑋翔，2015；Eastern Chen, 2015; Information Resources Management Association, 2017），以下分別說明之。

## 一、差異化教學

跨年級教學將不同年級學生置於同一教學場域當中，教師勢必要針對不同年級與程度的學生設計不同的教材內容與教學進度，因此「差異化教學」是跨年級教學的重要核心。所謂差異化教學，係指教師能依據學生的個別差異及需求，針對教學活動進行調整，包含彈性調整教學內容、進度和評量方式等，以提升學生的學習效果和引導學生適性發展，講求以學生的學習需求為主要核心，這其實與孔子所提倡的「因材施教」理念是相通的（劉君毅，2012；Tomlinson, 2004）。尤其對跨年級教學而言，要讓每位學生都按其心智發展階段來進行教育，而非按照年齡與強制年級分組方式進行教學，此時透過差異化教學的落實，讓不同年級學生都能專注於適合他們學習程度的學習任務，這才是首要目標（Cotton, 2002; Smit & Engeli, 2015）。為了拓展因材施教的教育理念，在跨年級

教學實施過程中，教師或教師社群應隨時透過正式或非正式的評量，設計不同層次的教材內容，給予適合學生學習進度的教材、補救教材或精進教材等，選擇適當的教學策略，讓班級中需要補救的學生可以獲得關懷協助，也讓學習較快速的學生獲得更多的學習成長空間（丘愛鈴，2015）。這樣的教學，才不至於冷落任何學習狀況的學生，發揮跨年級教學的優點。

翻轉教室的特性之一就包含差異化教學之理念（Bergmann & Sams, 2012），經由教學與作業互調模式，教師可依學生程度給予合宜的教材，且讓學生在家可以依照自己的學習步調控制學習進度，在教室亦可依照其學習狀況而給予不同程度的課堂指導，或者依不同程度的分組合作學習與討論，以提升其學習效果。翻轉教室重視因應不同學生的學習進行差異設計教學，教學設計包括教學目標、學習歷程與評量等差異化教學，正是經由這樣差異化教學的設計，也才能給學生個別化學習（individualized learning）的機會。這在跨年級教學的理念中也是如此，強調打破相同年齡學習的界線，讓教師發現每位學生的學習特質，而學生可以按照自己的學習步調漸進學習，避免統一學習目標卻因學習落差造成挫折感；重視學生的學習模式、方法與興趣，從以教師為主的教學改變為以學生為中心的教學設計，進而達成因為喜歡學習而能自主學習之目的（高雄市桃源區寶山國民小學，2016）。翻轉教室的精神與目的，就是希望能夠轉化傳統課堂教學與回家作業的時間，讓教師更能善用課堂時間來設計符合每位學生的學習需求，使學生因此更能夠參與學習活動而得以適性學習（郝永崴，2016）。

在傳統班級教學中，學生會依照教師所準備如教科書或教學講義等的教學內容與教學進度進行學習，是「一體適用」的教學模式，而翻轉教室則重視「個別學習」的教學模式，更著重於如何幫助學生學習（吳清山，2014），其特性在於互調課堂教學與回家作業形式，將原本的課堂直接教學轉化為學生個別學習空間，允許學生在家能夠暫停或倒轉授

課內容，幫助忙碌學生擁有更充裕的時空學習新知，協助學習落後學生能有更多反覆學習與思索的條件；而且透過在課堂直接做作業與討論的形式，教師可以第一時間發現學生學習的問題點並即時給予幫助，就可以解決在家做作業有問題卻無人可以幫忙解答的狀況，讓不同能力的學生都能找到自己最佳的學習機會與模式（Bergmann & Sams, 2012; Greener, 2015），這樣的特性正是創造個別化學習的核心要素，讓每個學生都可以用自己的步調來進行學習，切中跨年級教學成功要素的關鍵。

## 二、自主學習

有別於傳統教師的講述教學模式，學生處於被動式的接受教師單向的教學內容，往往喪失了獨立學習與思考的有利條件；在跨年級教學過程中，則因為教師人力資源有限，個別學生學習需求不一的情況之下，促進學生能夠獨立自主學習的能力更顯得十分重要（陳聖謨、張淑媚，2014）。透過學生擁有自主學習能力，才能讓教師擁有更多時間與精力照顧跨年級教學中不同年級與程度的學生需求。在經過教師賦予小組或個別的學習任務之後，學生能夠依照分配的學習內容與進度進行自主管理，先行自我學習，才能讓課堂的教學過程中，可以有更多的時間進行彈性分組合作學習與師生互動教學。翻轉教室轉變為「以教師教學為中心」的傳統教學模式，成為「以學生學習為中心」，重視學生的自主學習能力，強調主動式的學習，讓學生依自己的興趣和能力，主動從事各種有意義的學習，有助於找到學習樂趣；同時，也相當重視探究式的學習歷程，學生已不是單從教師傳授來習得知識，而是透過自我探究去建構知識（吳清山，2014）。翻轉學習的時空背景，讓學生得以在家學習中獲得更多對學習的控制權，使學生能按自己的步調自由地學習或者可以反覆地學習，將過往被動學習的求知過程轉化為主動學習的模式（Kim, 2014; McCoy, 2015; November & Mull, 2012）。藉由更多元化的多媒體教學運用，促使學生產生更濃厚的學習動機，對於課堂的參與有更多的期

待及參與，使學生真正轉變為知識的主動探索者，而成為課堂教學過程中的學習中心（Bergmann & Sams, 2012; Pappas, 2012; Yarbro, Arfstrom, McKnight, & McKnight, 2014）。因此，吸引學生的學習興趣、提升學生的自主學習能力與意願，是轉翻教室成功實施的要素。當然，這樣的要件亦是跨年級教學的重要環節。

## 三、合作學習

為了讓課堂的教學過程中，不同年級、程度的學生可以相互學習，跨年級教學也相當重視促進學生的合作學習（陳聖謨、張淑媚，2014），透過合作學習的模式，讓教師在課堂教學的活動上更顯靈活。在跨年級教學過程中，考量到學生特質以及當前學習程度與能力，為尋求更合適的教學模式，重視營造擁有支持性合作學習的班級氣氛，讓學生能夠互助合作，透過彈性的分組合作學習與主題式教學等模式進行（陳聖謨，2015；Broome, 2016; Pardini, 2005; Smit & Engeli, 2015）。其主要精神就在於打破傳統以自我為中心的學習方式，運用各種彈性分組合作模式，鼓勵不同背景的學生相互學習，同時促進班級的融洽以及學生之間的良性競爭。在合作學習過程中，能夠強化人際關係或者領導能力，亦培養其主動願意分享的學習精神與態度，達到既合作又競爭的精熟學習目的（高雄市桃源區寶山國民小學，2016）。此過程首要的問題，便是如何擁有更多實行彈性合作學習的課堂時間，以及讓學生在合作學習前能夠擁有較好的先備學習經驗或知識，讓接下來的合作學習流程能夠更加順利，翻轉教室的學習模式無疑提供了一個最佳的協助方案。

翻轉教室的內涵與之前的「學習共同體」是具有一致性的，其重視同儕之間的聆聽互學，強調不懂的人要主動去問懂的人，讓師生之間共同學習與成長（親子天下，2016）。利用翻轉教室先行在家預習的模式，使學生在上課前對教材內容擁有一定程度的掌握，到了教室再利用課堂師生教學活動時間，依學生程度進行分組合作學習，再依不同教學目標

進行不同的分組策略，將原本的作業與學習困難處透過彈性分組變成學習活動，對較有變化與困難的問題進行深入討論，或者由教師個別指導，不論學習速度較快或較慢的學生，都能在課堂中擁有更多的學習主動權：學習較慢學生有更多問題的學習機會，而學習較快學生除了可以在先處理完課堂內容後進行自學外，也可以透過教導他人進行更高效能的深度學習，加深對教材內容的深層理解與掌握（呂冠緯，2015；親子天下，2016）。這樣的合作學習模式，其實就是一種以學生為中心的教學策略，透過小組成員的彼此溝通、相互辯證，以激發學生運用高層次思考策略，透過相互整合而達成最後共識（徐新逸、江岱潔，2016）。簡言之，翻轉教室就是把原來的課堂時間從傳統的靜態講述轉變為動態的互動學習，上課教學時間用於學生之協同合作，以學習理解和問題解決等高層次能力，而不是作為教師傳統的單純講授教學之用（Acedo, 2013; EDU-CAUSE, 2012; Greener, 2015）。這不僅改變傳統講授式以教師為主導、學生被動接收的教學模式，也讓學生從被動知識接收者轉變為主動學習者，增加其課堂的參與感，同時利用合作學習來幫助學生提升學習動機與師生互動（徐新逸、江岱潔，2016）。

## 四、師生與同儕互動

　　跨年級教學具有合作學習的特質，是一種落實學習共同體教育理念的教學模式，強調多重層次的親師合作與社區共榮，結合親、師、生、學校和社區，形成教育合夥人的共同關係，在教與學的互動過程中，去除學生自我中心主義，看到別人的需要，納入到自己行為的考慮，以達成多元與特色的學習模式（高雄市桃源區寶山國民小學，2016）。在這樣的過程中，讓師生產生良好的社區歸屬感、維持師生情誼、增進同儕相互觀摩學習的效果，將傳統教室氛圍轉變為充滿愛與關懷的家庭，師生彼此之間相互扶助成長。在跨年級教學活動過程中，教師角色已不再是傳統的單一教學者，更具有學習催化者的角色，學習歷程中擔任教練

的引導角色（Smit & Engeli, 2015），學生彼此交互依存的學習關係更為緊密，也使年長學生可以成為低年級學生的學習楷模（陳聖謨、張淑媚，2014）。在教師與年長或學習較佳的同儕協助下，學習新的知識內容，這其實符應了社會建構（social constructivist）與 Vygotsky 近側發展區（zone of proximal development, ZPD）的理論與實務運用（Broome, 2016）。

師生之間更頻繁的教與學互動方式，是跨年級教學實行過程中不可忽略的設計元素。這樣的特色同樣也可反映在翻轉教室的特色當中，在課堂教學歷程中，透過小組活動，能夠有效改善教室管理模式，落實互動式的教與學，使教師亦可以擁有較多的時間與學生互動，有助於提升師生互動及促進同儕間之感情交流，讓教師有更多機會可以了解學生，同時讓學生除了能夠發現知識和增長知識之外，也能分享學習的樂趣和「學習如何學」的態度（吳清山，2014；徐新逸、江岱潔，2016；Bergmann & Sams, 2012）。經由翻轉教室的教學模式，讓課堂教學可以實踐合作學習的精神，增加師生與同儕之間的互動頻率，也讓學生於課堂上擁有更多充分討論與提問的機會，教師也能擁有更多時間可以發現學生的學習困難並進行指導。

綜上所述，藉由翻轉教室的策略實施，能夠幫助跨年級教學的理想實踐。翻轉教室應用於跨年級教學的有利之處，包括：透過學生先行預習教學影片，強調個體適性學習精神，更有利於實行跨年級教學的差異化教學；再者，翻轉教室為討論或指導模式，更有利於落實跨年級教學的合作學習；其三，翻轉教室為學生作業模式，更有利於教師掌握各年級學生的學習進度與即時的個別指導。因此，配合跨年級教學的需求與教學設計，將翻轉教室融入其中，視教學現場實際情況再行修改調整，將能有效把翻轉教學的優點在跨年級教學過程中充分發揮。翻轉教室相關確切的基本與進階的實踐策略，包括國內較知名的幾種模式，例如：葉丙成教師提出的BTS（by the student）教學法、張輝誠教師的學思達教

學法、王政忠教師的 MAPS 教學法等，都藉由讓學生於課前主動學習的方式，使教室的課堂時間可以充分進行更多元化的教學活動，刺激學生的學習動機，解決學生的學習困惑，滿足不同程度學生的個別學習需求，以達成「以學生為中心」的教學模式。然而，這些方法應用於跨年級教學之時，仍需做些改變與轉化，下一段將介紹本文的轉化策略方法。

## 參、翻轉教室應用於跨年級教學之轉化策略

翻轉教室的所有措施並非可以一成不變地落實於跨年級教學，而要適時加以調整。本文綜合相關翻轉教室方法，並依跨年級教學的實施模式進行調整並轉化，提出以下幾點轉化過後的應用策略供讀者參考。

### 一、善用數位教材資源，建立知識地圖體系

跨年級教學的難處之一，在於教師同時要針對不同年級與程度的學生設計合宜的學習教材，但在國英數等主科的學習上更難推動，主因在於學生的學習預備程度差異過大，教材範圍顯得更廣，教師備課上更顯得不容易。在跨年級教學過程中，各年級課程規劃要有相對應之教學目標，教師需掌握不同年級學生的學習進度而給予相對應的課題與教材內容，達成因材施教之目的（張臺隆，2017）。為此，教師應跳脫單純依靠課綱、課本等的傳統模式，經由設計適合各年級學生接觸的輔助工具，讓學生產生主動的學習意願（高雄市桃源區寶山國民小學，2016）。而近年來最為有效的輔助學習措施，莫過於善用教育科技帶動學習模式的改革，將資訊科技融入教與學的過程中，以此提升學生的學習動機，也更能培育學生運用科技進行自主學習的能力（Norton & Hathaway, 2008）。然而，跨年級教學並非單靠數位教學或教材便可以達到成功教學之目的，經由翻轉教室這種結合數位學習與傳統教師教學的混合式學習模式（徐新逸、江岱潔，2016），將能帶給學生學習教材上更大的選

擇與變化，豐富的數位教材資源也更可以幫助教師面臨不同程度學生要設計不同年級教材的難處。

實施翻轉教室的策略，原則上是讓學生於課前先行學習，觀看教師事先錄製的教學短片或閱讀書面教材，而課堂時間則用在作業練習和同儕互動或師生互動上（Honeycutt, 2013）。原本課前學習的教材其實並未窄化為教學影片，也包含書面教材的閱讀，直至數位科技發達後，因視聽影片製作方便與傳播快速，以及閱聽的學習效果較佳，致使教學影片逐漸成為主角（黃政傑，2016）。因此，透過數位科技製作教學教材，並非僅侷限於影片，其他多媒體教材也應該是可以考量的對象。

在製作課前學習數位教材的過程中，教師必須意識到教材與課堂活動之間的有效連結性，讓學生在課前學習的數位教材中可以先行了解課堂內容，提高學習的自我效能，在上課期間才更能有效參與課堂活動（Pierce & Fox, 2012）。此外，幫助跨年級教學的成功要素就是建立具有高水準的教學教材，建立起完整的「知識地圖」體系，使學生知道所學內容在整體知識架構的位置。在跨年級教學過程中，經由完整的知識地圖體系之呈現，高年級學生可以複習過往所學，了解低年級課程與現行所學高年級課程的銜接，加深目前所學課程內容的深度；低年級學生則可以了解目前所學與未來課程的關係，對於自身知識學習的脈絡更加了解，對於學習的廣度亦有所提升。

為了讓所製作的多媒體教材，能更有效率地吸引學生目光，提高學習的專注度，豐富的教材內容是不可少的。不論是採用活潑的拍攝影片模式或者動畫形式，如果能有效引起學生興趣，那麼讓學生自主學習便顯得更加容易，接下來的課堂教學活動也更容易執行。日本佐賀縣武雄市國中小將動畫融入翻轉教學的預先學習教材中，便是很成功的一例，學生先於課前觀看平板電腦的動畫預習上課內容，增加理解的程度，也為預習增加不少樂趣，減少隔天上課討論問題的緊張心情，而且這些教材乃是透過與業界及校內教師共同協力完成，一方面也避免教師孤軍奮

戰的窘況（臺北駐大阪經濟文化辦事處福岡分處派駐人員，2013）。如此，教師可以經由既有的數位教材資源，教師們之間共同努力，打破單一教師中心的備課模式，激發教師間的腦力激盪與合作方式，提升教師教學的專業能力，讓教學更有計畫與系統，達到師與師合作又能有效教學之目的。

數位多媒體教材比傳統書面教材更具優勢之處，在於結合數位學習平臺機制，能夠更有效率地掌握個別乃至全體學生的學習狀態。經由網路科技之傳播，也讓教師更容易取得適合製作自己教學素材的數位資源。以下簡介現今最常見的線上學習模式。

## （一）MOOCs 模式

MOOCs（massive opening online courses）意指「大規模開放式線上課程」，俗稱「磨課師」，最大特點是學習者多可以在平臺上免費學習。平臺上往往會提供各種教學短片，同時附有隨堂的練習題，讓學生可以在線上自學並透過練習題來幫助了解自己學習吸收的程度。而且這些平臺多具有後臺統計功能，可以在學生觀看完影片或練習完題目後，即時於後臺呈現學習歷程與成果的統計報表，讓教師可以更精準地掌握學生的學習盲點與困難所在。目前，相關中小學的國際知名 MOOCs 平臺為 Khan Academy，俗稱「可汗學院」，創立者為 Salman Khan，原本係因教導親戚小孩數學而錄製相關教學影片並將之上傳至網路平臺，此模式最後獲得微軟創辦人 Bill Gates 的關注進而投資，是形式最具規模的中小學 MOOCs 平臺。目前國內也有相關概念而設立的平臺，如臺大 MO-OCs、BTS 翻轉、學思達翻轉、均一教育平臺等（郭俊呈、侯雅雯，2017）。

「均一教育平台」（https://www.junyiacademy.org/）可說是成長非常快速的中小學 MOOCs 平臺，其成功關鍵之一為提供優質的課程或練習題，讓偏鄉和都會地區的學生都有著相同的學習機會；成功關鍵之二為

具有強大的技術支援，可以用大量的數據分析或功能開發來讓平臺能提供更有效能的個人化學習路徑（呂冠緯，2015）。有效應用均一教育平台可以更有效率落實跨年級教學策略，臺東縣桃源國小即是一例。桃源國小在面臨臺東縣教育資源不足、廢校危機之下，引進網路科技自學，善用均一教育平台的網路學習資源，組成團隊推動翻轉學習，同時也將知識地圖貫穿學習之中，打破年級與學制藩籬，成為混齡小學的一個典範（廖雲章，2014）。此外，由國家教育研究院所建立的「愛學網」（https://stv.moe.edu.tw/）也有著豐富的數位教材資源，包括：教學影片、動畫、數位遊戲等。教師如果能善加利用這些數位資源，對於同時備課不同年級的教學內容將大有幫助。

國內亦有不少教師開始將 MOOCs 導入翻轉教室模式當中，已然成為翻轉教室的一種新模式（施信源、顏美雯，2015；郭添財，2015；葉丙成，2013）。這樣的模式有助於教師減少個人準備不同年級教材的壓力，可以更有效率地設計教學內容，也讓後續的教學活動有更加多元化的策略與應用，值得跨年級教學之策略參考。

## （二）SPOCs 模式

SPOCs（small private online courses）譯為「小規模限制性線上課程」，由柏克萊加州大學 Armando Fox 教授於 2013 年提出，是一種小量（學員數止於數百人），且修課者為校內學生，或依課程特性有人數限制的線上課程模式，與 MOOCs 課程大規模地開放給所有人恰巧相反，以期具體提升學習參與度及課程完課率。SPOCs 的上課形式多採取課堂面對面與線上自學的混合方式進行，其實就是「MOOCs ＋ Classroom」，也就是一種善用 MOOCs 資源融入翻轉教學的混合課程（劉怡甫，2014），主要是提供一個「框架」與可選擇為封閉的線上環境，讓教師可以將不同來源的數位教學素材（包含自己製作的）彙整起來，亦可以自行編輯課程的練習題，可以自行放上講義或者其他素材，供自己

班內的學生學習使用。最大的特點在於教師擁有極大的自主權，平臺上要放什麼資料完全由教師決定，不會被MOOCs中央餐廚式的模式綁死，例如：之前紅極一時的Moodle，就是製作SPOCs代表性工具。透過Moodle，教師可以清楚掌握學生觀看學習數位教材的情形，以及練習題的答題狀況，也可以開設班級內的線上討論區，讓學生在線上進行互動討論。Moodle功能雖強大，但設定相當繁雜，因此國內外均有其他功能比較陽春的SPOCs平臺，讓一般教師可以很快上手，如Blendspace、Sophia與1know 等（呂冠緯，2015）。翻轉教室其實就是一種新型的混合課程模式，結合面對面授課和非同步的學習方式，這樣的模式其實就是一種SPOCs模式，只是除了保有SPOCs的特性，讓學生可以按自己的學習進度聽課，觀看教學數位教材，再到教室上課，達成同步和非同步學習兩者兼得的模式之外，翻轉教室更著重上課期間，教師活化各種教學方法，以及增加師生與學生之間的互動學習（駐波士頓辦事處教育組，2016）。

　　跨年級教學因為涉及教材的重新解構和編撰，MOOCs已有固定的教學內容，較難以同時符合不同年級學生的個別學習需求。採用SPOCs模式，由教師綜合線上資源，再重新安排數位教材，依照不同年級的課程目標與安排，建構起該科目的知識地圖體系，以符合各年級學生的學習需求，以及合宜地搭配教師課堂上的教學活動。

## 二、依照學生程度安排適合的教材進度，進行個別化學習

　　跨年級教學與傳統教學的最大差別，在於教師不用再考量整體進度安排教學內容，而可以注意學生個別性的差異，給予適當的學習教材，亦即教學理念上要更注重學生的差異性，依照學生程度而給予合宜的學習內容與進度（張臺隆，2017）。採用翻轉教學的方式，透過教師事前準備好數位教學教材（含自製影片），幫助學生先行安排觀看適合學生

程度的教材，讓學生提前在家自主學習，在家學習線上教材的過程中，學生可以用自己的速度來吸收，以重看、跳看、暫停來思考其中的概念和問題，或者查閱相關資料，學習吸收效率會變得更佳；即使遇到不會的問題，也可回頭從教材中找到答案或複習；學生更可以準備課堂上要和教師、同學討論的問題，擴大自己對學習內容的認知，以精熟所學內容（呂冠緯，2015；McCoy, 2015）。而原本傳統課堂上講授教學的實體課程時間，已轉化應用在教師依照個別學生的學習程度需求，給予相對應的回饋、問題解決，或者更進階的內容，達成個別化學習之目的（Tucker, 2012）。

　　這樣的翻轉教室運作模式，實則將資訊科技融入教與學的方式，學生在家學習教材當中，勢必要使用科技工具來輔助學習，包含電腦等載具、網路搜尋與下載資料等輔助學習行為（郝永崴，2016）。這樣在要求學習使用科技輔助工具進行自主學習的過程，已重新定義傳統科技融入教學的模式，發展出以學生為中心的課程發展旨趣，打破傳統對於課程與教學的想像。此突顯出學生勢必得具備科技輔助學習工具的運用能力，資源與環境亦同時要給予充分支持。然而，「學習在家完成，作業學校討論」這種一般翻轉教室的作法，應用於跨年級教學時就必須注意到：實施跨年級教學的學校多數屬於偏鄉學校，學生多數是偏鄉小校的弱勢學習族群，一來家庭社經條件恐難以提供學生充分使用科技輔助工具的資源與環境，學生難以在家完成數位教材的學習；二來即使募集資源或由學校提供充足設備，也會遭遇學生使用科技設備之能力不足，造成無法完成既定的學習任務。因此，建議如果無法自行回家完成觀看教材的學生，可藉由學校課後提供平板電腦等設備，或者直接使用電腦教室，經由值班教師或家長或義工等陪伴學生操作觀看教材模式，督促學生完成課前學習任務。

### 三、數位化學習歷程紀錄，掌握個別學生學習狀況

　　跨年級教學的另一個問題是，教師在面臨不同年級、不同學習教材進度的學習時，要給予不同的評量掌握學生學習狀態，這亦是一項浩大的工程。然而，經由將資訊科技工具融入跨年級教學的作法，讓學生於課前先行自學數位教材過程中，採用 MOOCs 或 SPOCs 的線上學習模式，能夠更有系統與效率的記錄學生線上學習歷程與成果，後續更可以藉由學生在數位平臺上觀看教材的各種學習歷程數據之紀錄與分析，讓教師能夠快速掌握學生自主學習狀況與學習精熟程度，發揮教育大數據之功能。這樣有系統的紀錄歷程，對於實施翻轉教室融入跨年級教學的模式中是十分有意義的。因為大部分採用跨年級教學的偏鄉學生，學習程度差異程度變得更大，且學生在自主學習歷程中，更需要教師的隨時監督與叮嚀，因此有自動化的資訊科技系統協助教師自動記錄與分析每位學生的學習動態歷程，對於教師即時掌握學生的學習狀況是十分有助益的。而在教師能夠即時掌握每位學生的學習狀態後，才更能因應學生狀態，安排更恰當的課堂教學模式或給予後續的補教教學。雖然跨年級教學並非一定要把資訊科技納入教學輔助工具之用，然而經由資訊科技工具的輔助來連結學生的學習途徑，以此隨時掌握學生的學習進度與狀況，已逐漸成為未來教育模式的趨勢（O'Neil, 2014）。

### 四、課前測驗或提問，掌握學生自學程度

　　為了設計符合個別學生的學習需求，在跨年級教學實施過程中，也相當重視分析學生的先備經驗，以設計合宜的學習目標，且為了掌握不同年級學生於課程中的學習效果，用以調整教學設計，也相當重視形成性評量，並於課程教學過程中，對學生學習做隨堂小測驗或提問，以了解學生學習歷程的狀況；最後，也可再針對不同年級或學習狀況的學生實施不同標準的課後評量，用以觀察與診斷學生的學習狀況，作為改善

教與學效果之依據（張臺隆，2017；黃德祥，2017；Smit & Engeli, 2015）。當採用翻轉教學使學生先行於線上觀看完影片或瀏覽多媒體教材之後，宜先進行評量，用以了解學生的學習吸收情況。然而，除了部分線上學習平臺（如MOOCs或SPOCs等）可以結合線上測驗外，有些平臺系統並未設有測驗功能，或者學生無法連線網路而採用封閉式的多媒體教材學習，則教師可將測驗挪移到課前實施。不論如何，採用翻轉課程教學與在家作業於跨年級教學中，先行讓學生自主學習的方式，最重要的便是要確認學生自主學習的程度與狀況，因而課前測驗在了解學生狀況顯得十分重要。

經由學生觀看完數位教材，做完課前測驗後，教師才能據以檢視學生對於教材的理解情形，找出需要進一步教學的地方，以及個別學生後續的學習需求所在，讓教師在課前教學前就能確知學生的概念思考和應用錯誤之處，進而以此設計後續相對應的教學方法，包含哪些學生可以實施分組合作學習？分組模式應當如何？或者有哪些學生需要同儕的輔導協助？甚至需要教師的個別指導？以引導每位學生於課堂時間都能進行更充實的學習（Kim, 2014）。

除了測驗用以評估學生課前學習的狀況之外，採用學生自行「提問」亦是另一個驗證學生學習情況的好方法，而且經由提問的過程中，也更可以發現學生學習的障礙點。學生事前先行完成課前學習，經過自我思索的深度學習之後，在課堂上所提出的心得和問題，更能反應出學生學習的狀況，這種學習方法比起傳統將課堂時間全用在講授知識或直接教學來得更為有效（Greener, 2015）。在實務上，教師可以依照學生於課前觀看完數位教材後所提出的心得和問題，用以掌握學生吸收狀況，再利用課堂時間回應學生的問題，或強化主要觀點或概念，並把不同年級學生的問題就其相關性進行連結，依照教材內容，進行實施後續的分組合作討論及其他主動學習活動等。

翻轉教室之用意就是讓教師不再是權威的知識灌輸者，而是知識啟

蒙的引導者，讓學生於課前預習，在課堂時間有機會進行合作討論學習，用以激發學生的想法，成為學習過程中的主人（蔡瑞君，2016）。因此，善用學生們的提問，以進行更深度的討論學習是一個很好的策略方法。這過程需要善用網路科技和數位學習平臺，才能讓深度的學習變革成功。學生在家自學教材時，除了單方面就教師提供的教材學習外，也可再利用網路進行資料的搜尋與閱讀，增進對授課內容的知識基礎，以及可以對自己的提問先行尋求解答，到了課堂上，可以再讓學生就問題進行報告、討論、互動，進而引出更深更廣的問題，逐步訓練學生自學、蒐集、閱讀、思考、討論，以及表達「問題」解決的能力。其實，翻轉教室本來就是結合數位科技與師生共學的有利模式，將學習權回歸於學生的主動學習，彌補課堂中傳統講授教學法的不足，再藉由學生於網路自行搜尋資料解答，回答自己的提問問題，以及參與討論、思辨、批判，這除了可以改變課堂中學習沉悶的現象之外，更可以在課堂上增加與學生的互動，活絡不同年級學生相互討論的學習氣氛（郭添財，2015）。當然，在過程中，教師要適度的引導學生們的討論，並著重於學生普遍對教材內容不理解的地方，再進行後續的加強教學。

## 五、依學生學習狀態與特質分組，進行多元化教學

進階的翻轉教室作法，是在課堂的討論時間當中，依學生的學習狀態與特質進行分組學習，例如：葉丙成提出的 BTS 教學法、張輝誠的學思達教學法、王政忠的 MAPS 教學法等（呂冠緯，2015），而這樣進階的分組學習方法或可應用於跨年級教學當中。依據 UNESCO Bangkok（2015）的論點，跨年級教學的重點在於運用多元化的教學策略，而當中的三大教學方法包括了教師直接教學（direct teaching）、小組同儕教導（peer tutor in a small group），以及獨立學習（independent study），當然在同一班級實施跨年級教學時，這三種主要方法有時是混合運用的。在此之前，應就學生先前的數位學習歷程紀錄，以及課前測驗或提問，

分析出學生的學習狀態與特質,並依此選擇最合宜的分組模式,進行後續的多元化教學。此種精神正是跨年級教學實施分組前的重要理念(張臺隆,2017)。

多元化教學策略的選擇與應用,可以視需要從教師中心到學生中心等各種不同的策略,相關的教學策略也可視狀況與需要來交互運用,包括:師生共同之間的團體探究、教師的指導講述(全班教學、教師分組教導、個別教學、分組指導)、同儕彼此之間的互動(討論、同儕教導或分組自學),以及個別學生的獨立學習(陳聖謨、張淑媚,2014;黃德祥,2017)。在可行的情況下,盡可能採用分組合作學習的方式進行。因為合作學習轉變了教師單向的傳統講授教學型態,使學生從被動聽講轉變為主動參與學習探索,並在同儕相互協助的學習互動過程中,透過同儕相互指導學習,使個別差異轉化為有效的教學資源;而且在課堂進行合作學習與相互討論,教師應盡可能營造出良好的討論環境,破除競爭的學習迷思,增強合作學習的環境與機會,促使學生相互教導來學習知識並分享知識,此不但有助於學生自信心的建立,亦可以幫助學生對學習更為專注(高雄市桃源區寶山國民小學,2016;Mihai, 2016)。

分組合作學習有別於過往之全班授課及個別式學習的學習型態,將班級視為具有彈性的學習組織,由教師根據學生特質與教學需求進行彈性分組,將學生進行同質性或異質性分組,透過成員間的互動與合作來促進彼此的學習,而分組內有個別學習、合作分組與獨立學習(徐新逸、江岱潔,2016;Smit & Engeli, 2015)。現行國內的跨年級教學上課模式,其實也可概分為「同質性分組」與「異質性分組」(跨年級教學協作平臺,2015),依照不同科目或學生狀況,教師可採用合宜的分組合作學習方式,實行小組同儕討論與教導,教師則穿插其中視需要再部分進行直接教學指導。在分組過程中,可以依照科目和教師後續所採用的教學方法進行變化。在同質性分組的情況之下,各組進行作業寫作過程時,可以相互觀摩與討論學習,教師可以依照先前每位學生的提問和心

得，讓組內進行更深度的交流學習，教師再從旁協助與引導。

在異質性分組的情況下，則適合高年級或程度較好的學生去帶領低年級或程度較落後的學生，以幫助低年級或程度較落後的學生解決所遭遇之學習問題，並釐清學習不明白的地方，從而提升學習效果；而高年級或程度較好的學生在此過程中，除了提供他們領導表現的機會外，也可以溫故知新，從他人的問題中獲得更深度思考的學習機會，以此加深自身的學習效果。這就是發揮同儕教導的效用，而且如果有需要，可以再規劃與安排跨年級的小老師策略，畢竟教師在同一時間要兼顧到所有學生是有難度的，建立起明確的小老師制度與規則，讓學生知道可以做什麼及運作的制度規範，可讓教師有更多時間去指導各組或滿足個別學生的學習需求（陳聖謨、張淑媚，2014）。

此外，如果遭遇少數無法分組的單一學生，或者因為學生程度或特質獨特而沒有合適的組別可以分配時，則應該讓該生進行獨立學習，教師可就先前該生的學習狀況，學習程度落後者給予直接教學補教，學習程度較佳者則給予更深入的問題與教材學習，甚至鼓勵其進行自我導向學習，讓學生設定自己後續的學習與發展目標及規劃達成的策略。許多研究顯示，當學生能夠為自己所設定的目標而努力，比起教師替其設定的目標會更努力與積極；自我導向學習不僅是採取主動，更意味著學生必須為自己的學習負責，基於自我的主動性與責任完成後續的學習任務（陳聖謨、張淑媚，2014）。

在配合翻轉教室讓學生先行預習教材，並於課堂中讓學生分組學習時，教師實際上已轉變為教練或顧問的角色。比起傳統的跨年級教學，教師可以擁有更多的時間在教室中巡迴與學生個別互動，回應個別學生的需求（Chappell, 2015），對學生的錯誤概念進行導正教學，並給予即時的個別輔導。

## 六、建立自主學習支持系統

　　雖然將翻轉教室融入跨年級教學中可以產生新的教學創新之可能性，不過翻轉教室的教學實際上很依賴學生自發性的學習動機與行為，而且這種教學模式在面對屬於低社經地位或低成就的學生，或者家中資訊科技設備不足者，在執行上是有難度的（吳清山，2014）。偏鄉小校有不少學生往往正是欠缺自主學習的動力，原生家庭因為社經條件較差，家長也多無力提供教師必要性之協助。因此，針對偏鄉學校落實翻轉教室於跨年級教學中，除了教師明確訂立規範，使學生將回家自主學習視為必須完成的回家功課，也著重從各方面提供學生自主學習支持的協助，以逐漸培養學生自主學習的能力。因此可以說，良好的自主學習系統是進階翻轉教室的核心要素與策略方法之一，為了更有效地將翻轉教室應用於跨年級教學，必得加強偏鄉或弱勢家庭的自主學習能力，以實踐翻轉教室的精神。以下提出幾點策略供參酌。

### （一）結合學校或社會資源

　　實施翻轉教室的最大阻力之一便是數位落差的因素，每位學生的家庭條件與環境本就不同，加上偏鄉地區及弱勢家庭的數位資源更加有限，學生在家沒有設備可以觀看教學教材，如此前述相關翻轉教學的策略就難以成功（Chappell, 2015; Mihai, 2016）。為了解決學生的家庭科技設備不足之困擾，教師可以結合學校或社區的資源進行彌補。在學校方面，教師可以利用學校既有的電腦教室或學校教室內的資訊科技設備，讓學生於放學後、下課或其他休息時間，甚至利用既有的空白課程先行觀看預習教材。如果學生無法於在學或放學後的時間學習，教師可以把教學影片或教材移到課堂一開始要求學生先行觀看，接著再實施後續的其他教學活動，以避開課前學習教學教材的數位落差問題；然而這樣的方式，可能會使原有翻轉教室創造充分讓學生討論與寫作業的學習活動時間受

到壓縮，使分組合作學習的效果打了折扣，因此萬不得已要盡可能避免採用這最後的辦法。除了可以依賴學校的資源之外，其實社區內如果有單位可以提供學生資訊設備的學習場域，亦是教師可以尋求協助幫忙的地方。或者也可以尋求各種公益團體的援助、企業的贊助，甚至引入公部門的相關計畫資源，都是可以協助突破學生資源設備不足的問題。

### （二）學習夥伴或輔導員陪伴

誠然偏鄉小校學生另一個最大問題就在於學生本身自主學習的動力不足，當然這需要時間來逐漸培養學生自主學習的習慣。然而，在一開始的階段，如果可以在自行課前預習教材的時候，能夠擁有學習夥伴或輔導員陪伴，則能發揮較好的效果。這在一般實施翻轉教室的過程中，其實多由父母來擔任這個角色。然而，偏鄉地區學生除了家庭設備不足外，父母往往亦因為社經條件不佳或者在外地工作等各種因素，無法配合教師來陪伴學生觀看預習教材。因此，尋求外部的人力資源，提供學生伴讀的學習夥伴角色，或者在過程中可以引導學生克服學習難題的輔導員，都是最好的解決之道。這部分除了尋求公益團體或社區的義工團隊支援外，教育部自 2006 年開始施行「數位學伴計畫」已有十餘年之久，由教育部協同縣市政府教育局（處）、營運中心、夥伴大學及國民中小學／數位機會中心，帶領大學生成為偏鄉地區學生的學伴，引領與陪伴偏鄉學子之學習與成長。這些資源都是教師可以善加利用，以幫助學生找到合適的學習夥伴或輔導員，陪伴學生完成課前學習任務，慢慢養成學生自主學習的能力與習慣。

### （三）建置網路學習社群

另一種可以加強與管控學生在家或課前完成預習任務的方法，就是建置班級的網路學習社群，透過 Facebook、Line 等各種既有的軟體來建置，讓教師與學生的教學關係數位化，以延伸教師對學生回家後的學習

叮嚀。同時，也可藉由社群的運作，要求學生定期回報是否完成觀看教材並提供簡單的心得，當遲遲尚未完成預習任務的學生發現其他學生都已完成任務並寫下心得之時，無形中會變成一種督促盡快完成的動力，這種逐漸由同儕相互激勵所形塑的自主學習氛圍，可以幫助教師即時確認每位學生的自主學習狀況外，也能讓學生之間彼此勉勵加油，幫助學生逐漸建立起自動自發的預習習性。

### （四）獎勵制度

在面對偏鄉小學的學生，單純的數位學習新鮮感難以長期保持其學習興趣，若經由獎勵制度的設計，可以提高學生的自主學習動機，以及互相討論的合作學習精神。而且設計適當的獎勵機制，可以刺激學生學習的欲望，當學生完成教師交待的預習任務或課堂作業時，能夠獲得一定的獎勵積分。而當可以去教導或協助其他低年級或學習落後學生解決學習難題的時候，亦能給予適當的積分，讓學生除了擁有學習成就的優越感與榮譽感外，亦能從獎勵制度中獲得實質上的獎勵品或表揚。從獎勵制度的落實，以協助學生自主學習行為的建立，同時也可藉由制度來協助各項教學活動過程的順利推行，並提振學生的參與意願與動機。

## 肆、結語

翻轉教室傳入國內後，因應不同環境與學生狀態，逐漸發展出更多元的創新教學模式。現今的翻轉教室已不再只是在家看影片、在校做作業的單純固定模式，而是應該就所面臨的實際情況與遭遇問題思考變通之道，才能發揮「翻轉」的真正涵義與價值。其實目前就偏鄉的情況，不管要實踐翻轉教室或跨年級教學的作法，都已有其困難，更何況要完全落實翻轉教室融入跨年級教學之中。不過，國內的翻轉教學在近年已逐漸成熟的氛圍之下，教師能夠在自身資源與能力範圍之內，一點一滴

的慢慢嘗試與改變，則終有開花結果的一日。況且，**翻轉教室**並非只適合教育資源與人力充沛的都會地區與學生；反之，它的起源本就是為了更有利於幫助偏鄉地區的學生。雖然偏鄉小校面臨學生人數急速縮減，但其實危機就是轉機，小校實則因為組織規模小，反而比傳統大校可以更快、更有效率地實行翻轉教室與跨年級教學。在此過程中，實際也很仰賴政府單位可以培養更多**翻轉**種子教師，不論就現行舉辦的相關研習或工作坊，甚至從公費生制度著手，建立起具有**翻轉**與跨年級教學能力的偏鄉師資制度，讓偏鄉未來實行翻轉教室或跨年級教學時，有更多教師人力儲備資源。再者，偏鄉人力資源不足問題，亦可考量與鄰近大學建立起夥伴合作關係，讓大學的資源與師生更加有系統的進行偏鄉學校創新教學的落實。最後，為解決教師實行跨年級教學所要負擔的龐大備課壓力，發展更完善的數位學習共享資源平臺，讓教師能夠獲得更多且便利的數位資源，這也是促成**翻轉**教室與跨年級教學的成功要件。

# ● 參 考 文 獻 ●

中文部分

Eastern Chen（2015）。透過教育的衝擊發展自己的體系。取自 https://flipedu.parenting.com.tw/article/1268

丘愛鈴（2015）。成就每一個學生差異化教理念與教學策略。載於高等教育（主編），**差異化教學**（頁 163-186）。臺北市：高等教育。

吳清山（2014）。翻轉課堂。**教育研究月刊，238**，135-136。

呂冠緯（2015）。跨越翻轉教學的鴻溝。**教育脈動，1**，65-75。

林柏寬（2016）。**偏鄉混齡教學，見樹不見林！**。取自 http://www.thinkingtaiwan.com/content/5353

施信源、顏美雯（2015）。MOOCs 融入數學科翻轉教學模式。**教育脈動，1**。取自 http://pulse.naer.edu.tw/Home/Content/cac5fc13-71ae-46c7-9c3c-9f054d6dd716

洪儷瑜（2015）。**國民小學實施跨年級教學方案試辦計畫**。取自 http://link.ruraledu.tw/project_detail.php?id=A3

徐新逸、江岱潔（2016）。中小學教師在職教育實施翻轉教室之成效評估。**教育研究月刊，261**，46-66。

郝永崴（2016）。高中學生於英語科「翻轉教室」學習準備度之調查研究。**教育研究月刊，261**，67-81。

高雄市政府教育局（2016）。**105 學年度高雄市國民小學混齡（跨年級）教學實務研習實施計畫**。取自 http://www2.lhps.kh.edu.tw/lhps/index.php?option=com_attachments&task=download&id=4195

高雄市桃源區寶山國民小學（2016）。**105 學年度高雄市國民小學混齡（跨年級）教學知能培訓實施計畫**。取自 http://www.hzp.ks.edu.tw/ezfiles/0/1000/attach/81/pta_4936_3016027_32008.pdf

張臺隆（2017）。偏鄉學校推動跨年級教學的省思。**臺灣教育評論月刊，**

**6**（1），177-182。

郭俊呈、侯雅雯（2017）。翻轉教室觀點融入偏鄉教育之省思。**師資培育與教師專業發展期刊**，**10**（1），33-48。

郭添財（2015）。科技整合、翻轉學習。**臺灣教育**，**695**，39-42。

陳聖謨（2015，11月）。**偏鄉迷你小學推展混齡教學的理路與出路**。發表於2015年海峽兩岸中小學教師教育與課程改革學術研討會。嘉義縣：國立嘉義大學。

陳聖謨、張淑媚（2014）。**多年級教室（multi-grade）的師資專業增能與課程發展協作：偏鄉小校教學創新模式之建構**。取自 https://sites.google.com/site/ncyueducatin01800/

程瑋翔（2015）。**翻轉教學：10個老師的跨學科翻轉手記，讓學習深化、學生更好奇**。取自 https://flipedu.parenting.com.tw/article/1341

黃政傑（2016）。落實翻轉教室的核心理念。**教育研究月刊**，**261**，5-17。

黃德祥（2017）。學校型態「多年級」與「混年齡」班級教學模式之發展與實施。**教育研究月刊**，**277**，60-78。

葉丙成（2013）。**翻轉教室與MOOCs**。取自 https://www.youtube.com/watch? v=VNQ6-YjmxcM

跨年級教學協作平臺（2015）。**跨年級教學介紹影片**。取自 https://www.youtube.com/watch?v=pTaV0Ex4VnQ&t=163s

廖雲章（2014）。鄭漢文：老師說得少，孩子開始思考。**親子天下專特刊**，**26**。取自 https://www.parenting.com.tw/

臺北駐大阪經濟文化辦事處福岡分處派駐人員（2013）。日本佐賀縣武雄市國中小實施「反轉教學」。**國際教育訊息電子報**，**45**。取自 http://fepaper.naer.edu.tw/index.php?edm_no=45&content_no=2412

劉君毅（2012，4月）。差異化教學與學生學習。**國家教育研究院電子報**，**38**。取自 http://epaper.naer.edu.tw/index.php?edm_no=38&con-

tent_no=1011

劉怡甫（2014）。從 anti-MOOC 風潮談 MOOCs 轉型與 SPOCs 擅場。評鑑雙月刊，**48**，36-41。

蔡瑞君（2016）。不轉不行？從一個平凡小學教室之「**翻轉教室**」經驗省思科技翻轉教育的意義。**教育研究月刊，261**，82-99。

駐波士頓辦事處教育組（2016）。協助大型課堂教學，美大學採用新方式。國際教育訊息電子報，**116**。取自 http://fepaper.naer.edu.tw/index.php?edm_no=116&content_no=5979

親子天下（2016）。**認識翻轉教育**。取自 https://flipedu.parenting.com.tw

## 英文部分

Acedo, M. (2013). *10 pros and cons of a flipped classroom*. Retrieved from http://www.teachthought.com/learning/10-pros-cons-flipped-classroom/

Anderson, N. (2013). *Flipping the classroom is in vogue*. Retrieved from http://www.washingtonpost.com/local/education/more-classroom-flipping-in-colleges/2013/03/11/0c425758-8a7f-11e2-98d9-3012c1cd8d1e_story.html

Bergmann, J., & Sams, A. (2012). *Flip your classroom: Reach every student in every class every day*. Washington, DC: International Society for Technology in Education.

Broome, J. L. (2016). The art teacher and multi-age homeroom teachers: Qualitative observational and comparisons. *International Journal of Education & the Arts, 17*, 1-25.

Chappell, M. (2015). *Pros and cons of teaching a flipped classroom*. Retrieved from https://blog.versal.com/2015/06/10/pros-and-cons-of-teaching-a-flipped-classroom/

Cotton K. (2002). *Nongraded primary education*. Retrieved from http://educationnorthwest.org/sites/default/files/NongradedPrimaryEducation.pdf

EDUCAUSE. (2012). *7 things you should know about flipped classrooms*. Retrieved from https://net.educause.edu/ir/library/pdf/eli7081.pdf

Greener, S. (2015). Flipped or blended? What's the difference and does it make a difference to learning in HE? *Educational Technology Research and Development, 61*(4), 563-580.

Honeycutt, B. (2013). *The flipped approach to a learner-centered class*. Retrieved from https://www.magnapubs.com/publications/the-flipped-approach-to-a-learner-centered-class-3098-1.html

Information Resources Management Association. (2017). *Blended learning: Concepts, methodologies, tools, and applications*. Hershey, PA: Author.

Kim, J. (2014). *6 myths of the flipped classroom*. Retrieved from https://www.insidehighered.com/blogs/technology-and-learning/6-myths-flipped-classroom

McCoy, L. (2015). *Pros and cons of flipped classrooms*. Retrieved from http://www.teachhub.com/pros-and-cons-flipped-classroom

Mihai, L. (2016). *8 flipped classroom benefits for students and teachers*. Retrieved from https://elearningindustry.com/8-flipped-classroom-benefits-students-teachers

Mullgardt, B. ( 2008). *Introducing and using the discussion (AKA, Harkness) table*. Retrieved from http://www.nais.org/Magazines-Newsletters/ITMagazine/Pages/Introducing-and-Using-the-Discussion-(AKA-Harkness)-Table.aspx

Norton, P., & Hathaway, D. (2008). On its way to k-12 classrooms: WEB 2.0 goes to graduate school. *Computers in the Schools, 25*(3-4), 163-180.

November, A., & Mull, B. (2012). *Flipped learning: A response to five common criticisms*. Retrieved from http://novemberlearning.com/educational-resources-for-educators/teaching-and-learning-articles/flipped-learning-a-response-to-five-common-criticisms-article/

O'Neil, M. (2014, January 6). *What 5 tech experts expect in 2014 The Chronicle of Higher Education.* Retrieved from http://chronicle.com/article/What-5-Tech-Experts-Expect-in/143829/

Pappas, P. (2012). *The flipped classroom: Getting started.* Retrieved from https://www.slideshare.net/peterpappas/the-flipped-classroom-getting-started

Pardini, P. (2005). The slowdown of the multiage classroom: What was once a popular approach has fallen victim to NCLB demands for grade-level testing. *School Administrator, 62*(3), 22.

Pierce, R., & Fox, J. (2012). Vodcasts and active-learning exercises in a flipped classroom model of a renal pharmacotherapy module. *American Journal of Pharmaceutical Education, 76*(10), 196.

Raths, D. (2013). *9 video tips for a better flipped classroom.* Retrieved from https://thejournal.com/articles/2013/11/18/9-video-tips-for-a-better-flipped-classroom.aspx

Smit, R., & Engeli, E. (2015). An empirical model of mixed-age teaching. *International Journal of Educational Research, 74*, 136-145.

Smit, R., Hyry-Beihammer, E. K., & Raggl, A. (2015). Teaching and learning in small, rural schools in four European countries: Introduction and synthesis of mixed/multi-age approaches. *International Journal of Educational Research, 74*, 97-103.

Stansbury, M. (2013). *Does research support flipped learning?* Retrieved from https://www.eschoolnews.com/2013/07/30/does-research-support-flipped-learning/?ps=197728-0013000000j10kl-0033000000qi6cz

Tomlinson, C. A. (2004). *How to differentiate instruction in mixed ability clas-*

*srooms* (2nd ed.). Alexandria, VA: Association for Supervision and Curriculum Development.

Tucker, B. (2012). The flipped classroom. *Education Next, 12*(1), 82-83.

UNESCO Bangkok. (2015). *Practical tips for teaching multigrade classes*. Paris, France: United Nations Educational, Scientific and Cultural Organization.

Yarbro, J., Arfstrom, K. M., McKnight, K., & McKnight, P. (2014). *Extension of a review of flipped learning*. Retrieved from http://flippedlearning.org/wp-content/uploads/2016/07/Extension-of-FLipped-Learning-LIt-Review-June-2014.pdf

Yonatan, R. (2015). *10 communication technology trends shaping education*. Retrieved from https://www.bizjournals.com/bizjournals/how-to/growth-strategies/2015/08/10-technology-trends-shaping-education.html

# 第二部分

# 他山之石

# 9

# 淺談日本複式學級

蕭莉雯[1]

　　「跨年級班級」一詞在日本有其專有名稱──「複式學級」，亦即將兩個年段的學生編在同一個班級。在日本，複式學級的出現與偏鄉教育有著密不可分的關係，其主因在於偏鄉少子化及人口快速減少，使得偏鄉各級學校朝向複式學級的編制進行。因此，想要了解日本複式學級的全貌，就得先從日本的偏鄉教育發展之歷史脈絡切入。

## 壹、複式學級的發展歷史

　　在二次大戰之後，日本全面掀起一股教育改革風潮，偏鄉教育也在改革的其中一環。由於北海道是日本單一面積最大的島嶼，因其地形與氣候因素，島上人口的分布相當不均，也因此中小學校的規模與班數在法規上受到相當大的限制。為了因應學校經營的困境，當時的文部省（現改稱文部科學省，類似國內的教育部），在昭和 24 年（1949）發布《小型學校經營手冊》，讓偏鄉學校在運作上有所依據。昭和 27 年（1952）以北海道為首，成立「全國偏地教育研究連盟」（以下簡稱全偏連），當時全國有超過 2,000 名教師參加，教師們希望藉由偏鄉教育的研究，讓

---

1 國立臺灣師範大學特殊教育學系博士班學生。

地處偏鄉的學生仍有教育機會均等的權利，也因當時的偏鄉教育資源過度缺乏，在全偏連的驅動下，積極鼓吹文部省制定相關法案，以維護偏鄉教育的各項權利。昭和 29 年（1954），日本終於頒布《偏鄉教育振興法》（へき地教育振興法），根據本法第 2 條，開宗明義說明「偏鄉學校」的定義，是指位於交通、自然、經濟與文化等諸多不利條件的山區與離島等公立中、小學，並從法制上明確地將位在山區與離島的學校分為 1～5 級的基準之外，亦將特定地區指定為「半偏遠學校」，而各項教育經費補助也是依據這些分級基準進行配置。另外，針對偏鄉教育的硬體設施、教師編制與教學指導方針亦有法定的規範，目的在於確保偏鄉的教育水準（文部科學省，1958；生井武久，1969）。

隨後在昭和 33 年（1958），文部省又發布《公立義務教育學校學級編制及教職員額標準相關法律》，明確規定各類型的班級學生人數，包括：中小學班級人數、特殊學校班級人數，以及複式學級的班級人數，因此本法在法律上正式成為複式學級設立的法源依據（文部科學省，1981；溝口謙三，1959）。隨著出生人數的變化與因應財政分配，文部省先後於昭和 38 年（1963）、昭和 55 年（1980）、平成 5 年（1993）與平成 23 年（2011）調整班級人數的規定，平成 23 年修訂相關編制標準後，其中第 3 條關於複式學級的編制，內容提及：「若義務教育階段的學生明顯偏少，則可將多個年級的學生編制在同一班級。在小學，若兩個學年學生人數在 16 人以下，則編成 1 班；在包含一年級學生的情形時，學生人數在 8 人以下則可編成 1 班，中學則是兩個學年的學生人數在 8 人以下編成 1 班。」而第 4 條則是補述說明全國各都道府縣的教育委員會在本法的規定基準下，可依各校的實際狀況進行班級學生人數的調整（文部科學省，2011，2017a），由此可知本法從政策上給予各都道府縣在因應學生人數的變動上充分的彈性。

平成 20 年（2008），文部科學省因應現代化與各項公共建設的發展，修訂《偏鄉教育振興法》，並調整偏鄉學校的分級基準，條文內容

依據偏鄉學校到車站、公車站、大型醫院、小型醫院、診所、高中、郵局、教育局、縣市政府、市中心、市場與金融機構的最短距離，以及各類交通工具的行駛條件作為偏鄉學校的分級基準點數。其中，1級偏鄉學校為45～79點；2級偏鄉學校為80～119點；3級偏鄉學校為120～159點；4級偏鄉學校為160～199點；5級偏鄉學校為200點以上，詳細基準如本章附錄所示，而部分特定地區則可依照各都道府縣的基準指定為「半偏遠學校」（文部科學省，2008）。

同年，文部科學省公布「2008年度學校基本調查」，偏鄉學校最多的縣市分別為北海道（650校）、鹿兒島（290校）、長崎（133校）、新瀉（126校）、岩手（124校）、高知（123校）、沖繩（102校），由此可知偏鄉學校多位居離島，且當時全國小學的複式學級有6,198班，中學的複式學級有207班；然而，從文部科學省後來公布「2016年度學校基本調查」可知，偏鄉學校仍是以離島居多，分別為北海道（394校）、鹿兒島（214校）、長崎（92校）、沖繩（85校）、岩手（78校）、新瀉（77校）、高知（69校），其中小學的複式學級有4,748班，中學的複式學級有925班。相較於2008年的調查結果，複式學級在小學部分呈現明顯下降的趨勢，主因在於多數偏鄉學校朝向廢校或是多數學校以共同整併的方向進行，以均衡地方財政的負擔；在中學部分則出現約4.5倍的成長，顯示偏鄉學校的共同整併情形已逐漸在中學階段顯現出來（文部科學省，2017b）。

## 貳、複式學級的教學模式

昭和28年（1953），文部省首度發行《複式學級的學習指導手冊》，手冊內容類似複式學級的教學指引。由於當時針對複式學級所進行的教育研究，在專業術語使用上尚未一致，以致各地教師莫衷一是，於是全偏連在昭和55年（1980）發行《偏鄉、複式教育用語集》，並沿

用至今，使得全國各地現行的複式教育有了共同的溝通語言（天內純一，2011）。

　　根據複式學級編制基準，目前日本的複式學級僅有兩個年段，而複式學級的學習指導內容，除了必須符合學習指導要領（類似國內的課程綱要）規定之外，同時亦需符合當地現有資源與學生的學習需求，因此日本各地的教育委員會針對其督導的偏鄉地區，皆編製偏鄉教育之複式學級教學手冊，提供教師進行參考。複式教育發展至今，綜合現今日本各都道府縣發布的複式學級教學手冊，其教學指導型態大致可區分為：異學年教學、同單元教學與共同教學三類，其教學型態所適用的科目仍有所區分，但仍需符合各校學生需求為主以進行調整，內容簡述如表 9-1 所示。異學年教學在複式學級中最常見，主要應用在主科教學較多；同單元教學為學校針對全校學生的學習程度設計符合的課程計畫方案，各學校必須審慎思考：何種教學計畫對於學生最有利、教學計畫是否能完整銜接每年度的教學、每一個階段的教學目標是否能達到聚焦與充實的目的等；共同教學則為全校性的教學活動，採教師間協同教學方式進行，利用異質分組方式，使不同年級的學生皆能有效達成教學目標。近年來，因應複式學級的增加，許多學校開始進行交流學習，與鄰近的學校或其他地區的學校結盟為姐妹校共同設計課程，以擴展學生的學習範圍與機會（北海道教育委員會，2012；宮崎県教育委員會，2011；鹿兒島県教育委員會，2016；藤岡秀樹，2010）。

　　依據上述的複式學級教學型態，在教學現場上延伸出許多共同的教學模式（北海道教育委員會，2012；宮崎県教育委員會，2011；鹿兒島県教育委員會，2016；藤岡秀樹，2010），分別簡述如下。

## 一、直接教學與間接教學

　　所謂直接教學是指針對學生直接進行教學；間接教學是指讓學生在課堂內獨立完成教師所給予的練習。然而，在複式學級的教學過程中，

表 9-1　複式學級的各教學型態內容

| 教學型態 | | 課程內容與說明 | 適用科目 |
|---|---|---|---|
| 異學年教學 | 一年期教學計畫 | • 針對兩個學年進行不同科目教學<br>• 針對相同科目不同單元進行教學 | 國語科<br>數學科 |
| 同單元教學 | 一本案<br>（一年期教學計畫） | • 相同單元，但是分上下學期完成教學目標 | 數學科 |
| | 二本案<br>（兩年期教學計畫） | • 相同的教學內容與教學目標，平均分配在兩年完成 | 社會科<br>自然科 |
| | 完全一本案<br>（一年期教學計畫） | • 整合並精選兩個學年的教學內容，在一年內完成教 | 音樂科 |
| | 折衷案<br>（兩年期教學計畫） | • 採用一本案與二本案的要素，並整合重要的或理解較難的教學內容 | 自然科 |
| 共同教學 | • 採跨學年或全校性的共同學習型 | | 體育科<br>音樂科 |

為了使直接教學與間接教學能產生更高的學習效率，因而發展出小組長教學模式，如圖 9-1 所示，教師通常會事先指定小組長並針對當節的教學內容進行指導後，接著由小組長對 A 學年學生進行直接教學，教師則針對 B 學年學生進行直接教學，席間教師會分別再針對小組長與 A 學年學生進行間接教學。簡言之，間接教學類似同儕教學法。另外，教師針對 B 學年學生進行直接教學時，必須要留意直接教學時間盡可能設定在不超過半節課為主，因為教師仍需保留部分時間進行間接教學。此外，整堂課程的直接教學與間接教學之輪替並不只侷限一次，可隨時針對學生的學習狀況進行教學輪替。

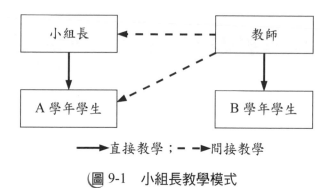

直接教學；- - ▶間接教學

（圖 9-1　小組長教學模式

## 二、教師移動

　　教師移動模式是在直接教學及間接教學的組合下，教師在小組教學中進行移動。以圖 9-2 為例，教師在教學之前先共同進行 10 分鐘的直接教學，隨後針對當節課的教學內容與目標，以教師移動的方式個別針對學生 1、學生 3 與學生 5 進行直接教學，期間再以教師移動方式個別針對學生 2、學生 4 與學生 6 進行間接教學。教師移動模式相當具有彈性，可隨時因應教學現場狀況進行調整。

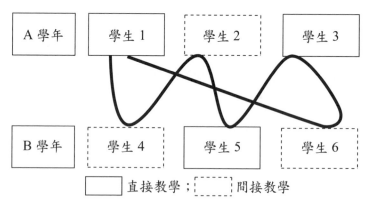

直接教學；間接教學

（圖 9-2　教師移動模式

### 三、交錯教學

在複式學級中，教師無法同時進行新單元的教學，因此通常會藉由交錯教學模式以進行有效率的教學，其目的是為了充實直接教學及間接教學的教學內容。交錯教學通常以四種學習歷程來區分，分別為 I 單元的掌握（直接教學）；II 單元的練習（間接教學）；III 單元的基礎概念確立（直接教學）；IV 單元的應用（間接教學）。以圖 9-3 為例，教師會事先區分每位學生在當節所需要的學習歷程，接著透過教師移動的方式，分別針對個別學生進行指導，學生 1 與學生 5 在當節課是需要進行單元的掌握，而學生 3 是需要進行單元的基礎概念確立，因此教師會分別針對這 3 位學生進行直接教學，其餘則是進行間接教學。

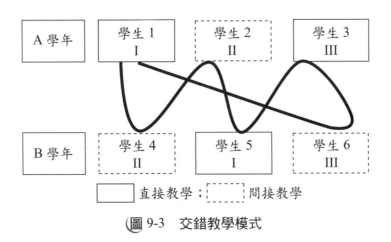

圖 9-3　交錯教學模式

上述這些教學模式在整個複式學級中是相互交替使用的，教師除了對於課程設計與教學流程必須要有充分的準備之外，更需清楚了解學生間的能力差異，如此才能使教學進行的流暢及有效率。

## 參、複式學級運作模式

　　文部科學省制定一系列的法條，從校務評鑑、課程綱要、課程設計、學生學習評鑑等部分，規範具有複式學級學校的整體經營方針，加上全偏連長期針對偏鄉教育與複式學級進行研究，從偏鄉地域性、學校小規模性與多樣化教學型態三項特點，分析偏鄉學校具有其教學上的優劣勢（全国へき地教育研究連盟，1985），說明如表 9-2 所示，而如何使學校成功經營複式學級，對於各都道府縣的教育委員會是一個很大的挑戰，因此教育委員會有權責監督其管轄內的偏鄉學校之各項教育措施，以確保各地學校在有效經營下，能充分保障學生的教育權。

表 9-2　偏鄉學校的優劣勢

| | 優勢 | 劣勢 |
|---|---|---|
| 偏鄉地域性 | · 自然環境豐富<br>· 具有文化與傳統 | · 在受限的環境中，與他人互動有限 |
| 學校小規模性 | · 學校經營調整機動性高<br>· 有效掌握學生的個別學習成效 | · 學生人數少，與他人深交的互動較難獲得<br>· 課程中較難出現熱烈的討論 |
| 多樣化教學型態 | · 多樣化的體驗式學習<br>· 間接指導能促進學生獨立學習 | · 直接指導的時間較少<br>· 教師在教學上較難有深入指導 |

　　以下就宮崎縣的複式學級指導資料部分內容為例（宮崎県教育委員會，2011），說明複式學級的具體運作模式。

## 一、學校經營計畫的提出

具有複式學級的學校需向教育委員會提出整體學校經營計畫，其內容必須包含：（1）學校教育目標與學年教育目標，並擴展至複式學級的經營模式；（2）從偏鄉地域性、學校小規模性、多樣化教學型態三項特點分析學校的優劣勢；（3）複式學級的經營內容包括各科課程計畫、保健安全、環境設備、家庭與社區的結合；（4）各科教師工作分配；（5）期中、期末的檢討與評鑑。

## 二、教學型態的確認

全校教師除針對各年級學生共同決定導師與各科教師的擔任工作之外，並確認教學的科目以及當年度的交流學習課程之教學型態，以表9-3為例。此外，學校亦需根據學生及班級的編制，確認異學年教學與同單元教學的課程計畫採取方案。

表9-3　各學年及各科教學型態

| 教科等 | 1 年 | 2 年 | 3 年 | 4 年 | 5 年 | 6 年 |
|---|---|---|---|---|---|---|
| 学級編成 | 単式学級 | 複式学級 | | 複式学級 | | 単式学級 |
| 国　語 | 学級単独 | 複式指導 | | 複式指導 | | 学級単独 |
| 書　写 | 合同学習（1 年 学担） | 合同学習（4・5年 学担） | | 合同学習（6年 学担） | | |
| 社　会 | | | 合同学習（2・3年 学担） | | 学級単独 | 学級単独 |
| 算　数 | 学級単独 | 複式指導 | | 複式指導 | | 学級単独 |
| 理　科 | | | 学級単独 | | 複式指導 | 学級単独 |
| 生　活 | 合同学習（1 年 学担） | | | | | |
| 音　楽 | 合同学習（1 年 学担） | 合同学習（2・3年 学担） | | 合同学習（4・5年 学担） | | |
| 図　工 | 合同学習（1 年 学担） | 合同学習（2・3年 学担） | | 合同学習（6年 学担） | | |
| 家　庭 | | | | | 合同学習（6年 学担） | |
| 体　育 | 学級単独 | 複式指導 | | 複式指導 | | 学級単独 |

資料來源：宮崎県教育委員會（2011，頁43）

## 三、課程計畫編定原則

首先，課程計畫內容必須符合課程綱要相關法規，再根據學校特色增加相關特色課程；其次，需將地區的現狀、歷史、文化、學校生態與學生特質納入考量，充分掌握學生發展的差異性；接著，確保課程總時數、週數與上課時間符合法規之外，可依據學校活動進行彈性分配，表9-4 為《學校教育法施行細則》第 51 條之「國小各年級上課總時數與各類科及學校活動授課時數標準」，全國各都道府縣的教育委員會需依規定，制定複試學級的授課時間。

表 9-4　國小各年級上課總時數與各類科及學校活動授課時數標準

| 區　　分 | | 第1学年 | 第2学年 | 第3学年 | 第4学年 | 第5学年 | 第6学年 |
|---|---|---|---|---|---|---|---|
| 各教科の授業時數 | 国　語 | 306 | 315 | 245 | 245 | 175 | 175 |
| | 社　会 | | | 70 | 90 | 100 | 105 |
| | 算　数 | 136 | 175 | 175 | 175 | 175 | 175 |
| | 理　科 | | | 90 | 105 | 105 | 105 |
| | 生　活 | 102 | 105 | | | | |
| | 音　楽 | 68 | 70 | 60 | 60 | 50 | 50 |
| | 図画工作 | 68 | 70 | 60 | 60 | 50 | 50 |
| | 家　庭 | | | | | 60 | 55 |
| | 体　育 | 102 | 105 | 105 | 105 | 90 | 90 |
| 道 徳 の 授 業 時 數 | | 34 | 35 | 35 | 35 | 35 | 35 |
| 外国語活動の授業時數 | | | | | | 35 | 35 |
| 総合的な学習の時間の授業時數 | | | | 70 | 70 | 70 | 70 |
| 特別活動の授業時數 | | 34 | 35 | 35 | 35 | 35 | 35 |
| 総 授 業 時 數 | | 850 | 910 | 945 | 980 | 980 | 980 |

資料來源：宮崎縣教育委員會（2011，頁17）

　　由於各校複式學級的教學型態內容有所差異，以平成 23 年（2011）為例，宮崎縣教育委員會根據整年度的上課總日數與放假日數，計算出當年度的總上課時數，扣除規定的各科授課時數後，以異學年教學型態（如表 9-5 所示）與二本案教學計畫教學型態（如表 9-6 所示）為例，提出複式學級各學年授課時數規定，提供各校依此標準進行授課時間的規劃與調整。

## 四、教學方案

　　各校需詳盡寫出各科的教學方案，內容包括單元名稱、教學目標，以及教學流程，並清楚說明採用的教學模式，以表 9-7 為例。

表 9-5　異學年教學型態之各學年與各類科授課時數分配

&lt;平成２３年度用&gt;

| 学　　　年 | 1年 | 2年 | 3年 | 4年 | 5年 | 6年 |
|---|---|---|---|---|---|---|
| 年間総日数 | 366 | 366 | 366 | 366 | 366 | 366 |
| 祝日（国民の休日を含む） | 15 | 15 | 15 | 15 | 15 | 15 |
| 振替休日 | 1 | 1 | 1 | 1 | 1 | 1 |
| 土曜日・日曜日 | 103 | 103 | 103 | 103 | 103 | 103 |
| 長期休業日 | 44 | 41 | 41 | 41 | 41 | 42 |
| 年間総授業日数 | 203 | 206 | 206 | 206 | 206 | 205 |
| 年間総授業週数 | 40週3日 | 41週1日 | 41週1日 | 41週1日 | 41週1日 | 41週0日 |
| 週授業時数 | 24 | 25 | 27 | 28 | 29 | 29 |
| （a）年間総授業時数 | 974 | 1030 | 1106 | 1154 | 1194 | 1188 |
| 教科　国　語 | 306 | 315 | 245 | 245 | 175 | 175 |
| 社　会 | | | 70 | 90 | 100 | 105 |
| 算　数 | 136 | 175 | 175 | 175 | 175 | 175 |
| 理　科 | | | 90 | 105 | 105 | 105 |
| 生　活 | 102 | 105 | | | | |
| 音　楽 | 68 | 70 | 60 | 60 | 50 | 50 |
| 図画工作 | 68 | 70 | 60 | 60 | 50 | 50 |
| 家　庭 | | | | | 60 | 55 |
| 体　育 | 102 | 105 | 105 | 105 | 90 | 90 |
| ①教科の計 | 782 | 840 | 805 | 840 | 805 | 805 |
| ②道　徳 | 34 | 35 | 35 | 35 | 35 | 35 |
| ③外国語活動 | | | | | 35 | 35 |
| ④総合的な学習の時間 | | | 70 | 70 | 70 | 70 |
| 特別活動　学級活動 | 34 | 35 | 35 | 35 | 35 | 35 |
| 児童会活動 | 4 | 4 | 19 | 19 | 19 | 17 |
| クラブ活動 | | | 16 | 16 | 16 | 16 |
| 学校行事 | 43 | 45 | 45 | 45 | 60 | 59 |
| ⑤特別活動の計 | 81 | 84 | 115 | 115 | 130 | 127 |
| ①＋②＋③＋④＋⑤ | 897 | 959 | 1025 | 1060 | 1075 | 1072 |
| ⑥学校の行事（計画・未計画） | 28 | 27 | 32 | 57 | 71 | 69 |
| （b）①＋・・・＋⑥ | 925 | 986 | 1057 | 1117 | 1146 | 1141 |
| （a）－（b）＝予備時数 | 49 | 44 | 49 | 37 | 48 | 47 |

註：學級活動、兒童會（類似國內的學生會組織）、クラブ活動（國內社團活動）、學校行事（類似校內、校外的交流活動），為日本文部科學省在特別活動中所規定的課程，目的是希望藉由跨學年與社區的交流，增進個體人際互動與獨立自主能力。由於這類活動以四年級以上學生為主，表中灰色的授課節數，宮崎縣教育委員會則規劃由三年級開始增加此類課程節數。

資料來源：宮崎縣教育委員會（2011，頁 19）

表 9-6　二本案教學計畫教學型態之各學年與各類科授課時數分配

＜平成２３年度用＞

| 学　　　年 | 1年 | 2年 | 3年 | 4年 | 5年 | 6年 |
|---|---|---|---|---|---|---|
| 年間総日数 | 366 | 366 | 366 | 366 | 366 | 366 |
| 祝日（国民の休日を含む） | 15 | 15 | 15 | 15 | 15 | 15 |
| 振替休日 | 1 | 1 | 1 | 1 | 1 | 1 |
| 土曜日・日曜日 | 103 | 103 | 103 | 103 | 103 | 103 |
| 長期休業日 | 44 | 41 | 41 | 41 | 41 | 42 |
| 年間総授業日数 | 203 | 206 | 206 | 206 | 206 | 205 |
| 年間総授業週数 | 40週3日 | 41週1日 | 41週1日 | 41週1日 | 41週1日 | 41週0日 |
| 週授業時数 | 24 | 25 | 27 | 27 | 29 | 29 |
| （a）年間総授業時数 | 974 | 1030 | 1106 | 1106 | 1194 | 1188 |
| 教　科　国　語 | 306 | 315 | 245 | 245 | 175 | 175 |
| 社　会 | | | 80 | 80 | 105 | 105 |
| 算　数 | 136 | 175 | 175 | 175 | 175 | 175 |
| 理　科 | | | 98 | 98 | 105 | 105 |
| 生　活 | 102 | 105 | | | | |
| 音　楽 | 68 | 70 | 60 | 60 | 50 | 50 |
| 図画工作 | 68 | 70 | 60 | 60 | 50 | 50 |
| 家　庭 | | | | | 60 | 60 |
| 体　育 | 102 | 105 | 105 | 105 | 90 | 90 |
| ①教科の計 | 782 | 840 | 823 | 823 | 810 | 810 |
| ②道　徳 | 34 | 35 | 35 | 35 | 35 | 35 |
| ③外国語活動 | | | | | 35 | 35 |
| ④総合的な学習の時間 | | | 70 | 70 | 70 | 70 |
| 特別活動　学級活動 | 34 | 35 | 35 | 35 | 35 | 35 |
| 児童会活動 | 4 | 4 | 19 | 19 | 19 | 17 |
| クラブ活動 | | | 16 | 16 | 16 | 16 |
| 学校行事 | 43 | 45 | 45 | 45 | 60 | 59 |
| ⑤特別活動の計 | 81 | 84 | 115 | 115 | 130 | 127 |
| ①+②+③+④+⑤ | 897 | 959 | 1043 | 1043 | 1080 | 1077 |
| ⑥学校の行事（計画・未計画） | 28 | 27 | 32 | 32 | 71 | 69 |
| （b）①+・・・+⑥ | 925 | 986 | 1075 | 1075 | 1151 | 1146 |
| （a）−（b）＝予備時数 | 49 | 44 | 31 | 31 | 43 | 42 |

註：表中灰色的授課節數是指：（1）增加五年級社會科與六年級家庭科的授課時數；
　　（2）特別活動授課節數由三年級開始增加授課時數；（3）因三、四年級的社會科
　　與理科是採用二本案的教學計畫，為了確保兩年的授課必要時數，三年級理科（90
　　小時／年）、四年級理科（105 小時／年），進行將兩年度的授課時數平均分配，因
　　此調整成三、四年級的理科授課時數為 98 小時／年。社會科亦同此算法。

資料來源：宮崎縣教育委員會（2011，頁 20）

（表 9-7　異學年數學科教學方案（三、四年級）

【例：第3・4学年　算数科　学習指導案（学年別指導）】

第3・4学年算数科学習指導案

《本時の目標　第3学年　単元名「2けたをかけるかけ算の筆算」

○　（2位数）×（2位数）で部分積が2桁の筆算の仕方が理解できる。

第4学年　単元名　「変わり方」

○　変化の様子を表にかいて、変化のきまりを見つけ、□や○を用いた式に表すことができる。

《学習指導過程》

| 第　3　学　年 | | | | | 第　4　学　年 | | |
|---|---|---|---|---|---|---|---|
| 資料準備 | 指導上の留意点及び評価の観点 | 学習内容及び活動 | 形態時間 | 形態時間 | 学習内容及び活動 | 指導上の留意点及び評価の観点 | 資料準備 |
| 問題集 | ○　前時学習内容の計算問題を解く。 | 1　前時の学習を振り返る。・（2位数）×何十の問題について復習する。 | 間接 | 直接 | 1　学習場面を見て、本時の課題をつかむ。　　　表をつかって変化のきまりを見つけ、□や○を使った式に表そう。 | ○　視覚的に理解できるように正方形の図を準備する。 | 図 |
| 挿絵 | ○　前時学習を想起させながら、本時学習の課題について確認させる。　　23×34の筆算のしかたを考えよう。 | 2　本時の課題をつかむ。 | 直接 | 間接 | 2　図を基に、表にかいて調べる。 | ○　ノートに図をかかせて4段まで表を作成させる。○　どのようにしてまわりの長さを見つけたのかについても、説明できるようにさせる。 | |
| | ○　これまで学習した内容や、前時に学習した内容を用いながら、答えを導き出させる。 | 3　23×34の計算の仕方を考える。23×30=69023× 4= 92あわせて782 | 間接 | 直接 | 3　表をもとにして、変化のきまりについて話し合う。 | ○　正方形の数が1段ずつ増えると、まわりの長さがどう変わるか確認させる。 | |
| | ○　筆算については、縦に書く際に、位をそろえる必要性を十分に理解させる。 | 4　筆算の仕方を知る。・考え方をもとにして筆算の仕方を覚える。 | 直接 | 間接 | 4　きまりを基に、□や○を用いた関係式に表す。 | ○　段の数を□、まわりの長さを○として関係式を作らせ、そのよさについて気づかせる。 | |
| | ○　声に出して筆算の練習をさせる。 | 5　反復練習をする。 | 間接 | 直接 | 5　段が10段の時を考える。 | ○　関係式をもとに、10段の場合について考えさせる。 | |
| 問題集 | ○　筆算の仕方や答えを確認することで、つまずきがないようにする。 | 6　練習問題を解く。 | 間接 | 直接 | 6　本時の学習についてふりかえり、まとめをする。 | ○　表をつかって問題を解くことのよさについてまとめる。 | |
| | ○　次時は桁数が増える問題に取り組むことを確認する。 | 7　本時の学習についてふりかえる。 | 直接 | 間接 | 7　練習問題を解く。 | ○　問題の違いに気付かせながら類似問題を解かせていく。 | 問題集 |

資料來源：宮崎縣教育委員會（2011，頁48）

## 肆、複式學級的未來課題

　　由於複式學級仍位於偏鄉居多，對於複式學級亦存在正反看法。就正向角度而言，複式學級的學習能使學生產生較多自我學習能力、同儕間能進行相互教學，加上跨齡的人際互動提早產生，有助於適應日後的社會互動；就負向角度而言，複式學級因應學生人數的消長，每年的教師及學習同儕變動較大，容易產生不安定感，學生人際互動對象較為固定，容易產生語言環境刺激較少的情況，對教師而言，每年在課程安排上則需要耗費大量的精力進行準備（北海道教育大學，2003）。有鑑於此，複式學級長期面臨著許多難以克服的課題（北海道教育大學，2003；宮崎県教育委員會，2011；鹿兒島県教育委員會，2016；藤岡秀樹，2010），簡述如下：

1. 在小學，複式學級通常是以兩個年段編列，分別以低年級（一、二）、中年級（三、四）與高年級（五、六）來區分，然而時常會出現某個年段沒有學生，而需要合併的年段學生數太少，例如：四年級生 0 人，三年級生僅 2 人，造成該年段學生在學習安排上出現困難，因此在偏鄉地區，學校間如何靈活運用教師的專長與配置，彼此相互支援是非常重要的部分。

2. 由於偏鄉小學與中學開始進行整併，複式學級的教育年段部分學校已延伸至九年。在這些極小規模的學校，如何增加教育資源並有效達成教育目標，或許可以積極採取姐妹校結盟的方式，擴充共同教學模式，將鄰近學校一同納入，除了可增進學生之間的人際互動機會之外，亦能增加外部資源的挹注。

3. 教師在面臨複式學級的課程設計與規劃除了耗費大量精力之外，時間的付出更是加倍，因此或可藉由學校間共同開發設計課程的方式減少教師負擔。此外，亦可以藉由教師研習方式，逐步提升

教師的教學指導能力，促使教學課程內容能更加深加廣，激發學生的學習潛能。

4. 各地的複式學級仍有身心障礙學生的存在，但因地處偏鄉，校外與校內未能有足夠的特教資源來協助他們，或許鄰近的特殊教育中心，可將這些學生列為巡迴輔導的對象，以協助教師因應學生的特殊需求。

5. 偏鄉地區的教師多半是實際進入教學現場後，才開始學習複式學級的教學模式。目前，日本國內僅有少數教育大學設有複式學級相關教學課程，並提供教育實習課程，或許師資培育的職前實習課程可將偏鄉地區學校納入，有助師資培育生提早了解教學現場狀況，真正有效提升師資培育生的相關教育知能。

6. 偏鄉學校的整併與廢校問題日趨顯著，然而過程中如何形成有效的整併或是廢校後如何保障學生的受教權，文部科學省面臨來自各方的壓力與指謫，進而促使整併政策逐步形成，以平衡各地方財政並維持學校營運。然而，該如何說服各地方政府與居民接受學校整併與廢校，對於中央仍是一大考驗。

## 伍、結語

日本的偏鄉教育發展至今已六十餘年，回到當初設立《偏鄉教育振興法》的目的，皆是為了達成教育機會均等的最高宗旨，昭和 27 年（1952）成立的「全國偏地教育研究連盟」目的也是在積極維護偏鄉學生的受教權益，北海道教育大學於同年亦成立「偏鄉教育研究支援部門」（現稱為偏鄉教育研究設施部門），協助全偏連進行偏鄉教師進修、偏鄉教育教學研究與複式學級教材開發等活動，並且不斷地向文部科學省提出改善的建言，透過地方組織及教育大學的相互支援，偏鄉教育的發展與重要性已成為中央政府刻不容緩的教育政策之一。

近年來，文部科學省針對《偏鄉教育振興法》的細部修訂，期望藉由提高偏鄉教育的資源，以解決城鄉之間的教育差距。本文從日本在複式學級的歷史發展、教學模式的介紹切入，了解目前日本偏鄉教育及複式學級實際的運作模式，以及複式學級所面臨的各項難題。偏鄉教育與跨年級教學走在前端的日本，其發展軌跡或可作為我國偏鄉教育各項政策與教學調整的參考。

## ●參 考 文 獻●

天內純一（2011）。へき地複式教育の現状と課題。研究員紀要，**9**，67-80。

文部科學省（1958）。**公立義務教育諸学校の学級編制及び教職員定数の標準に関する法律**。取自 http://law.e-gov.go.jp/htmldata/S33/S33HO116.html

文部科學省（1981）。**学制百年史**。取自 http://www.mext.go.jp/b_menu/hakusho/html/others/detail/1317809.htm

文部科學省（2008）。**へき地教育振興法施行規則**。取自 http://elaws.e-gov.go.jp/search/elawsSearch/elaws_search/lsg0500/detail?lawId=334M50000080021&openerCode=1#77

文部科學省（2011）。**学級編制・教職員定数改善等に関する基礎資料1**。取自 http://www.mext.go.jp/component/a_menu/education/micro_detail/__icsFiles/afieldfile/2011/08/05/1295041_1.pdf

文部科學省（2017a）。**公立義務教育諸学校の学級編制及び教職員定数の標準に関する法律**。取自 http://elaws.e-gov.go.jp/search/elawsSearch/elaws_search/lsg0500/detail?lawId=333AC0000000116&openerCode=1#14

文部科學省（2017b）。**學校基本調查**。取自 http://www.mext.go.jp/b_menu/toukei/chousa01/kihon/1267995.htm

北海道教育大學（2003）。**複式学級における学習指導の在り方：学年別指導の実践の実例**。日本：作者。

北海道教育委員會（2012）。**複式学級における学習指導の在り方**。日本：作者。

生井武久（1969）。へき地教育の諸問題（その1）：「へき地教育振興

法」の成立過程。立正大学文学部論叢，**33**，64-88。

全国へき地教育研究連盟（1985）。**へき地複式ハンドブック**。日本：作者。

宮崎県教育委員會（2011）。**複式学級を有りする学校のために：複式学級指導資料**。日本：作者。

鹿兒島県教育委員會（2016）。**南北 600 キロの教育：へき地複式教育の手引き**。日本：作者。

溝口謙三（1959）。へき地教育。**教育社会学研究**，**14**，106-115。

藤岡秀樹（2010）。複式学級の指導について研究：教授方法を中心に。**京都教育大學紀要**，**116**，153-164。

## 附錄 《偏鄉教育振興法施行規則》之分級基準點數表

| 分級要素 ＼ 距離（公里） | 2-4 | 4-6 | 6-8 | 8-10 | 10-12 | 12-14 | 14-16 | 16-20 | 20-24 | 24-28 | 28-32 | 32-36 | 36-40 | 40-44 | 44-48 | 48-54 | 54以上 |
|---|---|---|---|---|---|---|---|---|---|---|---|---|---|---|---|---|---|
| 車站、公車站的距離（點數） | 2 | 4 | 6 | 8 | 10 | 12 | 14 | 16 | 20 | 24 | 28 | 32 | 36 | 40 | | | |
| 到大醫院的距離 無交通工具 | 1 | 1 | 1 | 2 | 3 | 4 | 5 | 6 | 8 | 10 | 12 | | | | | | |
| 到大醫院的距離 有交通工具 | 0 | 1 | 1 | 1 | 2 | 2 | 3 | 4 | 5 | 6 | 7 | 8 | 9 | 10 | | | 12 |
| 到醫院的距離 無交通工具 | 1 | 1 | 2 | 4 | 6 | 8 | 10 | 12 | | | | | | | | | |
| 到醫院的距離 有交通工具 | 0 | 1 | 2 | 3 | 4 | 5 | 6 | 8 | 10 | 12 | | | | | | | |
| 到診所的距離 無交通工具 | 1 | 1 | 4 | 6 | 8 | 10 | | | | | | 12 | | | | | |
| 到診所的距離 有交通工具 | 0 | 1 | 2 | 3 | 4 | 5 | 6 | 8 | 10 | | | | | | | | |
| 到高中的距離 無交通工具 | 2 | 4 | 7 | 10 | 13 | 16 | 20 | 22 | 24 | | | | | | | | |
| 到高中的距離 有交通工具 | 0 | 2 | 3 | 5 | 6 | 8 | 9 | 12 | 15 | 18 | 20 | 22 | 24 | | | | |
| 到郵局的距離 無交通工具 | 1 | 2 | 3 | 4 | 5 | 6 | 8 | 10 | 12 | | | 12 | | | | | |
| 到郵局的距離 有交通工具 | 0 | 1 | 1 | 2 | 2 | 3 | 3 | 5 | 6 | 8 | 10 | | | | | | |
| 到教育局的距離 無交通工具 | 2 | 4 | 6 | 10 | 13 | 16 | 20 | 22 | 24 | | | | | | | | |
| 到教育局的距離 有交通工具 | 0 | 2 | 3 | 5 | 6 | 8 | 9 | 12 | 15 | 18 | 20 | 22 | 24 | | | | |
| 到金融機構的距離 無交通工具 | 1 | 2 | 3 | 4 | 5 | 6 | 8 | 10 | 12 | | | 12 | | | | | |
| 到金融機構的距離 有交通工具 | 0 | 1 | 1 | 2 | 2 | 3 | 3 | 5 | 6 | 8 | 10 | | | | | | |
| 到市場的距離 無交通工具 | 1 | 2 | 3 | 4 | 5 | 6 | 8 | 10 | 12 | | | | 12 | | | | |
| 到市場的距離 有交通工具 | 0 | 1 | 1 | 2 | 2 | 3 | 3 | 5 | 6 | 8 | 10 | | 12 | | | | |
| 到市中心的距離 無交通工具 | 1 | 1 | 2 | 3 | 4 | 5 | 6 | 8 | 10 | 12 | | | | | 12 | | |
| 到市中心的距離 有交通工具 | 0 | 1 | 1 | 1 | 2 | 2 | 3 | 4 | 5 | 6 | 7 | 8 | 9 | 10 | 11 | | |
| 到縣政府的距離 無交通工具 | 0 | 0 | 1 | 1 | 2 | 2 | 3 | 4 | 5 | 6 | 7 | 8 | 9 | 10 | 11 | 11 | 11 |
| 到縣政府的距離 有交通工具 | 0 | 0 | 1 | 1 | 2 | 2 | 3 | 3 | 4 | 4 | 5 | 5 | 5 | 5 | 4 | 5 | 5 |

資料來源：文部科學省（2008）

# 日本偏鄉學校教育與愛努民族教育之現狀與課題

常本照樹[1]演講、宋峻杰[2]譯

## 壹、偏鄉學校教育之特色

　　對於全球整體之教育發展而言，偏鄉學校教育問題始終是一項亟待解決的課題。而就教育整體發展進程中所遭逢問題的內容觀察，除了地處偏遠地帶較不利於教育發展與建設以外，其他尚且包含有個人處於經濟上窮困的窘境、社會身分方面屬於種族中的少數族群或原住民族群、個人先天或是後天特徵上的性別與身心障礙等。這些原因與要素也常相互一起被予以討論，像是偏遠地區與貧窮，或是偏遠地區與原住民族群等。其次，針對偏鄉學校的問題，常有以下幾點受到學者的關注：第一、在就讀偏鄉學校的學生人數本就稀少的條件下，將全校學生編制在一個班級下進行教學的單一班級學校，以及將橫跨兩個或是兩個以上學年的學生編制於同一班級下進行跨年級教學之情形極為普遍；第二、由於在偏鄉學校服務的條件較不完善，導致能夠確保具正式教師資格的人員長

---

1 北海道大學愛努暨先住民研究中心教授兼中心主任。
2 國家教育研究院教育制度及政策研究中心助理研究員。

留於偏鄉學校之誘因不足；第三、因為需要幫忙處理家事或是維持家中經濟條件而需付出勞力，導致妨礙學生學習發展的結果發生；第四、由於學校教育對學生傳達之價值觀，與當地社會或是民族傳統及其民族價值觀有所出入，導致兩者相互間的隔閡或是衝突橫生等。因此，有學者指出基於以上種種問題的存在，方才導致在偏鄉學校就讀學生的中輟或休退學的情況，較都會學校而言，乃有相對普遍之結果出現。

日本政府較為認真開始對偏鄉學校教育發展中所產生之問題進行處理的時期，約可追溯到 1954 年制定公布《偏鄉教育振興法》伊始。惟何以形成日本政府在當時出現願意積極研擬及制定該法的強烈動機，則是因為有多數重大的研究調查指稱，偏鄉居民在極為困乏的生活下，對其子女之教育抱持極其粗糙不堪的態度等問題發生，因此日本政府基於國家應朝向確切建立起「文化國家」之目標邁進的政策方針，方才著手推動該法的制定工作。

而隨著該法所規定之各項工作的落實與社會整體的發展，目前在日本社會的認知上，對於在偏遠地區所實施的學校教育問題已不似過往般地深刻與嚴重。即便居住於偏遠地區，在學校教育上可能受到的不便或是不當待遇的情形，也不再如同過往般地顯著。

然而，就自然地理條件而言，日本國土的整體面積約有 73% 屬於高山地，其中約 67% 是森林。全人口的 5% 所集中居住的平原地帶，也不過占國土面積的 14%。而居住在平原地帶的人口約 5%，則相對集中在東京都、大阪府大阪市、愛知縣名古屋市等三大都市圈。另一方面，四面環海的島國日本所屬之離島亦眾。國土交通省（相當於我國行政機關當中的「交通部」）將構成日本國土領域總計 6,852 個島嶼，劃分成「本土」與「離島」兩大區塊。亦即除了屬於本土區塊之北海道、本州、四國、九州與沖繩本島共 5 個島嶼以外，其餘的 6,847 個島嶼，均隸屬於離島的範疇內。

但在前述的地理條件下，日本政府對於推動全國義務教育普及政策

的工作，可說是不遺餘力。在日本政府引入所謂的近代教育制度後，經過約莫三十年時間，到明治 35 年（1902）時，全國的就學率已達到90%。明治 40 年（1907）實施六年制義務教育後的隔年，全國的就學率更超過 95%。其中就小學的層面而言，日本早在二十世紀初葉，包含偏遠地區在內，幾乎完成全國的小學校園之建設與整備工作。即使在後來步入第二次世界大戰的動盪期間，於昭和 22 年（1947）所實施的新制中學，其就學率更是超過 99%。

但不可否認的是，一直到 1950 年代初期為止，日本政府對於偏鄉學校確實是毫無特殊作為，以致於在《偏鄉教育振興法》完成制定工作的前一年，由文部省所公布發表的「有關我國教育現狀」之教育白皮書中，特別有一章節敘述道：「對於偏鄉學校教育方面，自明治初年以來乃不見政府有任何對策，甚至可謂是完全忘懷。此點無疑是吾等相關人士之間，必須再三反省之處。」

1954 年制定公布實施之《偏鄉教育振興法》，乃是日本政府從根本處積極關注偏鄉學校教育問題的重大轉捩點。該法乃基於《日本國憲法》第 26 條所規定之人民應均等享有接受教育機會的精神與目的，並綜合衡量偏鄉教育之特殊性，明定國家與各級地方自治團體為振興發展偏鄉學校教育應推動實施之政策內容，同時以提升偏鄉學校的教育整體水準為終極目的所制定之。該法明定所謂「偏鄉學校」者，乃指位處交通條件與自然性、經濟性、文化性各類客觀條件皆不甚發達之山區地、離島及其他地區的公立小學與中學。由於該法第 5 條之 2 規定各地方自治團體（都道府縣）須遵照文部科學省政令所規範之基準內容，制定相關自治條例，指定其管轄區域內的偏鄉學校。因此，文部科學省以政令形式公布施行的《偏鄉教育振興法施行細則》（第 3 條），即明定須以偏遠地區所處偏遠程度予以點數化，而作為某一學校須指定為偏鄉學校與否及等級為何的判斷基準。該施行細則規定依照加總所得之積分，可區分有1～5 級的偏遠程度，而各校即根據所獲得之點數被予以指定為相應等級

的偏鄉學校。其中，第 5 級（200 點以上）乃指其偏遠程度為最高等級，而加總點數未達到偏遠程度的第 1 級（45～79 點），但該加總點數卻有達到 35～44 點之間的學校，則根據《偏鄉教育振興法》第 5 條之 2 第 1 項的規定，應指定為準偏鄉學校（亦即準偏鄉校）。另外，關於偏遠程度等級之判斷尚包括各種條件的設定，其具體操作方式簡要言之，即是先行確認學校與車站或是公車站牌處、醫療機關、高中、郵局、市町村教育委員會等各指定地點之間的交通距離，並依照其交通距離得出基本點數。其次，依照學校所處之地理條件（例如：道路之顛簸程度與道路寬敞狹隘與否；是否會因為積雪、雪崩、過多泥濘與土石流等季節性事故造成通學困難等），以及公共運輸機關一天往返於學校之車次多寡等要素，增減前項所得基本點數。最後，再依據學校所處地點之電氣供給設備的完善與否、電信設施是否完整、排水設施的有無、學生到學校的通學距離、往返於學習用品店的距離、該當地點是否為特定傳染疾病之疫區、教職員宿舍數量的多寡、往返於市中心地帶（市區公所）的距離等諸多文化性要素，決定添補分數的多寡。再依照此般頗為複雜的計算方式來決定各個學校符合何種等級之偏遠程度，並各自作成相應之偏鄉學校的指定處分。另一方面，本土陸地與離島所設定之基準內容尚且有所不同，質言之，在判斷位處離島地區的學校符合何種等級之偏鄉學校時，可能還會增加，例如：本土陸地與該離島間每個月之定期船班的航行次數，或是該離島與本土陸地之間的海上距離為多少等要素，都會作為調整積分的基準。

而依照前述偏遠程度的等級，亦會反映於支付給前往該偏鄉學校服務教職員之「偏遠地區津貼」的金額之上。該津貼的金額依照各地方自治團體（都道府縣）的預算而有所不同，以北海道為例，服務於準偏鄉校者其本俸加計 4%、1 級偏鄉學校者加計 8%、2 級加計 12%、3 級加計 16%、4 級加計 20%、5 級則加計 25%。

另外，類似前述針對教職員加給的偏遠地區津貼制度，若在政府機

關服務者，根據《一般職務公務人員薪資法》（第 13 條之 2）的規定，位處離島地區等生活機能相對不便的政府機關，依其機能不便程度亦劃分有 1～6 級的偏遠級數，而服務於相應政府機關的公務人員則可取得相應之特殊地區服務津貼。

再從振興偏鄉學校教育的觀點言之，根據《偏鄉教育振興法》的規定，對於教職員的部分，除了上述所提到的偏遠地區津貼以外，以國家預算給予補助的範圍，還包括：教職員住宅與偏鄉學校集會室之建設費用、培訓偏鄉學校服務教職員設施之營運管理費用、偏鄉學校的保健服務管理費用，以及為方便學童與學生通學之學校交通巴士或是船舶的購置費用等。其他尚有以政策規劃的各種補充追加預算，以及其他法令對於偏鄉學校給予全方位之物理條件上的支援。其主要內容為：

1. 關於教職員的部分，包含有：偏鄉學校教職員之特別升遷制度、跨年級教學工作服務津貼之給付、偏鄉學校教職員子女專用高中宿舍建設費用之補助等。

2. 關於整備教學環境條件的部分，包含有：學校備用發電機設置費用之補助、小耳朵與錄音錄影設備購置費用之補助、餐飲設施設備購置費用之補助、中小學生專用宿舍建設費用之補助、供水設施及學校澡堂建設費用之補助、保健室整備費用之補助等。

3. 對於學生的部分，包含有：中小學生住宿費用之補助、長距離通學費用之補助、高山與偏遠地區供餐費用之補助等。

4. 關於教育內容方面，包括有：偏鄉學校教育研究學校之指定、跨年級教學課程之規劃、偏鄉學校教育輔助參考資料的編輯出版、跨年級教學實施班級用教科書之調查與研究、偏鄉學校跨年級教學指導人員研習活動之舉辦等。

5. 關於班級編制方面，則有針對跨年級班級編制基準的不定期檢討與改善等工作（包含降低單一班級學校及四或五個跨年級班級組成的出現機率等）之實施。

　　此外，目前位處北海道的偏鄉學校現況，根據 2016 年 5 月北海道教育委員會之統計，在全道共 1,067 所公立小學當中，符合準偏鄉校與 1～5 級偏遠程度積分的學校共計有 394 所，占全體數量中的 37%。而就所處位置來說，多數學校乃相對集中於北海道東部及北部，其他則較多分散在日高地方及積丹半島周邊的區域。

## 貳、偏鄉學校教育與愛努民族

　　擁有獨自的語言與文化的愛努民族，長期以來乃相對多數地居住在以北海道為中心的日本北部區域當中。直到 2008 年，方才經過日本政府正式決議承認愛努民族為日本的先住民族，然而該民族的人口總數，當前乃無法確切地掌握其數目。雖然在一般認知上，常會根據平成 25 年（2013）由北海道道廳所進行之「愛努生活實態調查」的結果，而對外宣稱愛努民族人口約有 16,786 名，但與實際狀況仍有差距。依據長期研究愛努民族學者專家的見解，基本上愛努民族的人口據推測應有 3～5 萬人之多。但即便如此，該民族人口數仍舊僅占北海道總人口數的 0.5%～1%，占全國總人口數也僅有 0.04%，所以不難想見其民族人口的稀少程度，而這也是截至近幾年為止，日本政府始終沒有針對該民族推動特殊政策的原因之一。直到 2007 年，日本政府通過願意成為遵守《聯合國先住民族權利宣言》之會員國的決議以後，2008 年 6 月方才正式承認長期居住於日本北部區域的愛努民族為先住民族。

　　但受到日本政府自明治時期以來致力推動之同化政策的影響，以往集中於山區或是某一特定區域內居住與生活之愛努民族的傳統生活型態已然喪失。取而代之的是，愛努族人與和人（指除了愛努族人以外的日本人）共同居住於都市中心地帶或是一般鄉村之中的生活模式。目前雖然仍可發現愛努族人相對集中居住的鄉村地帶，但也僅止於密集程度的問題而已。就這一點來說，筆者以為愛努民族與臺灣原住民族的情況乃

有所不同。

　　基於上述前提，愛努民族的居住地與偏鄉學校的所在地兩者間的關聯性，並不必然地呈現有正面相關性，例如：愛努族人相對集中居住且較為人知的日高地方中之平取町裡共有 5 所小學，而且全數均被指定為符合第 1 級或第 2 級偏遠程度的偏鄉學校。但是與平取町愛努族人居住人口數相當的另一個地方自治團體白老町當中，雖然有 4 所公立小學，但卻沒有任何一所被指定為偏鄉學校。另一方面，根據平成 25 年（2013）北海道道廳的調查結果顯示，境內並無確認到有愛努族人居住的留萌地方（留萌振興局轄區）當中，共計有 17 所公立小學，其全數均被指定為準偏鄉校或是偏鄉學校。

　　綜上所述，由於愛努族人相對集中居住的區域，仍舊多數屬於都市中心地帶外圍之較偏遠區域，因此與偏鄉學校所在地仍有部分的重疊與相關性，只是其程度乃不甚顯著（此與臺灣學者常指稱偏鄉學校並不必然就是原住民學生人口比例高的學校之見解，應有所雷同）。

　　因此，以下即針對不必然與偏鄉學校教育有所相關，但仍具有一定關聯程度的愛努民族教育問題，進行整理與介紹。

## 參、關於愛努民族之教育課題

　　在著手整理關於愛努民族教育的課題時，首先應當區分出以愛努民族為主體的教育，以及不特意區分出愛努民族的全體國民概念下之教育兩者，來進行思考。關於後者，特別是受到前面已提及之明治時期以後推動的同化政策之影響，不僅對於愛努文化的傳承造成了中斷的結果，也因為愛努族人多數相對集中居住在日本北部的北海道，而促使居住在本州以南，包含東京與大阪在內的都市中國民，對於愛努族人的存在印象更形薄弱，從而進一步造成對愛努族人有形或無形上的歧視，並且形成國家或地方自治團體無論是在制定或企圖推動與愛努民族相關政策上，

都遭遇到相當程度的困難和阻力。基於此般現狀，現階段無論是要策劃與推動愛努政策，或是要提升愛努族人於日本社會中的民族地位，多數意見都認為首先要突破的關口，乃是在於如何強化一般國民對愛努民族理解的課題上。

因此，茲先從不特意區分出愛努民族的全體國民概念下之教育發展及其所面臨的問題，進行如下整理。

當前明定國家推動愛努民族政策之基本方針的 2009 年《關於愛努政策框架專家會議報告書》中，針對上述問題，有作成以下要求與處理建議：

> 為促進國民整體對於愛努歷史與文化的理解，針對學生成長發展之階段，施與相應程度的基礎知識與理解學習乃是相關政策中的重中之重。

而檢視當下有關愛努民族的教育現況，首先在學習指導要領（相當於我國的課程綱要）中，於中學的社會科目裡，僅規範針對江戶時期鎖國政策實施下的政府對外關係章節之教學中，需要介紹說明愛努族人曾與北方區域進行過交易等文言爾爾。因此，坊間編輯出版社會科教科書的出版社對於在該章節當中敘述愛努族人的歷史，或是基於消弭歧視之目的所作說明的內容程度，乃深淺有別而濃淡不一。另一方面，由財團法人愛努文化振興暨研究發展機構所編纂且公布發送之中小學生用輔助教材的《愛努民族：歷史與現今・未來攜手共生》一書，雖然免費分送給北海道道內的所有小學四年級學生與中學二年級學生使用，但是針對北海道道外，則僅以中小學每校分送一冊的作法在推動其宣傳工作。而無論是道內或是道外，對於輔助教材的利用與活用，仍舊是以仰賴校方的判斷為主。至於教師們應當以什麼樣的方式向學生們介紹與說明愛努民族的歷史發展，

確實在實務界裡也有許多質疑的聲音，但是也僅有一部分的市町村與學校，相對之下比較積極地透過體驗學習等方式來處理相關教師們所遇到的困境。

有鑑於前述現狀的存在，吾等可以了解到當下尚待解決的課題包含有：第一，關於愛努民族歷史與文化的學習，並不必然地有確切對應到學生成長發展的階段而實施教學，造成受教育者無法對於愛努民族有較為完整與廣泛的認知與理解；第二，就實施教學者而言，其本身對於相關知識的學習程度亦不必然足夠；第三，在學習中是否可以透過積極且較為創新的方式，提高受教育者的學習成果，乃會受到教學者的態度與具指導能力人士的存在與否等因素影響。

因此，為有效處理前述各項課題，規劃與充實可充分且適當理解與指導關於愛努民族歷史與文化之教育內容的工作，乃十分重要。具體而言，在大學端的部分應鼓勵其進行對應學童學生之成長發展階段各自應當教授到何等程度的內容，同時如何輔導教學者進行適當教學等綜合性對策的研究，並促使該等研究成果能夠活用於教育實務現場當中，或是作為下一階段學習指導要領修正工作進行時的檢討課題等，乃屬必要。而就短期工作方面，充實教科書當中相關章節的敘述、透過擴大中小學生輔助教材的發放範圍等方法進一步提高各校活用或利用該輔助教材的意願、充實以教職員為對象之研習活動、蒐集教育實務現場中積極實施愛努文化教學的實踐範例並鼓勵其進一步發展等，都是需要積極推動的內容。經過此番努力後應當達成的最重要目的，即是完善全體國民於完成義務教育階段後，均能確切學習與增進關於愛努民族歷史與文化之基礎知識的教育環境。

如同報告書中所指稱的，我們可以知道豐富中小學教科書中有關愛努民族的敘述、充實以教職員為對象的研習活動，以及在教育實務當中積極推展對於愛努民族文化的體驗學習活動等工作，乃至關重要。

因此，關於豐富教科書內容的部分，在平成 29 年（2017）3 月修正公布之《學習指導要領》當中，針對小學階段即重新規範：教學內容應依據《承認愛努民族為先住民族之決議》（平成 20 年 6 月 6 日，眾參兩議院本會通過）及《關於整備與營運管理以振興愛努民族文化為目的之「民族共生象徵空間」的基本方針》（平成 26 年 6 月 13 日，內閣閣議決定）等文件內容，介紹說明目前相對集中於北海道區域的先住民愛努族人之獨特傳統與文化。針對中學階段，則是更為詳細規範教科書中應說明在過去被稱為蝦夷地的土地上，愛努族人曾以捕獲之海鮮作為商品與北方區域居民進行交易，即便是受到和人統治的時期當下，仍發現愛努族人與北方區域居民之間的交易和交流不見中斷等內容。有關愛努民族文化的部分，則同樣根據前述之兩則文件內容，規範教科書中應當提及並介紹身為先住民族，不論在語言或是宗教信仰上，愛努民族文化都有其獨特之處的說明。政府即透過此等方式，落實豐富有關愛努民族教育內容的工作。

而今後文部科學省的推動工作將包含以下重點：

1. 於小學階段「學習指導要領社會科解說」內容（六年級歷史內容）中，訂定須介紹說明愛努民族存在的梗概。

2. 若完成上述工作，未來小學六年級的社會科教科書中，將全數納入關於愛努民族之歷史與文化的相關敘述。順帶一提的是，在平成 28 年（2016）所編纂出版的小學六年級教科書版本中，關於愛努民族與北方區域交易的事蹟全數（四種版本中全部）都有相關敘述，關於愛努民族文化則只有一家出版社（四種版本中僅有一種）有編入相關敘述。

3. 有關教學指導，未來將於中學社會科的教學工作規劃中，納入得

以適時延續小學對於愛努民族介紹的課程內容，而促進受教育者能更有系統地學習相關知識的目標。

其次，為了促使教科書能夠更為充分地反映《學習指導要領》中所訂定的規範與內容，讓教科書作者與出版者增進對該等內容的理解，亦至關重要。因此在 2017 年 10 月 19 日，日本政府有主辦以負責教科書出版之業界人士為對象，並邀請愛努民族研究者與愛努族人共同參與的意見交流研討會。

而有關充實教職員研習內容的部分，以北海道札幌市為例，北海道同胞協會（現改稱為「北海道愛努協會」）札幌分會過去於平成 20 年（2008）曾主編過一套教學指導資料。於該指導資料當中，對於愛努民族的發展與變遷，以及在教學時需要注意之有關愛努民族的歷史和文化等層面之重點，均進行了較有系統的整理。該指導資料當中也記載敘述了根據累積至當時的委外研究案之研究成果，且有實際運用在課堂上的教學案例，以及操作體驗學習活動時可活用之參考資料等。其次，對於如何從旁指導有關愛努民族課程進行之教職員研習活動的部分，自昭和 57 年（1982）開始，札幌市以市立學校教職員為對象，由札幌市教育委員會指導室主辦之研習會（以教職員為對象），以及由札幌市所屬教職員研習組織的教育中心所主辦的研習會（以初任教師為主要對象），以每年舉辦 2 次的頻率，強化相關教職員對於愛努民族歷史與文化的理解及認識，並落實提升其對於相關課程指導能力的工作。

前述所提及的相關活動，在平成 28 年（2016）8 月 31 日，曾於札幌市愛努文化交流中心（札幌愛努之家）實施，當天共計有 7 位愛努族人與 28 位教職員參與。其活動由札幌愛努協會會長進行有關愛努民族之歷史、文化、人權與學校教育的主題演講後揭開序幕，之後由 5 位中小學教師輪流進行課堂實踐成果報告，最後則以進行愛努民族傳統樂器之一的口簧琴實際製作與操作之體驗學習活動，作為當天研習活動的結尾。

而就教育現場中落實有關愛努民族文化體驗學習活動的部分，同樣

位於北海道的千歲市末廣小學之實踐案例，乃頗受矚目。鄰近北海道千歲國際機場的千歲市，自有歷史記載以來即位處連結北海道東西部的交通要道，流淌於市內的千歲川不僅提供愛努族人視為主要飲食來源之一的鮭魚享有良好之生存環境，其流域本身豐富的自然環境資源也提供了包含鹿在內的野生動物完善之生活條件，因此早期即有多數的愛努族人居住且聚落於此。直到現在，也有相關資料指出居住於千歲市內的愛努族人仍不在少數。前面提及的末廣小學從1993年開始，首次在學校課程中納入以學習愛努民族傳統歌謠與舞蹈為主之關於愛努文化的體驗學習課程。1996年時，更獲得當地愛努族人的幫助，共同利用校內閒置的教室空間建造了籌劃二年、實際建設工程耗費半年之久的愛努傳統住宅，同時也規劃完成了全學年學習愛努民族文化的所有課程。該校設計該課程的教學目標，乃是希望能夠涵養孩子們珍愛自然與生命的態度，以及學習符合前項態度的生活方式。因此，從一年級到六年級透過全學年且有系統之學習課程的規劃與實踐，更能增進學子們自然而然地接觸與認識愛努民族文化的可能性。

另外，位於北海道東部的平取町當中，貫氣別小學則是與隸屬平取町公所的愛努文化環境保存調查研究室之成員共同合作，活用透過該調查研究室採訪當地愛努族人所獲得之愛努民族傳統歌謠與舞蹈、遊戲與捕漁方法等成果，規劃並實踐以三年級到六年級學生為主的體驗學習課程。而有如前述，因平取町的偏遠程度較高，故該町內的小學均被指定為偏鄉學校，貫氣別小學即為其中一所。

以下再針對以愛努民族兒童為對象的教育發展概況，進行介紹說明。

根據明治32年（1899）所制定公布的《北海道舊土人保護法》，僅以愛努民族兒童為招生對象的小學（過去被稱為「舊土人學校」），在北海道全區域當中共設有21所。針對愛努民族出身學童與學生亦規劃有特別的學習課程，即「舊土人教育章程」。在該章程中，規定該等小學學生的受教年限為四年（一般是六年），受教年齡亦與一般的6歲不同，

而是 7 歲。學校課程的主要內容則是道德、國語（即日文）、算數與體操，另外還包含有關農務與裁縫等實作課程。此外，因為允許學生能夠以幫忙處理家事為由，辦理請假手續，因此針對有特殊情形的學生，其受教時間最低可以調整到一週 18 個小時。然而，由於該等課程的規劃過於簡略，並且被認為有蓄意不讓愛努民族的學生學習地理、歷史與理化等課程之安排，不僅受到愛努族人的反對與抵制，包含現場的教師們也不斷發出抗議的聲浪。直到大正 11 年（1922），該章程才被予以廢止，而愛努民族出身學生的受教年限一樣成為六年，受教年齡也從原來的 7 歲變更為 6 歲，授課科目也重新增加地理、日本歷史、理化與工藝等課程。

隨後，一直等到昭和 12 年（1937），政府進行修法工作，不僅廢除舊土人學校，也讓愛努民族出身的兒童與和人一般地進入同樣的小學接受教育。雖然在制度上總算是滿足了愛努民族出身兒童接受教育的平等保障，但是在學校生活上，卻出現了像是歧視愛努民族出身兒童的嚴重問題。

此般在學校受到歧視的問題，迄今仍無法完全解決。2016 年 3 月，由日本政府所屬之負責推動愛努政策工作的內閣官房愛努綜合政策室，進行以愛努族人為主要調查對象之「國民對於愛努民族理解程度之意識調查」的報告書當中即指稱，所回收之有效問卷當中，有高達 72.1%的愛努族人認為當前的社會氛圍對於愛努民族仍然存有歧視與偏見，其現況之嚴重，可見一斑。而在調查過程中勾選「自己的家人、親戚、朋友或是認識的人曾經有受到歧視的經驗」一欄者，填選「在學校因為自己是愛努族人的原因而產生不愉快經驗」項目者，乃高達 62.8%。其次，關於受到歧視與差別待遇的原因與背景的調查項目，勾選「對於愛努民族的歷史理解不夠」者為最多，有 78%；第二則是勾選「推動行政機關或是學校教育對於愛努民族的理解與認知工作不足」者，有 68.5%；第三是勾選「對於愛努民族的文化理解不夠」者，有 66.1%。而對於「若

要解決差別待遇與歧視問題的話有哪些工作是屬於必須貫徹的」項目回答中，有高達 80.7%的人勾選「對愛努民族歷史與文化認知之學校教育工作的加強與落實」；第二則是有 62.6%的人勾選「對於愛努族人教育需求之充實與支持」。

　　除此之外，在學校教育中，愛努族人所面臨的問題也出現在高等教育階段當中。根據北海道大學愛努暨先住民研究中心在 2008 年所進行的調查結果顯示，就高中升學率的部分，愛努族人與和人之間雖然沒有太大的差異，但愛努族人於高中畢業後再進入到大學就讀的比例，即便在 1990 年左右有呈現增加的趨勢，但依舊維持在較低的水準。即使是大學升學率呈現出最高水準的 2005 年，其實也僅達到 27.1%，只有全國平均水準的六成而已。其次，從 1970 年代到 1990 年代之間，以全國平均來看，大學入學率可以說是逐年攀高，但愛努族人的大學就學率調查結果卻幾乎是年年維持著相同水準，造成愛努族人與和人之間的差距愈形嚴重且深刻。再就愛努族人的接受教育情形觀察，完成義務教育繼續升學的人數雖然有呈現相對增加之趨勢，但中輟生的比例仍高。特別是在大學階段，愛努族人進入大學就讀以後而中輟的比例乃達到全國平均的九倍，其比例之高的問題乃值得關注。

　　然而，上述的調查結果並不意味著愛努族人對於受教育的需求與期待低落。在前面由愛努暨先住民研究中心所公布的調查結果也同樣的顯示，目前並不具備任何學籍的愛努族人當中，有接近 32.3%的人勾選「非常想繼續升學」的選項。而關於「期待繼續升學到何種階段」的項目，則有 41%的人勾選「到高中為止」的選項，而有 38.8%的人則是勾選「到大學為止」。至於有關為什麼放棄升學的複選問題項目，勾選「因為經濟理由」項目者，多達 77.6%；其次勾選「因為需要馬上就業」項目者，則有 25.2%；勾選「因為學力不足的問題」項目者，有 13.9%；勾選「因為遭到父母反對」項目者，有 11%。由於受訪者之所以會勾選「因為需要馬上就業」選項的理由也多是基於經濟理由，導致其無法繼續升學的

結果，因此就廣義而言，經由上述的調查結果可知，多數的愛努族人都是因為經濟條件的不足而選擇放棄繼續升學。

　　為了充實愛努族人升學機會的保障，日本北海道政府以及中央政府分別有規劃設置僅以愛努族人為補助對象的獎助學金制度。以北海道為例，乃分別有以愛努籍高中生為對象的「北海道愛努子弟高中等升學獎助制度」以及以愛努籍大學生為對象的「北海道愛努子弟大學等獎助學金貸款制度」。前者乃針對居住於北海道道內的愛努籍學生因為經濟因素無法維持在高中順利就學的狀況下，給予必要的資金上補助制度。其中，就讀公立高中者，從入學一直到畢業為止每個月給付23,000日幣（約合6,200新臺幣）；就讀私立學校者，其補助金額則是約為前者的倍數。而針對大學的部分，入學時可申請37,000日幣（約合10,000新臺幣）的貸款，以後一直到畢業為止每月最高可貸款51,000日幣（約合14,000新臺幣）〔私立大學則是82,000日幣（約合22,000新臺幣）〕。此項獎助學金貸款制度雖然是以免利息方式貸與，但規定必須在畢業後二十年內清償完畢。

　　而以居住在北海道道外的愛努籍學生為對象之獎助學金制度，則只有設置大學獎助學金的貸款制度。

　　除上述各項制度的實施以外，還有部分私立大學也積極提出相關措施，以協助愛努籍學生在大學就讀期間所可能面臨到的經濟問題，例如：位於札幌市市內的札幌大學即設置了專門補助愛努籍學生的獎助學金制度；位處四國的四國學院大學以及位於沖繩的沖繩大學，則是在入學方面設有以少數族群為主要招收對象的特別入學名額制度。

　　而今後關於愛努民族教育的課題動向，目前是以進入小學就讀前的幼兒學前教育較受矚目。其背後的主要動機有：第一，期待從幼兒時期開始培養孩子樂於學習的習慣以後，孩子未來就比較能夠適應初等及中等教育的學習環境，而間接提升孩子選擇再進入大學就讀的意願，並且有能力進入到較為優良的大學繼續深造；第二，期待能夠從幼兒時期就

開始讓孩子接觸愛努民族文化，並且透過對於愛努語童書的閱讀、教唱愛努語歌謠的方式，使孩子自然而然地沉浸在愛努民族文化當中，學習並且接受與理解愛努民族文化。前者或許較為容易落實與操作，但是對於後者，則有部分見解指稱：是不是有適當的指導人員能夠塑造該等學習環境？只設立以愛努籍幼兒為對象的班級是不是適當？即便同意該班級的設立，是不是能夠招收到一定人數的幼兒前來就讀等課題，乃是需要再進行評估的部分。但是就中長期的發展來看，筆者則是認為基於復興愛努民族文化的目的，第二項之動機與主張仍然有值得進一步檢討的價值與必要。

# 人少，不減品質：
# 日本小校複式學級數學
# 教學之觀察與反思

梁雲霞[1]、陳金山[2]、陳文正[3]、乃瑞春[4]、許恆禎[5]

## 壹、前言

　　日本從二次大戰之後，積極關心偏鄉小規模學校的經營與教學問題。1954 年頒布《偏鄉教育振興法》，界定了偏遠學校之範疇，同時更重要的是，經由此法賦予了日本文部省和各地的教育主管部門在促進偏鄉地區學校教育品質之不同角色（參見本書第九章）。基於此，日本各地的教育委員會通常也會結合當地大學的教育學者，共同致力於發展教學指導手冊，以引導各學校實施教學，並提出偏鄉教育的硬體設施、教師編

1 臺北市立大學教育學系教授。
2 臺北市士林區平等國小退休校長。
3 花蓮縣光復鄉大興國小教導主任。
4 新北市雙溪區上林國小校長。
5 新北市貢寮區和美國小校長。

製與教學指導方針的一些規範（參見鹿兒島縣教育委員會，2016）。日本地理環境多山、面海、島嶼眾多，其中的鹿兒島縣位於日本九州南部，地理區域南北長達 600 公里，縣內有 600 多個島嶼。根據統計資料顯示，縣內有小學 526 所，其中有 243 所小學（46.2%）有實施複式學級（鹿兒島大學教育學系附屬小學校複式部，2018）。因此，基於研究與了解日本小規模學校的經驗，跨年級教學計畫團隊於 2018 年 5 月選定日本鹿兒島縣參訪，並進入該地區小校課堂中實際觀察小校實施複式學級之情形。

本文將以鹿兒島縣日置市土橋小學高年級（五、六年級）的數學課堂為例，說明複式學級課堂中數學教學之觀察情形，並提出觀察者的反思。本文將從案例學校概況、教學觀察、教師在複式學級中的指導模式與移動、小老師的角色，以及案例反思與啟發等部分切入，說明本案例的實施情形與經驗，最後提出建議供臺灣教育人員思考與參考。

## 貳、案例學校概況

本文中的案例學校，乃是位於日本鹿兒島縣西部的日置市土橋小學。土橋小學的創辦可遠溯自明治 21 年（1888），創校至今已逾一百三十年。近年來受到少子化之衝擊，在 2018 年 5 月時，全校學生總共有 44 人：一年級 8 位、二年級 9 位、三年級 6 位、四年級 7 位、五年級 5 位、六年級 9 位。因此，土橋小學根據日本文部省對於學校彈性調節班級之規定，在一年級、二年級以單式學級為主，中年級、高年級則是採行複式學級之班級，三、四年級合為一班，五、六年級合為一班。

土橋小學也是日本政府認可的「小規模學校的特認校」，這樣的方式有助於活化小規模學校，增加學生多元來源。日本的學生入學制度基本上是採取戶籍、學區制，但如果家長希望自己的孩子在小規模學校的特認校就學，那麼家長可以到教育委員會申請，經審核後就可以打破學區制就讀。土橋小學乃是在 2002 年開始成為「小規模學校的特認校」，

目前全校 44 個學生中有 4 個學生並非社區內的學生,而是循此管道來就學。

土橋小學的教職人員規模,與臺灣相較而言,顯得相當精簡,計有校長 1 人、教頭 1 人、教師 4 人,共計 6 人,以及支援學校人員(包含保健、事務和圖書管理等)5 人,總共 11 人。土橋小學校長乃是在 2018 年 4 月剛到任,任教三、四年級複式學級的中年級老師也是該年度 4 月剛來學校任教,而本案例中觀察記錄的課堂是高年級的數學課,任教該班的教師為本坊裕輝老師,已經在校內服務了三年。

土橋小學的校訓為:「聰明」、「溫柔」、「健壯」,簡短且淺顯易懂,顯得相當簡明親切。根據土橋小學校長的說明,這些校訓都強調讓學生以行動來完成,例如:在「聰明」部分,希望學生可以仔細聽別人講話,閱讀書籍重視大聲朗讀出來;在「溫柔」部分,希望同學們可以相互問候,關心對方的情況和需求,如詢問對方:「還好嗎?」「需要幫忙嗎?」,表現出溫柔關心他人的行為;在「健壯」部分,則要求學生要早睡早起、走路上學、吃早餐等具體行為。總之,學校希望用具體的方式來教導學生,希望學生成為理想的孩子。

由於土橋小學學校規模小,學生人數少,因此學校相當重視學生與他人的互動交流。土橋小學內設有幼兒園,因此校方會安排小學和幼兒園的交流活動;小學附近也有土橋中學,藉由地利之便,也會安排國中小的交流。根據校長表示,推動複式學級的小規模學校比較常安排中學和小學的交流活動,但土橋小學校內設有幼兒園,並且附近有一所中學,因此與其他小規模學校相較之下,更能以土橋學區為單位推動學校教育,安排國中、國小、幼兒園的交流,並融入社區的活動。學校也會定期辦理實際生活的活動讓學生參加,例如:插秧、採草莓。此外,校方也會帶學生參觀藝文展、讓學生閱讀繪本、學生每年會到社區做綠化活動。總之,這些活動之目的是希望學校的學習活動能和社區居民緊密結合。

## 參、教學觀察：高年級複式學級數學科的學習指導

本文進行觀察分析的教學是土橋小學高年級的數學課堂。對於臺灣的教學現場而言，複式學級中實施數學教學是少見的課堂教學實務場景，因此本文中將從下面七個部分加以描述：

1. 觀察日期：2018 年 5 月 31 日上午 10:50～11:40。
2. 地點：日本鹿兒島縣日置市土橋小學五、六年級複式學級班級教室。
3. 學生：五年級 5 位、六年級 8 位。
4. 教師：本坊裕輝老師。
5. 教學課題：小數的計算（五年級）、帶分數的除法（六年級）。
6. 教室場景：教室環境和設施相當樸素，四周牆壁貼著進行學習方法（國語、數學）之海報、發表的方法之重要項目、班級合照。此外，本坊老師也在教室黑板旁掛著數學教學的一些重要示例（如圖 11-1 所示）。
7. 教學歷程觀察紀錄：根據土橋小學觀課前的說明，本案例紀錄中的複式學級之指導型態，稱為「學年別指導」。兩個年級同在一個教室，均是進行數學課，但各自學習該年級的單元內容。教師在兩個年級群組中來回移動，針對兩個年級的學習重點進行指導。以下將教學歷程紀錄依上課的時間流程，兩個年級學生的學習情形並排記錄，同步呈現五年級和六年級班級的教與學情況（如表 11-1 所示）。

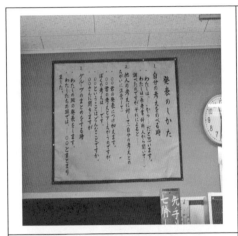
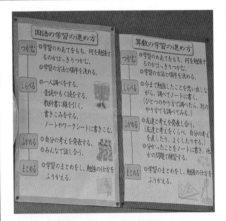

圖 11-1　土橋小學高年級教室的學習環境剪影

（表 11-1　土橋小學高年級數學課觀察紀錄

| 時間 | 五年級 5 位學生（3 女，2 男）　六年級 8 位學生（5 女，3 男） |
|---|---|

課前
場景

1. 座位安排，兩班學生背對背坐。
2. 各自面對自己上課的黑板。老師站在兩班中間的走道。

黑板上已寫好本節課教學重要過程（小標題貼板）、題目，兩個年級的小組長和同學都有小老師的指導語。

老師合班教學，進行課前數學學習活動。

1. 老師站在全班學生中間的通道，全班各自面對自己所屬的上課黑板區。
2. 上課開始，五、六年級一起進行數學練習活動。每一個學生在自己的練習本上寫九九乘法練習。練習表內容是 10 格×10 格，內容是 1 位數×1 位數，五、六年級同練習內容。
3. 老師手上拿計時器計時，並利用時間在六年級黑板上寫待會上課會用到的第 50 頁三題算式。

1050

(表 11-1　土橋小學高年級數學課觀察紀錄（續）

| 時間 | 五年級 5 位學生（3 女，2 男）　　六年級 8 位學生（5 女，3 男） |
|------|------------------------------------------------------------|
| 1050 | 4. 每位學生都很專心的解題。<br>5. 學生寫好九九乘法練習表，會舉手向老師回報，老師會一一回應該生花了多少時間做完。<br>6. 寫好的學生安靜坐著，等待全班結束練習。 |
| 1053 | 老師以合班教學。<br>1. 3 分鐘時間到，老師請學生將筆放下，進行全班（五年級與六年級）共同的教學活動。<br>2. 老師統一唸題目，全班一起說答案，學生自己改，對的用紅筆圈起來。<br>3. 老師、學生唸得很有節奏感，很快完成。訂正後，老師詢問學生的答對題數。<br>4. 最後老師請學生交作業，放在指定的抽屜。 |
| 1056 | ・老師先以合班教學方式，啟動上課流程，並分派小老師責任。<br>・上課開始時，老師站在教室中間，向全班學生說明上課進行方式。老師鼓勵學生，雖然今天有很多人但不要緊張。老師向五、六年級學生說：「本節課會由小老師、小助手上課，老師也會指導大家學習。現在開始學習囉。」<br>・老師的移動：<br>在這堂課中，老師在兩邊輪流巡視、看著兩邊小老師的進行情形、指導個別學生的學習情形。<br>・老師指導小老師：<br>老師較多時間停留在六年級，並協助小老師，告訴小老師：「這個時候，你可請同學做……」，或者提示小老師：「你可以問同學……的問題喔。」對五年級小老師也出現類似的指導用語。 |

(表 11-1　土橋小學高年級數學課觀察紀錄（續）

| 時間 | 五年級 5 位學生（3 女，2 男） | 六年級 8 位學生（5 女，3 男） |
|---|---|---|
| 1056 | 1. 學生抬頭看黑板上老師寫出的數學計算題目兩題（計時 3 分鐘），開始運算（學生寫在筆記本上）。<br>2. 老師到小老師旁，指示小老師協助同學，讓小老師領導同學學習。<br>3. 老師巡視，走到一位學生旁訂正她寫的內容。<br>4. 小老師手持碼表，注意觀看同學是否寫完兩個計算題目，然後走上講臺，等待一位速度較慢的同學完成。<br><br>五年級學生持續計算題目中。 | 1. 小老師開始帶全班同學唸黑板上的題目（情境文字題）。<br>2. 全班唸完之後，小老師請同學把題目的重點、數字，用筆圈出來、畫出來。<br>3. 老師回到六年級，覺得黑板太高，協助小老師把黑板降下來。<br>4. 小老師有點緊張，老師安慰大家，並指導小老師接下來的上課流程。<br> |
| 1058 | | 1. 小老師請同學們發表所畫、所圈的重點。一位同學站起來發表。小老師幫忙在黑板上圈出來，將重點劃出線來。接著小老師問同學：「大家的看法覺得如何？同意嗎？」<br>2. 同學點頭回應同意。 |

(表 11-1　土橋小學高年級數學課觀察紀錄（續）

| 時間 | 五年級 5 位學生（3 女，2 男） | 六年級 8 位學生（5 女，3 男） |
|---|---|---|
| 1058 | | 3. 小老師問：「大家知道這題要如何列式嗎？把算式列在自己的本子上。」<br>4. 老師走回到小老師身邊，指導小老師列式的關鍵處。<br><br>5. 老師巡視同學，發現某位同學的情況，對她指著黑板上的提示，輕聲加以指導。後面同學、旁邊同學也跟著聆聽和觀看老師的指導。 |
| 1100 | 1. 時間到，等待大家停筆後，小老師邀請兩位同學上臺寫出兩題的計算結果。<br>2. 小老師請同學核對答案。<br> | 1. 小老師要同學們發表列式結果。邀請一位同學發表。<br>2. 老師聽了學生的回答內容後，請大家停下來，聽老師說明。<br>3. 老師用課前準備好一個揭示板（放在黑板上，已經寫好關鍵提示）提示：「這個題目是情境文字題，有個未知數，要先從未知數來想。」老師用手來回指出題目和提示之間的關聯性，並在揭示板上板書寫出思考的想法，然後再請小老師帶領學生發表。 |

(表 11-1　土橋小學高年級數學課觀察紀錄（續）

| 時間 | 五年級 5 位學生（3 女，2 男） | 六年級 8 位學生（5 女，3 男） |
|---|---|---|
| 1100 | | 4. 老師寫板書時，發現自己寫的字有誤，重寫。老師自我解嘲是今天有很多人來觀課，會緊張。<br>5. 老師再度提示學生，題目中有未知數。巡視學生列式子後，請小老師接手。<br> |
| 1102 | 1. 完成上述計算題目後，小老師請同學齊唸今日要學習的數學課題。小老師請一位同學上臺圈出重要的關鍵數字。<br>2. 同學圈完之後，小老師請同學們開始列出算式。<br>3. 老師走回來，對於要解題的文字題，用事先已經準備好的小黑板，上面寫好關鍵運算概念，展示給學生們看。提醒學生列式的重點。並先解釋給小老師聽，指導小老師注意重要的關鍵處。<br>4. 老師巡視一位學生後，再回來以小黑板展示列式的關鍵，提醒要注意的地方。<br>5. 老師略巡視後，走到六年級。 | 1. 小老師請同學們發表，這個題目應該如何列式？同學們說了答案，小老師將算式寫在黑板上。<br>2. 小老師問：「這個算式和以前學的有什麼不一樣？」有位同學答：「有帶分數。」小老師將之寫在黑板上。<br>（※此時觀察者有聽到五年級同學在唸題目的聲音，聲音頗大，看起來六年級同學仍在專心列式）<br> |

表 11-1　土橋小學高年級數學課觀察紀錄（續）

| 時間 | 五年級 5 位學生（3 女，2 男） | 六年級 8 位學生（5 女，3 男） |
|---|---|---|
| 1102 | | 3. 根據這樣的算式，小老師請臺下同學想一想本日的上課目標。<br>4. 某位同學回答，本日學習的目標是：「分數除以帶分數的算式計算。」<br>5. 小老師一邊聽，一邊把這個重點寫在小黑板。<br>6. 小老師自己有一些不確定的地方，小老師到臺下問同學確定答案。問一個之後，又再問第二位同學。確定之後小老師才把小黑板貼在大黑板上面。 |
| 1105 | 1. 小老師請一位同學上臺列出算式。<br>2. 老師在中間走道，幫小老師提問：「有沒有要說一說這一題要注意的是什麼？」老師也提醒小朋友，小老師可能會忽略之處，鼓勵大家一起學習。<br>3. 老師在中間走道，幫小老師提問：「有沒有要說一說這一題要注意的是什麼？因為這一題和以前的學習內容不一樣。」<br>4. 有一位同學發表回應，題目中有小數。小老師將同學的想法用黃色粉筆寫在黑板上。<br>5. 老師巡視每個學生，巡視結束，走到六年級組。小老師繼續帶領解決文字應用題。 | 1. 貼完小黑板後，小老師帶領全班唸本節的學習目標：「分數除以帶分數的算式計算」。<br>2. 小老師提問，想一想這樣答案會變什麼樣子？把預測的想法寫在筆記本上。 |

表 11-1　土橋小學高年級數學課觀察紀錄（續）

| 時間 | 五年級 5 位學生（3 女，2 男） | 六年級 8 位學生（5 女，3 男） |
|------|------------------------|------------------------|
| 1105 |  | |
| 1106 | （※此時觀察到老師在五、六年級間快速地來回走動巡視、協助小老師。） | 老師協助小老師，說：「這分數題型以前曾經學過喔。」<br>（※此時觀察到老師在五、六年級間快速地來回走動、協助小老師。） |
| 1107 | 1. 小老師請同學唸出今日的學習目標，將學習目標寫在黑板上：「被乘數和乘數均小於1的計算。」學生也寫在筆記上。<br>2. 一位女同學出來幫忙小老師寫。<br>3. 老師回來詢問小老師情形，關心同學的進展，然後再離開去六年級。 | 1. 老師請同學想一想：「分數除以帶分數，會變大還是變小？」要求學生將想法先寫在筆記本上。<br>2. 小老師在臺上注視同學的學習情況。小老師請一位同學發表，同學回答：「我覺得 $\frac{2}{5} \div \frac{1}{4}$，會變小。」<br>3. 小老師把同學說的寫在黑板上。<br>4. 老師補充：「分數乘以帶分數，算出來的數會變大；分數除以帶分數，算出來的數會變小。」<br>5. 老師巡視學生，個別指導一位學生。 |

(表 11-1 土橋小學高年級數學課觀察紀錄（續）

| 時間 | 五年級 5 位學生（3 女，2 男） | 六年級 8 位學生（5 女，3 男） |
|---|---|---|
| 1110 | 1. 小老師請同學想一想：「這一題答案會變怎樣，把預測寫在筆記本上。」<br>2. 小老師請同學發表看法。小老師寫在黑板上。<br>3. 老師回來指導：被乘數、乘數小於 1 的運算方式。例如：乘數大於 1、小於 1 之間的差異。計算時，有什麼要注意的地方。請同學說一說。 | 1. 小老師問：「這樣算式要如何進行計算呢？」一位同學說：「要把帶分數變成假分數來算。」小老師將同學的回答寫在黑板上。<br>2. 老師回來在黑板寫出 11:16 的時間，請大家計算結果，先寫在筆記本上，再寫在小白板上發表。<br>3. 學生開始去拿軟性小白板開始算「$\frac{2}{5} \div 1\frac{1}{4}$」。 |
| 1112 | 1. 小老師聆聽學生意見。<br>2. 小老師將同學的想法寫在黑板上：「要注意小數點的位置、從靠右邊開始寫起。」<br><br>3. 小老師板書完成，和同學確認。 | 1. 老師回來六年級，靠近學生身邊逐一查閱批改學生寫的答案，提醒學生不用緊張，並告訴學生這題是應用問題，要寫單位。<br>2. 老師提醒小老師，請寫好的學生把答案貼在大黑板上。<br>3. 老師看見有些學生已經寫完，請寫完的同學，把習題拿出來寫一題。 |

(表 11-1 土橋小學高年級數學課觀察紀錄（續）

| 時間 | 五年級 5 位學生（3 女，2 男） | 六年級 8 位學生（5 女，3 男） |
|---|---|---|
| 1114 | | 1. 有二個學生的題目未寫完。<br>2. 小老師開始協助同學貼小白板。<br>3. 全班都寫完了，小老師帶同學一起看黑板上大家貼的答案。確認答案正確與否。 |
| 1116 | 1. 小老師計時，同學各自進行解題，寫出其解題過程在小白版上。<br>2. 學生張貼解題情形於黑板上。<br>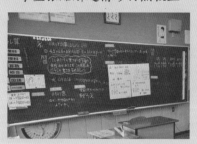 | 1. 老師回到六年級，小老師回到自己的座位。老師檢視學生的學習情形。<br>2. 老師直接教學，說明算式如何計算，並運用掛在一旁的數學海報，讓學生觀看先前學過的分數除法演算過程，尤其是被除數要倒轉來乘的步驟。<br>3. 老師在黑板上寫下算式重點：「帶分數→假分數→再把假分數倒過來」。<br>4. 老師要學生看課本第 51 頁的第 9 題，想一下是否要把假分數倒過來。 |

表 11-1 土橋小學高年級數學課觀察紀錄（續）

| 時間 | 五年級 5 位學生（3 女，2 男） | 六年級 8 位學生（5 女，3 男） |
|---|---|---|
| 1116 | |  |
| 1117 | | 1. 老師在黑板上寫出這個題目，讓學生做做看，看看是否也是這樣算。<br>2. 老師問：「有人想要上臺寫算式嗎？」有一位學生上臺寫，其他人專心看。 |
| 1119 | 1. 老師回來在兩個年級間來回檢查學生學習情形，並進行個別檢查。<br>2. 小老師檢查學生小白板上的答案，圈出答案的情形。正確畫圈。 | 1. 老師從五年級回來，帶全班一起看同學寫的答案，強調帶分數化成假分數。<br>2. 老師再把黑板上的本節學習目標講一遍，並在黑板上的「總結」欄位內，寫上本日總結。<br>3. 全班學生把老師寫在黑板上的總結內容寫在自己的筆記本上，寫的內容是：「在帶分數的除法時，要把被除數換成假分數，再倒過來乘。」 |

表 11-1　土橋小學高年級數學課觀察紀錄（續）

| 時間 | 五年級 5 位學生（3 女，2 男） | 六年級 8 位學生（5 女，3 男） |
|---|---|---|
| 1119 | | 4. 老師走回去五年級。<br>（※這班學生寫筆記沒有使用不同顏色書寫筆記。） |
| 1120 | 小老師檢查答案中。 |  |
| 1123 | 1. 老師回來，檢查學生計算結果。接著指出，如果小數點所在位置不同時，計算結果，小數點的位置可能不同。老師指出黑板上有四題，請同學做做看。黑板上有：$25 \times 6$、$25 \times 0.6$、$0.25 \times 6$、$0.25 \times 0.6$。老師提醒學生留意小數點位置。<br>2. 學生們一一上來認領一題，寫出計算結果，標出小數點位置。<br>3. 小老師主持，檢查與圈出正確答案。 | 1. 老師從五年級回來，請全班唸總結欄位的內容：「在帶分數的除法時，要把帶分數換成假分數，再倒過來乘」。<br>2. 老師請學生翻到課本第 50 頁，把這一頁的題目算完，把計算的理由寫在筆記本之內。<br>3. 老師提醒，大家算的時候要記得看清楚，答案有沒有比被除數小。 |
| 1124 | 1. 小老師請同學先討論一下今天的學習情形。學生相互交換意見。<br>2. 老師回到五年級，確認同學的小數計算情形，並請大家想一想今日學習重點總結。<br>3. 交由小老師主持總結。 | 1. 全班寫數學題，小老師主持全班對答案。有人已算好，有人還沒，小老師在等待。<br>2. 老師回來，指導某位學生，蹲下來直接指導解題技巧。<br>3. 班上有位同學主動指導另一位不會的同學。 |

### 表 11-1　土橋小學高年級數學課觀察紀錄（續）

| 時間 | 五年級5位學生（3女，2男） | 六年級8位學生（5女，3男） |
|---|---|---|
| 1124 |  | 4. 老師請小老師協助全班對答案，並請小老師要同學說出理由。小老師要求學生上臺寫答案、寫理由。兩位同學先後上臺寫。<br>5. 老師走回去五年級。<br> |
| 1126 | 1. 由小老師主持，學生發表今日的學習總結。<br><br>2. 學生總結，小老師板書統整重點。<br>3. 小老師有些字句不會寫，有兩位女同學先後出來幫忙寫，並幫忙用有色的粉筆圈出今日總結。 | 1. 老師從五年級回來，拿出一個小黑板（事先畫好圓餅圖），以吃蛋糕為例，大人食量大，一次吃 1/4 片，小孩食量小，一次吃 1/8 片，用這個例子來解釋分數除法。<br><br>2. 解釋完，老師請學生拿習題，進行挑戰，學生迅速拿出來。老師走回去五年級。 |

313

（表 11-1　土橋小學高年級數學課觀察紀錄（續）

| 時間 | 五年級 5 位學生（3 女，2 男） | 六年級 8 位學生（5 女，3 男） |
|---|---|---|
| 1129 | 老師再次回來，進行指導、修正結論。仔細運用前面的四題，說明小數點要標注的位置和作法。 | 1. 有學生算一算抬頭看黑板上的計算重點。黑板上的重點，老師都用不同顏色的粉筆註記。<br>2. 學生在計算時，都拿尺來對準，寫得很工整。每個人都很努力在寫，但寫的速度不同。<br>〔※老師跑來跑去好像無所不在，小老師在前面，有讓學生覺得老師（分身）的感覺。〕<br> |
| 1130 | 老師請學生拿出習題，開始計時 3 分鐘，練習小數計算的數學練習題。 | 學生持續寫練習題。 |
| 1135-1140 | 老師合班進行結束課堂。<br>1. 老師回到班級中間，統計班上計算題目，10～15 題，答對的學生就舉手，全班鼓掌；5～10 題，全班鼓掌。<br>2. 老師請大家鼓掌謝謝小老師的幫忙。結束本日課程。 | |

## 肆、教師在複式學級中的指導模式與移動

　　從上面的教學觀察中可以發現，複式班級的教學中由於有兩個年級同時在學習，老師並非單純地站在班級學生面前講課，而是運用了直接指導與間接指導的方式，結合了小老師的制度，老師在兩個年級組中適時的移動並指導學生，以完成一個單位時間內的授課。

## 間接指導、直接指導與教師移動

　　根據這堂課的觀察，課堂一開始的導入階段，教師先進行學習前的暖身活動，由學生練習數學運算，並且訂正答案，這樣的導入活動乃是在教師主導、學生個別學習的情況下進行。接下來的課堂學習歷程中，本坊老師在兩個年級都各安排了一位小老師，扮演協助老師帶領各自年級的同學進行學習的角色。

　　整個數學課的時間，根據本坊老師實際的執行，整個數學課堂學習活動可分成四個步驟：掌握本課堂的目標（掌握問題）、探究問題、解決問題、根據所學進行應用。而老師則在兩個年級中，來回檢視學生的學習情形（如圖 11-2 所示）。

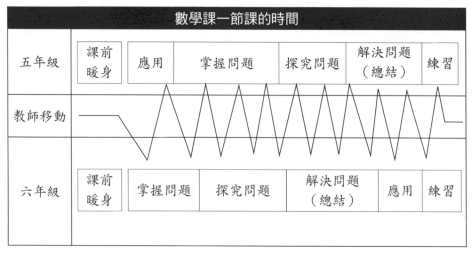

（圖 11-2　課堂學習階段與教師移動

　　在課堂暖身活動之後，實際的教學實施歷程開展時，本坊老師首先將五年級交付小老師進行應用練習的活動，然後，本坊老師站在六年級群組旁邊的位置，從旁觀看六年級小老師帶領學生進行本次的數學學習

目標。從圖 11-2 的教師移動中可知，本坊老師也抽出部分時間回到五年級關注學生的應用練習情形，督導小老師的學習帶領狀態。而後續的歷程中，在五年級進入掌握問題和六年級進入探究問題時，乃是學生學習之重要階段，因此教師在這兩階段時有較多的移動發生。

然而，即使是相當多次的移動，但本坊老師相當能掌握數學課堂的教學內容與重點，並未顯得匆促或突兀。在學生學習陷入瓶頸時，本坊老師也會接手小老師的工作，自己進行教學。

綜觀來看，大致上此次課堂中以教師間接指導的性質較為濃厚，但是，教師的直接指導仍未消失。教師直接指導的時機和特點如下：

1. 在掌握問題的過程中進行直接指導。也就是當學生進入「掌握學習目標」階段時，老師會回來確認學生是否有把握住學習的課題。

2. 在探究問題階段和解決問題階段進行直接指導。本次課堂中六年級學生正在學習帶數的除法，這時候數學運算過程牽涉到要將分數轉為假分數，然後分子、分母倒過來，以列出算式進行運算。此時可以發現，學生在這個時候，通常顯得較不熟練，而此時小老師也較無法解決同學的疑問，因此老師在兩個年級中頻繁移動。從我們的觀察中發現：將數學一個課程學習時間適當的分為四個步驟階段，有利於老師判斷和掌握學生的學習問題，進而能集中心力在教學的介入上，指導學生解決學習中所發生的問題。

3. 老師發現小老師比較無法帶領同儕學習時，老師也會暫停小老師的帶領，由自己上場，進行直接教學。由於複式學級的間接指導是以小老師擔任重要的助手，優點是鍛鍊學生的能力和培育自主學習的態度，但有時也有可能造成學習停滯，無法發展出適切的學習結果。這時便是老師直接指導的時機點，老師會回到特定的年級進行澄清概念、示範和解釋學習重點。

4. 由於班級人數少並且運用小老師帶領同學學習，我們也觀察到該班老師有較多的次數走到個別學生旁邊，低聲和某位同學討論學

習的問題。這個現象意味著直接指導並非只能發生在對全體班級
教學時，而可以善用在個別學生的指導上。

## 伍、小老師的角色

在本次的教學觀察中，令人印象深刻的是課堂中的小老師角色。在
本課堂中，五、六年級各有一位小老師，擔任教師移動到另一年級時帶
領同學進行學習任務的工作。而本次教學觀察的土橋小學，學生們看起
來是比較內向和溫和，因此在此案例中，全班學生手邊都各有一張說明
文件（小老師的引導單，參見表 11-2），且有趣的是，兩位小老師在帶
領學生的學習過程中，不時低頭參酌引導單上的建議，顯然教師事先準
備的引導單對於學生有支持的作用，並且讓學生得以學習如何帶領班級
同學。

我們從現場觀察中看到小老師能體會到要帶領同學的責任，因此展
現出幾項令人印象深刻的行為：

1. 對於學習歷程進行時間掌控：通常小老師的策略是使用計時器，
   或者直接書寫時間限度在黑板上，或先寫在小白板上，然後將小
   白板貼在大黑板上提醒同學。

2. 小老師以明確動作語詞，引導同學進行某項學習任務，例如：要
   求同學寫筆記、圈出重要字詞，或者是要求同學發表，甚至是找
   相同或不同之處。

3. 小老師表現出的引導行為有：促進同學發表、引導同學相互提問、
   回應問題並確認同學是否了解。我們觀察到小老師使用這些方式，
   有助於提供機會將學生的內隱學習困難或問題，自然地在學習過
   程中被察覺或辨識出來，至少不會像是在大班級中一樣，學生無
   法有機會辨認到自己的困難。因此，透過教師運用小老師的方式，
   在少人數班級中提供了更多的同儕對話機會以及了解學生學習的

表 11-2　高年級數學課小老師的引導單

| 小老師的引導單 |
| --- |

1. 將今天的日期跟頁數寫在自己的筆記本上。
   - 唸出問題。
   - 將知道的數字圈起來，把問題畫底線。
   - 會是怎樣的算式。
   - 跟之前學的，哪裡不一樣。
   （等到大家全部都發表完，小老師寫在黑板上）
2. 思考今天的學習目標（要討論決定）。
   - 今天的目標是○○（小老師把目標寫在黑板上，老師確認）。
   - 寫在筆記本。
   - 大家一起唸出目標。
3. 預測答案會變成什麼，把預測寫在筆記本上（小老師寫在黑板上）。
   寫出今天的學習流程（小老師寫在黑板上）。
4. 個人探究時間到○時○分，結束的人，請寫在小白板上。
   如果有人還沒有完成，請相互幫忙。
5. （時間到的 2 分鐘前）請準備發表。
6. 請○○同學開始發表自己的意見。
7. 用哪一個方法比較好呢？大家覺得是哪一個呢？
   請判斷哪一個方法是（1）又快（2）又簡單（3）又正確。
8. 整理大家的想法。○○這樣對嗎？
9. 麻煩老師確認。
10. 把今天的結論想一想，然後發表（寫在黑板上）。
11. 大家一起唸今天的總結，寫在筆記本上。
12. 結束的人，請做○○題，如果先做完的人，請先自己練習。

資料來源：林千渝、陳文正譯自鹿兒島縣日置市土橋小學五、六年級複式學級中的上課
　　　　　資料

狀態。

4. 以擔任小老師的學生而言，小老師獲得了自我表現、和他人對話，
　 以及鍛鍊個人個性的機會。在偏鄉小校，若非經由教學設計來經
　 營這樣的機會，學生可能會缺乏這樣的對話訓練，同時，一般的

日常對話中通常比較屬於意見表達或非正式的交流，學科學習性質和結構性並非對話的核心，因此透過複式學級中的小老師制度，我們認為可以提供學生鍛鍊對話、督促思考和知性對談的能力。

## 陸、案例反思與啟發

從上述的教學觀察分析中，我們反思本次的觀察經驗，針對制度、人員、教學現場實踐、學科教學設計、課室教學環境設施，提出一些想法。

### 一、小規模學校複式教學之實施：建立法規辦法支持和引導學校

日本推動複式教學已有五、六十年的經驗，其法規的制定提供了引導偏遠小校進行複式教學之基礎，使得學校推動執行時有法規的支持。由於國情不盡相同，臺灣是否要採行複式學級措施，仍然需要更多審慎的研議和討論。然而，就目前小校和少人數的班級增加的趨勢來思考，國內在推動小校執行跨年級教學或其他協助少人數班級的教學上，相關法規政策面尚缺乏明確的規範，許多由教育部或縣市教育局（處）推動的試辦計畫，目前仍大多屬於鼓勵性質。因此，未來政府主管部門是否應在法規上更加明確或提供適用的原則，支持和推動學校進行，亟需教育政策者思考。

### 二、實施複式教學之學校領導團隊與班級教師：激勵意願與聚焦學校發展目標

由於鹿兒島小學教師根據教師輪調的規定，在其教師生涯中需有在偏遠學校服務之經歷，所以教師大多能適時參與相關研習以增進複式學

級的教學相關知能，以配合執行參與複式學級的教學措施。鹿兒島土橋小學校長特別強調，該校教師皆能認識到自己必須教導複式學級學生的責任，到達服務學校後，校內也會透過校內教師相互傳承經驗、或辦理相關研習或研討，增進其相關知能，並激勵其意願。所以即使是剛到任的老師，如果學校必須實施複式學級的方式，也會配合學校與學生學習之需求，運用複式學級的學習指導方法。

然而，國內目前並未有教師輪調制度，同時現行小校中的教與學問題，也不可能期待輪調制度來作為解藥。目前國內小校面對的問題，大致有二：其一，教師對於改變單一班級教學，較易以原有的師培訓練和先前教職經驗來思考，對於跨年級教學的嘗試，感覺到陌生或躊躇不前。其二，國內小規模學校經常承接各種不同之方案與發展計畫，相互競合，行政業務多頭分散心力，因而導致學校團隊常常陷入難以取捨，或者無法配置足夠心力的困境中。因此，國內小規模學校如何聚焦在學生能力發展的需求項目上，思考校內人力專長與發展重點，產生自己的動力和發展目標，是未來學校經營領導上的重要議題。

## 三、教學現場的砥礪與品質：掌握學習目標與指導方式

從跨年級團隊到鹿兒島參訪學校的經驗中，綜合來看，鹿兒島學校裡擔任複式學級教學的教師相當明確展現出「教學準備好了」的狀態。老師進入複式教學現場時，明顯出現清楚的教學流程和結構，所以即使在教學現場有兩個年級兩個學習單元在同步進行，也能掌握整個複式教學的進行，且能適時處理需要注意的重點，結合運用小老師的力量，協助其教學進行。

上述這些教學準備、教學流程與結構，透過教師的直接指導和間接指導兩項教學行為，巧妙地結合運用。在間接指導環節上，本次教學觀察中也發現在少人數班級中培養小老師的重要性，不僅有助於學生，也能發揮師生共學的效能。

因此，國內在推動執行跨年級教學時的專業研習或工作坊，可思考積極加入教學流程、結構與直接教學、間接教學的結合，並且在班級經營與教學上加入小老師培訓的作法，有次序地從一年級到六年培養學生成為有思考、有方法帶領他人的學習者。

## 四、建構校內學科教學的課堂教學流程：各年級學科教學流程的結構化

從本次的數學複式教學的參訪經驗來看，在開始上課之前，老師已經將本次上課的重點教學流程，以小字卡的方式布置在黑板上，這些流程包括：學習課題、學習目標、見通（預想學習的方法）、總結等，乍看之下這些字卡都是相當常見的教學用語，實質上卻對整節課起了重要作用。由於這些字卡或提示語，明確地視覺呈現在教師和學生面前，除了讓教學順暢之外，更讓老師與學生對整節課的教學流程有全貌式的理解，有助於老師和學生在共同的理解下推進學習的歷程。

反觀臺灣的教學實務經驗，班級中學習活動的安排、教學流程，常會因不同教師而有所差異，而小校教師流動頻繁，當新的學年度來臨，學生更換數學教師時，都需要一段時間來適應老師的教學策略與流程，這對於在跨年級班級裡的學生來說，是相對不利的情境。

因此，對於教師流動率較高的偏鄉小校，若在實施跨年級教學時，能建構校內學習領域的課堂教學流程（可先選擇一、兩個學習領域，先行試行），提供給校內沒有跨年級教學經驗的初任教師參考，協助老師較快適應跨年級教學的型態，可能是一個非常值得推動的方向。因此，建構校內學科領域的教學流程，讓各年級教學流程結構化，應是偏鄉小校在推動跨年級教學時的重要工作。

## 五、課室教學設備的調整：調整教學環境讓跨年級教學更順暢

　　本次參訪的土橋小學依據相關法規採取複式學級編班，在複式學級的班級裡，只安排一位老師，本次數學科目的教學上採取的是「平行課程」的設計，同一間教室裡有兩個年級的學生，但每個年級上自己年級的課程內容。為了因應這個教學需求，每間教室的前後各設置一個可上下調整的黑板，在我們進行課室觀察時，就連小朋友都可以操作、調整黑板的高度，方便張貼解題作法的小白板來做小組討論。從以上來看，日本的複式教學不僅從教學策略與課程設計方面著手，調整課室裡的教學設備也是重要的一環。

　　然而，在目前臺灣的經驗中，數學領域的跨年級教學，大多採取全班教學或螺旋式課程。採行合班上課時，即使是分組教學，教師若安排小組學習任務，大致上使用小型白板就符合需求，因而較少出現同時使用兩個大黑板的需求，也幾乎沒有教室有配置合適小學生使用的雙面大黑板。但是，從土橋小學的數學教學觀察中，我們也體會到，平行課程設計是數學跨年級教學的可行方式之一，如果採取平行課程，而現行一般教室中使用移動式白板的面積過小，無法達到讓教學流程結構化、學習歷程視覺化清楚展現出來的需求，因此，教學環境上如能有兩面大黑板，便可成為支持教師和學生的良好的工具。

　　因此，教室環境或許是一個小問題，但是也是一個關鍵的助力。我們建議，在探討跨年級教學在課室裡的可行性時，考量各項因素時必須將課室教學設備等因素納入考量，調整每間教室的課桌椅、教室空間及黑板等硬體設備，讓學校教室保有容納較多學生的彈性，老師在學習領域的課程與教學設計時，就可以不再受限於課室裡的設備，讓跨年級教學更順暢。

## 柒、結語

　　鹿兒島大學教授前田晶子（2016）針對鹿兒島縣複式教學進行研究，分析了複式教學的優點與困難後，曾指出：「我們認為複式學級的指導需要高度的專門性，其意思並非僅止於教學的技術方面，更包含教學觀的再度深化思考。在少人數的環境之下，要如何更有耐心地讓每位學生保持對知識的渴求，應是今後複式學級教學的教師們需具備之專業能力之一」（頁315）。本文也以此段話和臺灣所有關心小型學校的人們一起分享，持續努力。

─●參 考 文 獻●─

前田晶子（2016）。小規模化する小学校の課題と展望：鹿児島県にお
　　ける複式・少人数学級の調査報告。**鹿児島大学教育学部教育実践
　　研究紀要，25，**311-316。

鹿兒島大學教育學系附屬小學校複式部（2018）。**複式學級の學習指導。**
　　日本：作者。

鹿兒島県教育委員會（2016）。**南北 600 キロの教育：へき地・複式教
　　育の手引きから。**日本：作者。

# 跨年級教學的成效與實施：法國及加拿大經驗對臺灣跨年級教學的啟示

葉珍玲[1]

## 壹、前言

　　我國少子化問題嚴重，導致國民中小學的小校比率持續上升。自 95 至 105 學年度間，國小學生少於 50 人之學校，從 146 所攀升至 406 所，占全國校數比率由 5.5% 升至 15.4%；國中學生少於 100 人之學校，則由 49 所增加到 70 所，占全國校數比率由 6.7% 增至 9.5%（教育部，2017）。這些小校多半位於人口流失的偏遠地區，偏鄉小校囿於學生人數，教學活動變化有限。此外，幾乎每位偏鄉小校教師皆須兼任行政工作，大幅影響教育品質（甄曉蘭，2007）。為提升偏鄉小校學生互動之機會與學習成效，教育部自 2014 年起委託國立臺灣師範大學洪儷瑜教授推動「國民小學實施跨年級教學方案試辦計畫」，期能突破小校班級人

---

1 國立臺灣師範大學教育研究與評鑑中心研究助理。

數限制，透過教學與學習方式的改變，優化教學與學習品質。

麥肯錫顧問公司（Mckinsey & Company）分析了20個持續進步的學校系統，發現教育系統的進步來自於學生教室學習經驗的提升。事實上，這些學校系統的改革策略有三：第一是建立新學校類型、改變學制、將系統責任去中心化，以改變教育結構；其次是增加教育經費或人力，以改變資源分配；第三是修改課程、教師教學方式、校長領導方式，以改變學習過程。麥肯錫發現進步最多的學區，都是改變學生的學習過程，特別是改變教師的教學方式（Barber, Chijioke, & Mourshed, 2011）。Hopkins、Harris、Stoll 與 Mackay（2011）亦指出，歐美一些大型教育計畫之所以未能廣泛地影響學生的學習成效，係因為這些改革的策略忽略了教室中的教學以及專業能力的建構，而這些因素對學生的學習成就有正向且重要的影響。

跨年級教學方式有助於學生養成主動的學習習慣，並增益其社會化技能（Brunswic & Valérien, 2003），2019年新課綱所揭櫫的「自發、互動、共好」理念與跨年級教學的實踐若合符節。我國之跨年級教學實務尚在萌芽發展階段，本文從法國與加拿大實施跨年級教學的經驗汲取養分，以供國內實務工作者參考。本文共分為三部分：第一部分簡介跨年級教學的優點及成效；第二部分介紹跨年級教學的實施原則與策略，並以數學科為例，說明跨年級的課程安排與教學策略；第三部分探討法國及加拿大經驗對我國小校推動跨年級教學的啟示。

## 貳、跨年級教學的優點及成效

### 一、跨年級教學的優點

雖然跨年級教學在某些地區受限於人力及經濟因素，是不得不的選項，然而跨年級班級對教師和學生而言有下列獨特的優點（Éducation,

Citoyenneté et Jeunesse Manitoba, 2004）。

首先，跨年級班級的學生處於不同的認知發展階段，在課程組織及時間規劃上需較單一年級班級更為結構化，加上跨年級教師比單一年級教師更加意識到班級內成員的異質性，故跨年級的教學設計會考量學生的個別學習需求，跨年級班級的學生遂有較多機會學習建立個人的學習目標、自我監控、自我評估，進而發展學習策略，培養獨立學習的能力與習慣。Rochex 與 Crinon（2011）指出，學習不平等的部分原因肇因於教師並未全數教授學校所要求的能力和知識，例如：教師在進行某些教學活動（寫作、探究學習、問題解決等）時，忽略了學生必須具備某些先備機制，並了解這些活動的關鍵與重點，才能投入學習活動。這些先備機制通常是內隱或很難具體解釋，每位學生具備的連結學習活動與知識之先備機制不盡相同，學校也很少教導這一類的知識與能力，導致學校在教學過程中無意識地促進或妨礙了不同社經背景學生獲取知識的途徑。在跨年級班級中，學生有較多獨立學習或與他人合作學習的機會，低年級學生可透過觀察學習（observational learning），發展獨立學習的技能。此外，跨年級班級中的合作、互助及對每位學生的學習節奏之尊重，皆有助於培養學生的獨立性與合作性。

其次，因能與年長和年幼的同學一起學習，跨年級班級提供學生認識自我的機會。在跨年級班級中，學生可以建立多元的社會關係，這樣的社會關係在家庭、職場及社群中亦是常態。再者，學生在跨年級班級中需輪流扮演不同的角色，年長學生可以作為年幼學生的榜樣，透過擔任領導的角色或小老師，教導年幼學生；當新學年重新編班時，中年級的年長學生升上高年級，其角色轉換為年幼學生，則可學習跟隨年長學生的領導。最後，跨年級教學有助於師生關係的穩定，學生可以免除適應新班級和新同學的焦慮，亦不需花時間重新學習新的學習規範，因班級秩序較為穩定，老師就可以有較多的時間專注於教學。

對教師而言，跨年級教學的缺點是工作負擔增加——無論在備課、上課及課後，跨年級教師所花費的時間都多於單一年級教師；此外，教師也必須熟悉多個年級的課程內容與學習目標。然而，若教師連續多年都帶跨年級班級，一旦建立起工作習慣，留下來的高年級學生會協助新進的低年級學生熟悉跨年級班級的運作規範，有助於節省教師班級經營的時間；且教師因與學生長期相處，可以更確實掌握學生的學習進度與風格，規劃適合學生的教學活動。其次，如果是跨兩個年級教學，教師可以兩年為一個週期規劃班級教學計畫，課程安排因而較為彈性。

## 二、跨年級教學的成效

儘管跨年級教學是一種古老的教學方式（Brunswic & Valérien, 2003），亦有理論支持（Vygotsky, 1985），但學界對跨年級教學的成效至今仍未達成共識。荷蘭學者 Veenman（1995）針對 38 個跨年級研究和 11 個混齡研究進行後設分析，研究結果顯示，在學業成就方面，跨年級學生的學業表現和單一年級學生沒有差異；在情意面向（對學校的態度、社會化能力、自我概念）的發展上，跨年級學生和單一年級學生是相同的，甚至略高一些。Veenman 認為，如果實施更有效的策略，跨年級學生的表現將比單一年級學生更好；倘若使用與單一年級班級一樣的教學方式，或採用無效的分組安排，跨年級教學潛在的正向影響將隨之減弱（Veenman, 1995）。

Mason 與 Burns（1997）以及 Burns 與 Mason（2002）則認為，跨年級班級的教學品質低於單一年級，因為教學任務的沉重負擔往往使老師疲憊不堪，從而影響了教師的教學表現，進而影響學生學習。Mason 與 Burns 指出，跨年級學生的學業表現之所以和單一年級學生一樣好，是源自於校長對任教跨年級班級教師和學生的選擇偏好——大多數校長傾向將較有能力的教師和較主動、認真學習及動機較高的學生編入跨年級班級，以致於跨年級學生的學習成效和單一年級學生不相上下。

　　跨年級班級在法國相當普遍，以 2016 年度為例，全法有 41.1% 的小學生就讀跨年級班級；其中，鄉村地區就讀於跨年級班級的小學生比率為 72.1%，城市地區則有 30% 的學生就讀於跨年級班級（Ministère de l'Éducation Nationale, 2016）。自二十世紀 1980 年代起，法國偏鄉學校的相關研究皆證實跨年級教學的成效，在小學階段，就讀跨年級的學生比單一年級學生的學習成效為佳（Jarousse & Mingat, 1993; Leroy-Audouin & Mingat, 1996; Œuvrard, 1990; Vogler & Bouissou, 1987）。

　　Leroy-Audouin 與 Mingat（1996）研究小學就讀單一年級及跨年級班級之學生進入國中後的學業表現，發現小學曾就讀單一年級的學生在國一時的學習表現較差。小學曾就讀單一班級（classe unique）[2] 的國一學生比曾就讀單一年級的國一學生之平均得分高出 6.44 分；小學曾就讀跨年級班級的國一學生則比曾就讀單一年級的同儕之平均得分高出 3.89 分。部分研究顯示，就讀跨三個年級的學生學習成效與就讀跨兩個年級或單一班級的學生相比，較不理想（Bressoux, 1994; Leroy-Audouin & Mingat, 1996）。不過，小學就讀跨年級班級的學生，其國中留級的比率較就讀單一年級的同儕為低：小學就讀單一年級的學生之國一留級率為 23%，遠高於小學就讀跨年級班級及單一班級的學生；小學就讀跨年級班級的學生之國一留級率為 12.9%；小學就讀單一班級的學生之國一留級率則僅有 11.3%（Leroy-Audouin & Mingat, 1996）。

　　二十一世紀初期，法國跨年級教學的成效有了異於往昔的發現。Davezies（2005）分析 1987 年小一學生的世代資料，發現就讀跨年級班級的學生在小二的成績略高於就讀單一年級的同儕，但到了小四時，就讀跨年級班級的學生表現和就讀單一年級的學生沒有差異。此外，就讀跨年

---

2 指全校僅有一個班級，一到五年級（法國小學只有五年）全體學生皆在同一個班級上課，稱為單一班級。2016 年度，全法有 8.6% 的公立小學為單一班級（http://cache.media. education.gouv.fr/file/2017/80/7/depp-rers-2017-donnees-fiche- 02-01_810807.xls）。

級班級的小四學生若和低年級學生同一個班級，對其學習成效反而有負面影響。Leroy-Audouin 與 Suchaut（2007）的研究則發現，就讀跨兩個年級的小二（小二與小三跨年級）與小四（小三與小四跨年級）學生的學習成效，不如就讀單一年級的同儕；不過，倘若教師擁有編班的自由，跨年級班級的負面影響可被抵銷，學生的學習成效會趨向中立。Leroy-Audouin 與 Suchaut 認為，由於法國跨年級教學的實施已從鄉村擴張到城市，跨年級教學的現象不再是鄉村地區學校所獨有；加上統計方法的日新月異，遂始得跨年級教學的成效在二十一世紀初出現逆轉（Leroy-Audouin & Suchaut, 2007）。

再者，法國晚近的跨年級教學研究也發現，不是每個年級都適合進行跨年級教學。Suchaut（2010）研究法國小學一年級的跨年級教學成效，發現小學一年級是最不利實施跨年級教學的一個年級，所幸教師的教學經驗可以彌補跨年級班級效率低落的窘境。Suchaut 特別指出，當學生的認知發展程度較弱且缺乏獨立學習技能時，在小一和小二實施跨年級教學不無風險。下列條件和因素則可以減少低年級跨年級教學的風險：（1）避免讓小一和小二學生連續上兩年的跨年級課程；（2）審慎地選擇跨年級班級的學生，避免納入程度薄弱及未能獨立學習的學生；（3）嚴謹地設計和組織教學活動，確保兩個年級的學習都被納入教學活動；（4）避免由資淺的教師帶領跨年級班級。此外，針對跨年級教學效率低落的問題，Suchaut 提出以下的政策建議。

## （一）注重教學時間的組織

教師安排跨年級教學活動及將這些活動分配於兩個年級學生的方式，會直接影響到學生獨立學習的時間及參與學習活動的程度，而學生投入學習的程度是影響有效學習的主要因素（Mortimore, Sammons, Stoll, Lewis, & Ecob, 1988）。另一方面，教師留給學生獨立學習的時間，也會對教學成效產生影響。法國鄉村學校的相關研究證實了，跨年級班級中

的學習時間優化及高度支持學生會發揮正向與聯合效應（Leroy-Audouin & Mingat, 1996）[3]。事實上，在一個有規劃的跨年級班級中，學生不是聽老師上課，就是分組學習，或是獨立學習，永遠不會沒事做。「教師支持學生的程度」與「學習時間的優化」進一步補充了 Stallings（1980）對互動學習教學（學生與老師共同工作的時刻）和非互動學習教學（學生獨立作業的時刻）的區隔[4]。Thomas 與 Shaw（1992）指出，跨年級班級的課程組織與時間規劃可優化學生的學習時間，但如果教師不擅長於組織和規劃學習活動，則跨年級班級學生的學習機會就會更低一些。因此，教師須關注學習時間的優化和教師支持學生的程度，組織適切的學習活動及平衡分配不同年級的教學時間。

## （二）善用學生間的互動

認知發展和社會發展猶如錢幣的兩面，彼此產生螺旋式的影響（Kasten, 1998）。Vygotsky 指出，在不同能力學習者之間激盪產生的解決問題之機會，有助於刺激學習和發展——學習者可透過彼此相互合作，完成無法單獨勝任的任務（Vygotsky, 1978）。加拿大學者 Gayfer（1991）的研究發現，跨年級班級的學生在學習習慣、社會互動、個人動機、合

---

3 Leroy-Audouin 與 Mingat（1996）將教學實踐區分為「教師支持學生的程度」與「學習時間的優化」：單一年級班級擁有較高程度的學生支持，但較弱的學習時間優化；單一班級則是給予學生很大的自主權，同時最大化學習時間；跨年級班級教師支持學生的程度與學習時間的優化居於兩者之間。Leroy-Audouin 與 Mingat 的研究發現，學習時間管理較嚴密的班級，其學生的學習成效較佳。當教師對學生實施更多面對面指導時，學生的進步更為優越。然，促進學習成效的並非單一的教學實踐，而是教學實踐的組合。最不利的教學情況是學習時間缺乏優化（-2.80 分），而最佳的教學情況是結合學習時間優化及高度支持學生（+3.73 分）。

4 Stallings（1980）將學習時間（time on task）分為互動學習教學（interactive on-task instruction time）和非互動學習教學（noninteractive on-task instruction time）兩種形式，前者包括討論、複習、大聲朗讀、反覆練習、讚賞與支持、閱讀任務（reading tasks）、支持性的修正回饋（supportive corrective feedback）；後者則包括班級經營、默讀、寫作業。

作，以及對學校的態度等面向較單一年級的學生得分為高。在社交和情感領域，學生因與其他不同年齡的同儕一起學習，不僅能體驗更廣泛的學習情境與社會角色，且有助於形成一種社區和互助的文化，能互相幫助、彼此學習。Suchaut（2010）則提醒，跨年級班級中的年齡異質性能否促進學習成效，端視學生的年齡差距、學生人數和教師的專業程度而定。事實上，教學時間的管理及與同儕的互動，可能是導致法國鄉村學校單一班級學生學習成功的原因。

　　跨年級教學的成效雖然未有定論，然在一個跨年級班級裡，由於學生年齡的異質性，教師必須特別安排空間、規劃時間、統整課程，並依據學生的能力設計有意義的學習任務，以便管理學生的學習進程。在單一年級的班級中，教師的教學行為則容易受到教科書及教學進度的規範，由此觀之，跨年級教學比單一年級教學更有機會實踐以學生為中心的理念。此外，跨年級班級的學生因須與班上其他同儕分享教師，跨年級班級學生在課堂上比單一年級學生有著更多書面及口語練習的機會；當老師在對另一個年級上課時，學生或透過書面練習和分組討論立即應用所學的知識，或經由教導同儕而加深理解，這類的認知投入方式比單向式的聽講接收更有助於強化鞏固習得的知識。不過，班級組織本身並不能帶來更好的學習環境，跨年級教學只有在班級運作良好的情況下才能發揮其效果，換句話說，課程組織和學習活動須交替得宜，這意味著老師須掌握課程中的核心概念，將其轉化為具有相同主題單元但程度有別的學習任務，並知道何時以及如何形成同質或異質的群體，始能優化教學時間，並為學生提供高度支持的學習環境。

## 參、跨年級教學的實施原則與策略

### 一、跨年級教學的實施原則

　　跨年級教學的相關研究多專注於學生的學習成效，很少有研究探討跨年級班級的課程與教學實踐——這些課程發生了什麼？教師如何教？加拿大學者 Lataille-Démoré（2008）透過文獻分析及教師調查，試圖找出有效的跨年級教學之教學策略，以及跨年級教師應增加哪些專業能力，以促進學生成功學習。表 12-1 羅列 Lataille-Demoré 針對「課程設計與規劃」、「班級經營」、「態度與氣氛」、「分組與教學活動類型」、「教學與學習策略」、「評量」等六大面向所綜合整理之跨年級教學有效策略，以供學校及教師規劃跨年級教學實施之參考。

　　Lataille-Démoré（2008）發現，上述研究的建議有幾項趨同。首先，所有學者都認同仔細備課的重要性，以確保能更有效地管理活動和更好地利用教學時間，因此 Lataille-Démoré 建議教師將授課科目進行跨領域的水平及跨年級的垂直整合。其次，在班級經營方面，學者亦認同教室空間安排的重要性、明確建立學生應遵守的規範和對學生的具體期望，以及行為的有效管理。第三，班級氣氛必須促進相互幫助及獨立學習，實施明示教學、個別輔導、異質或同質分組的合作學習，以及學習的自主管理等策略則有助於確保班級氣氛。最後，定期評估和回饋對維持學習動機和確保學生成功至為關鍵。

表 12-1　跨年級班級之有效教學策略

| 面向 | 有效策略 |
|---|---|
| 課程設計與規劃 | 1. 精心準備（教學聚焦於涵蓋課程、最大化學習時間，並以合乎邏輯、程序、有效和多元的方式呈現教學材料）。<br>2. 教學內容的橫向整合，即不同學科之間的整合。<br>3. 教學內容的垂直整合，即學科的跨年級整合。<br>4. 教學材料與學生的生活環境有所連結。<br>5. 教學材料與學生有所連結。<br>6. 作業時間（學生投入學習的時間、學習所需時間、時間分配及學習活動的相關性）。<br>7. 安排的學習活動持續讓學生保持忙碌。 |
| 班級經營 | 1. 支持各種學習活動以及分組的空間規劃和資源設備。<br>2. 以預先規劃的時間表、活動和常規培養個人責任。<br>3. 教導清楚的期望及明確的規則。<br>4. 警覺性、流動性和主動性（教師能掌握當下發生的事情、可以同時進行多工任務、可以保持學生的注意力，並確保教學工作的進展）。<br>5. 對不當行為的及時、謹慎、肯定和積極之回應。 |
| 態度與氣氛 | 1. 合作（互依共存、互助）。<br>2. 渴望學習。<br>3. 自治、包容。<br>4. 責任感。<br>5. 自主學習（包括任務、期望、常規和預期結果，以便學生以合理的方式利用他們的時間）。<br>6. 注重人的價值。<br>7. 注重農村地區的生活價值。<br>8. 家長和學生對跨年級課程持積極態度。<br>9. 家長與社區參與。<br>10. 學校氣氛（扁平式領導、主動領導、對學生寄予厚望、樂於接受改變、學校人員之專業培訓、目標明確、支持同事和計畫，以支援跨年級教學）。 |

**表 12-1　跨年級班級之有效教學策略（續）**

| 面向 | 有效策略 |
|---|---|
| 分組與<br>教學活動類型 | 1. 各種分組：<br>　・全班教學。<br>　・異質分組。<br>　・同質分組（亦有學者認為同質分組不甚有效[5]）。<br>2. 個別指導。<br>3. 各類教學活動類型：<br>　・學科連結（不同學科，其中一門需要直接教學，另一門則需要同時討論涉及）。<br>　・全班學習相同課程，課程垂直整合。<br>　・全班學習同一主題並分配不同任務，教師從一個小組移動到另一個小組或提供個別協助。<br>　・學生進行自選的個人任務。<br>　・兩階段教學（合班上課然後根據能力分配不同任務）。 |
| 教學與學習策略 | 1. 多元的教學與學習技巧。<br>2. 有效、直接或明示教學（簡短陳述單元目標、逐步複習介紹學習內容、積極地指導、反饋和修正、監督學生的自主學習、定期追蹤）。<br>3. 合作學習。　4. 同儕教導。　5. 個別輔導。<br>6. 討論。　　　7. 精熟學習。　8. 差異化教學。<br>9. 個別學習（亦有學者認為個別學習不甚有效[6]）。<br>10. 個別任務（亦有學者認為個別任務不甚有效[7]）。<br>11. 個別研究。　12. 專題計畫。　13. 補救作業。<br>14. 學習的自我管理。　15. 學習策略的發展。<br>16. 資訊與溝通技術。　17. 學習工作站。 |
| 評量 | 1. 持續的評量和回饋（學習紀錄表掛圖、個人學習日誌）。<br>2. 真實評量（觀察、學習檔案、訪談）。<br>3. 跨學科和綜合評量（班級和學生檔案）。 |

資料來源：修改自 Lataille-Démoré（2008, pp. 359-361）

---

5 如 Good 與 Brophy（2003）。

6 如 Good 與 Brophy（2003）以及 Gutierréz 與 Slavin（1992）。

7 如 Gutierréz 與 Slavin（1992）。

## 二、跨年級教學的實施策略：以數學領域為例

為協助教師進行跨年級教學，加拿大安大略省教育部於 2007 年出版了《跨年級班級教學策略指引》（*Combined Grades*）（Ontario. Ministry of Education., 2007），該指引分為三個部分：第一部分包括跨年級班級所需的行政支持、教學準備、教學資源，以及對家長疑慮的回應，第二部分為閱讀素養的教學規劃，第三部分則是數學科的教學規劃[8]。我國目前實施跨年級教學的學校較少選擇於數學領域推動跨年級教學，因此筆者參酌加拿大官方的《跨年級班級教學策略指引》，介紹數學領域的跨年級課程規劃與教學。

跨年級數學領域教學的課程設計策略包括幾項：（1）熟悉與前後年級銜接的數學課程；（2）發展數學課程地圖；（3）確認對兩個年級學生的相同與相異期待；（4）發展數學單元計畫；（5）選擇學習材料；（6）選擇單元問題，茲依序說明各項策略如下。

### （一）熟悉與前後年級銜接的數學課程

教師必須熟悉兩個年級所銜接的前後年級課程，以確保課程計畫聚焦於學習的連續性，並可避免課程內容的落差與重複，例如：教師在準備三、四年級數學領域的課程內容（如幾何、數量、空間概念）時，可參考二、三、四、五年級的學習目標，將有助於理解學生學習的連續性。

### （二）發展數學課程地圖

課程地圖的優點是可以協助找出共同教學的概念或單元，教師應發展涵蓋每個年級學習目標的數學課程地圖，以便標示出哪些課程可以跨

---

8 研究顯示，大部分的跨年級班級教師將主力放在語言和數學的教學（Lataille-Démoré, 2008; Mason & Burns, 1997）。

年級連結，或是有哪些概念是單一年級所獨有，必須分開教學。

## （三）確認對兩個年級學生的相同與相異期待

這項準備工作有助於找出數學領域中學生應習得的關鍵和重要概念（big ideas），並確保教學、學習與評量聚焦在這些學習目標，而找出兩個年級不同的學習目標也很重要，如此才能規劃專屬於單一年級的課程計畫。

## （四）發展數學單元計畫

跨年級的單元教學計畫應同時列出全班及單一年級的學習目標及單元問題，以闡示教學的結構與計畫，例如：教師可使用交錯的課程結構（staggered-lesson structure），或者使用相同的問題引起興趣，輔之以差異化的問題提示。教師可依據學生的學習目標，組織課程問題、問題提示和學生的回答反應，發展出四種不同的教學活動。四種教學活動的實施方式與所需時間，詳如表 12-2 所示。

## （五）選擇學習材料

教具是學習數學的重要支持工具，具體的教具不但可協助學生以視覺、觸覺等多元方式探索與表徵抽象的數學概念，也可以加深及拓展學生對數學概念的理解。此外，教師亦可從學生透過教具與推理所表現出來的數學概念提供回饋，協助學生強化其數學思維。教師使用的教具除了必須符合學習目標外，尚須協助學生從先前的課程和經驗中，建立和擴展數學概念學習、加深對一個概念的理解，並在陌生的問題解決環境中挑戰他們的數學理解，同時方便教師及學生整理收納。

## （六）選擇單元問題

教師可以從兩個年級的教材中尋找單元問題，接著將問題延伸融入

表 12-2　跨年級數學領域教學活動設計綜覽

| 活動組成 | 教學時間安排 | 所需時間 |
|---|---|---|
| 相同單元問題→相同問題提示→相同回答範圍 | 全班學生共同學習相同的數學概念。 | 1 小時 |
| 相同單元問題→相同問題提示→差異化的回答 | 教師提供相同的問題提示，但教師針對不同年級學生的學習目標分別給予差異化的練習與討論。 | 75 分鐘 |
| 相同單元問題→不同問題提示→差異化的回答 | 教師可藉由提供不同的問題提示，針對不同年級學生的學習目標分別給予差異化的練習與討論。 | 75 分鐘 |
| 不同單元問題→不同問題提示→差異化的回答 | 教師可實施交錯的課程，首先針對其中一個年級實施教學活動，另一個年級則是獨立學習（寫練習題、討論上次或課前暖身問題的解答）。教師完成第一個年級的教學活動後，接著進行第二個年級的教學活動，於此同時，第一個年級的學生獨立學習。 | 1 小時 |

資料來源：修改自 Ontario. Ministry of Education.（2007, p. 39）

於各年級的學習目標。有效的單元問題可以刺激學生提出各式回答，教師必須預先設想學生的答案及其背後潛藏的數學概念，以便於辨識出答案背後的數學知識。

　　綜觀前述跨年級教學的實施原則與策略，讀者不難發現，單一年級和跨年級班級教學的共同點比相異點多，例如：單一年級和跨年級的有效教學技能非常相似，而跨年級班級所遭遇到的教學困難，如學生的異質性，在單一年級班級中也會遇到。Fradette 與 Lataille-Démoré（2003）指出，跨年級的教室被迫（尤其是在加拿大安大略省）融入單一年級模式，其原因在於學校系統為了追求學生的同質性，在很大程度上掩蓋了

跨年級課程的特殊性。在這樣的氛圍下，很少有指導性的指引能協助實施跨年級教學的教師，這些老師也很少接受跨年級教學的相關培訓（Desbiens, 2006; Veenman, 1995）。此外，無論是在工作量、教學資源或是課程編排上，教育系統都未能提供支持協助。由於單一年級教學居於主導模式，在這種情況下，跨年級班級的教師往往採用與單一年級教學相同的教學方法。值得注意的是，Fradette 與 Lataille-Démoré 認為，課程的水平和垂直整合比起從一組到另一組的交錯課程，更適合於跨年級課程的特殊性；此外，由於單一年級課程實際上比表面看起來更加異質，也可以從實施課程水平和垂直整合中受益。

## 肆、跨年級教學對臺灣小校的啟示

Suchaut（1990）指出，弱勢者教育政策有兩種邏輯：第一種是提供特定群體相關資源，如增加學習時間或教師員額；第二種是提供學生不同的教學方式。由於弱勢學生對於教學方式及學習環境較為敏感，教學品質與教師效能對弱勢學生的學習成就更具有決定性影響（Bressoux, 1994, 2001; Meuret, 1994）。偏鄉小校學生的學習品質日益受到關注，政府歷年來亦投注不少經費發展偏鄉教育，然在所有政府推動的相關計畫或方案中，跨年級教學方案是唯一深入教室觸及課程與教學的方案計畫，此方案如能順利推動開展，偏鄉小校的學習品質可望改善。以下綜合法國及加拿大實施跨年級教學的經驗與成效，試圖就教育主管機關層級以及學校及教室層級歸納建議，期供方案推動之參考。

### 一、教育主管機關層級

首先，教育主管機關的承諾和動員必須強大且明顯，特別是教育主管機關提供的行政支持系統，例如：法規的修訂、政策訊息的溝通與交流等，皆是必要的。其次，中央與地方教育主管機關應優先培訓教育行

政人員對跨年級教學和行政之管理知能，以便提供教師必需的行政支援與支持。

第三，偏鄉小校教師常面臨單打獨鬥的困境，在缺乏團隊合作的情況下，提供滿足學生學習需求的動力極易燃燒殆盡，建議教育主管機關可設置跨年級教學專業發展的協作平臺，以建立打破教師孤立的溝通機制，同時提供跨年級教學指引、各學科領域教學模組資源，並鼓勵實施跨年級教學的學校分享教學資源及經驗，使偏鄉學校能夠即時獲得各種資源，從而加強和鞏固當地的教育環境。

第四，跨年級教師需要專業的支持與培訓，政府可鼓勵師資培育大學和民間基金會進行跨年級教學相關研究，研發跨年級教師的培訓課程和跨年級學科教材教法，培育師資生及在職教師。實施跨年級教學的學校亦可與大學專業諮詢團隊合作，定期舉辦在地（on-site）工作坊，與其他學校分享實施經驗與改進策略，提供教師與現場教學工作銜接，且專注於課程與教學的專業發展鷹架。

## 二、學校及教室層級

首先，學校行政團隊的支持包括上課時數的調整、人力及教學資源的配置不可或缺。學校可透過建立共備、觀課及議課機制，為教學發展創造有利的結構條件，協助跨年級教學專業發展制度化。來自不同班級的教師若能形成團隊一起工作，有助於打破教室／教學／學習的界線，例如：教師團隊可以劃分教學支持任務、共享教學與學習資源、機動調整學生群體的組成，並以更靈活的方式組織教學及專業發展時間。

再者，如果學校沒有與家長和社區充分的溝通，跨年級教學很難在家長的疑慮下順利推動。因此，開展公眾意識，讓家長多參與學校的活動，有助於釐清家長的誤解並獲取家長的支持，化阻力為助力。

法國及加拿大經驗顯示，若要提升跨年級班級的教學成效，應避免將低年級學生編入跨年級班級。此外，年資淺的教師不宜擔任跨年級班

級教師。其次，跨年級教師需同時注意學習時間的優化和教師照顧學生的程度，除了確保學生不會沒有事情做，教師亦需在學生與教師互動及學生獨立學習兩者間取得平衡。為了達到這個目的，教師必須獲得高品質的教學工具（教科書、學習單、教學軟硬體等）之協助，並且接受跨年級教學的專業培訓，強化課程水平和垂直整合及差異化教學知能。

最後，跨年級班級教師沒有時間可以浪費，教師可透過教學／學習工作計畫表（如本文附錄一）及學習紀錄表（如本文附錄二）等表單，建立結構化的教學活動及班級常規，教導學生分組與獨立學習的技能；同時善用學生的潛力（年長學生幫助年幼學生，已學會的學生教不會的學生），以營造合作、互助與尊重的學習氣氛。

每個孩子透過不同的認知理解途徑，以不同的速度進步，學習的差異無所不在。在單一年級的班級中，教師容易被教科書及教學進度規範其教學；在跨年級班級中，因同時存在不同級別與程度的學生，教師透過課程統整規劃，可以更彈性地管理學生的學習進程，有助於實現教學與學習的連續性。本文汲取法國及加拿大實施跨年級教學的實施經驗，期能拋磚引玉，為我國跨年級教學實務帶來反思與啟發。

## 謝誌

本文承蒙主編及匿名審查委員惠賜寶貴建議，裨益論述更臻完整，特申謝忱。

# ·參 考 文 獻·

## 中文部分

教育部（2017）。**105 學年度各級教育統計概況分析**。取自 http://stats. moe.gov.tw/files/analysis/105_all_level.pdf

甄曉蘭（2007）。偏遠國中教育機會不均等問題與相關教育政策初探。 **教育研究集刊，53**（3），1-35。

## 英文部分

Barber, M., Chijioke, C., & Mourshed, M. (2011). *How the world's most im-proved school systems keep getting better*. NY: McKinsey & Company.

Bressoux, P. (1994). Note de synthèse [Les recherches sur les effets-écoles et les effets-maîtres]. *Revue Française de Pédagogie, 108*(1), 91-137.

Bressoux, P. (2001). Réflexions sur l'effet-maître et l'étude des pratiques ense-ignantes. *Les Dossiers des Sciences de l'Education, 5*, 35-52.

Brunswic, E., & Valérien, J. (2003). *Les classes multigrades: Une contribution au développement de la scolarisation en milieu rural?* Paris, France: In-stitut International de Planification de l'Éducation, Unesco.

Burns, R. B., & Mason, D. A. (2002). Class composition and student achie-vement in elementary schools. *American Educational Research Journal, 39*(1), 207-233.

Davezies, L. (2005). Influence des caractéristiques du groupe des pairs sur la scolarité élémentaire. *Éducation et Formations, 72*, 171-199.

Desbiens, J. F. (2006). Enseigner et apprendre en classe multiprogramme: Un débat souterrain, des enjeux d'actualité. *Nouveaux Cahiers de la Recher-che en éducation, 9*(1), 91-110.

Éducation, Citoyenneté et Jeunesse Manitoba (2004). *Indépendants ensemble:*

*Au service de la communauté apprenante à niveaux multiples*. Winnnipeg, MB: Éducation, Citoyenneté et Jeunesse Manitoba.

Fradette, A., & Lataille-Démoré, D. (2003). Les classes à niveaux multiples: Point mort ou tremplin pour l'innovation pédagogique. *Revue des Sciences de L'éducation, 29*(3), 589-607.

Gayfer, M. (1991). *Les classes multiprogrammes, le mythe et la réalité*. Rapport de l'Association canadienne d'éducation. Toronto, Canada: Association Canadienne d'éducation.

Good, T. L., & Brophy, J. E. (2003). *Looking in classrooms* (9th ed.). Boston, MA: Allyn & Bacon.

Gutierréz, R., & Slavin, R. E. (1992). Achievement effects of the nongraded elementary school: A best evidence synthesis. *Review of Educational Research, 62*(4), 333-376.

Hopkins, D., Harris, A., Stoll, L., & Mackay, T. (2011, January). *School and system improvement: State of the art review*. In keynote presentation at the International Congress of School Effectiveness and School Improvement Conference, Limassol (pp. 5-7).

Jarousse, J. P., & Mingat, A. (1993). *Les disparités d'acquisitions scolaires en CE2: Caractéristiques individuelles, contexte scolaire et social de scolarisation, effet d'école et de circonscription*. Rapport à la Direction de l' Evaluation et de la Prospective. Paris, France: Ministère de l'Éducation Nationale.

Kasten, W. C. (1998). Why does multiage make sense? Compelling arguments for educational change. *Primary Voices K-6, 6*(2), 2-9.

Lataille-Démoré, D. (2008). Quelles pratiques privilégier dans les classes à années multiples? *McGill Journal of Education/Revue des Sciences de l'Éducation de McGill, 43*(3), 351-369.

Leroy-Audouin, C., & Mingat, A. (1996). *Les groupements d'élèves dans l'école primaire rurale en France: Efficacité pédagogique et intégration des élèves au collège. Les Notes de l'irédu*. Bourgogne, France: Institut de Recherche sur l'Économie de l'Éducation.

Leroy-Audouin, C., & Suchaut, B. (2007). Revisiter l'efficacité pédagogique des classes à plusieurs cours. *Revue Française de Pédagogie, 160*, 103-118.

Mason, D. A., & Burns, R. B. (1997). Reassessing the effects of combination classes. *Educational Research and Evaluation, 3*(1), 1-53.

Maurice, L. (1996). *Les Classes multi-âges et l'interdisciplinarité: Français langue première*. St-John, Terre-Neuve et du Labrador: Gouvernement de Terre-Neuve et du Labrador, Ministère de l'Éducation, Division de l'Élaboration des Programmes.

Meuret, D. (1994). L'efficacité de la politique des zones d'éducation prioritaire dans les collèges. *Revue Française de Pédagogie, 109*, 41-64.

Ministère de l'Éducation Nationale. (2016). Les élèves du premier degré à la rentrée 2016. *Note d'information, 40-Décembre 2016*. Paris, France: Author.

Mortimore, P., Sammons, P., Stoll, L., Lewis, D., & Ecob, R. (1988). *School matters: The junior years*. CA: University of California Press.

Œuvrard, F. (1990). Les petits établissements scolaires. *Education et Formations, 43*, 113-116.

Ontario. Ministry of Education. (2007). *Combined grades: Strategies to reach a range of learners in kindergarten to grade 6*. Toronto, Canada: Ministry of Education, Ontario.

Rochex, J. Y., & Crinon, J. (2011). *La construction des inégalités scolaires. Au cœur des pratiques et des dispositifs d'enseignement*. Renne: Presses Universitaires de Rennes.

Stallings, J. (1980). Allocated academic learning time revisited, or beyond time on task. *Educational Rresearcher, 9*(11), 11-16.

Suchaut, B. (1990). L'aide aux élèves: diversité des formes et des effets des dispositifs. *Dialogue, 135*, 4-10.

Suchaut, B. (2010). Efficacité pédagogique des classes à cours double à l'école primaire: le cas du cours préparatoire. *Revue Française de Pédagogie. Recherches en éducation, 173*, 51-66.

Thomas, C., & Shaw, C. (1992). *Issues in the development of multigrade schools*. (World Bank Technical Paper Number 172). Washington, DC: The World Bank.

Veenman, S. (1995). Cognitive and noncognitive effects of multigrade and multi-age classes: A best-evidence synthesis. *Review of Educational Research, 65*(4), 319-381.

Vogler, J., & Bouissou, B. (1987). Évaluation pédagogique dans les écoles: écoles rurales et écoles urbaines. *Éducation et Formations, 10*, 3-9.

Vygotsky, L. S. (1978). *Mind in society*. Cambridge, MA: Harvard University Press.

Vygotsky, L. S. (1985). *Pensée et langage*. Paris, France: La Dispute.

# 附錄一 教學／學習工作計畫表

## 圖例

● 強制性活動 　　　　　★ 集體活動
△ 非強制性活動 　　　　☺ 個人作業
◎ 教師決定的強制性活動 　☺☺ 兩人一組作業
　　　　　　　　　　　　☺☺☺ 小組作業

| | | | |
|---|---|---|---|
| 1 | ● 集體活動 | ★ | —教學<br>—討論<br>—班會／全體會議<br>—課堂遊戲<br>—口說和視聽演示<br>—專題計畫評量 |
| 2 | △◎ 個人活動 | ☺<br>或<br>☺☺ | —單獨或與同伴閱讀<br>—問題解決<br>—鞏固／加深加廣／複習所學<br>—根據能力撰寫學習單<br>—正規練習（如乘法表）<br>—作業訂正／書寫練習<br>—學習日誌 |
| 3 | ● 學習工作站 | ☺☺☺ | —閱讀站<br>—聽力練習站<br>—寫作站<br>—藝術創作站<br>—數學遊戲<br>—科學實驗 |

| | | | |
|---|---|---|---|
| 4 | △ 專題計畫 | ☺☺☺ | ─研究計畫<br>─特定主題<br>─準備節慶活動或戶外教學<br>─準備表演節目<br>─學習環境布置<br>─班刊 |
| 5 | ● 差異化活動<br>（分組分級）[9] | ☺ | ─寫學習單<br>─評量<br>─學生向老師朗讀<br>─寫作討論會 |
| | | ☺☺☺ | ─語文課、數學課等，因應各小組需要 |

資料來源：修改自 Maurice（1996, p. 24）

---

9 這些差異化活動須同時考慮年級水準和個人能力，使每個年級的特定概念系統化，包括：同質性分組、教師指定的學習活動，以及教師更頻繁的介入。當學生完成這些指定活動後，就可以進行第二列的個人活動。

## 附錄二　學習紀錄表

姓名：＿＿＿＿＿＿＿＿

我每週的學習活動

從週一＿＿月／＿＿日到週五＿＿月／＿＿日

| 活動 | 週一 | 週二 | 週三 | 週四 | 週五 |
|---|---|---|---|---|---|
| 1. 我有朗讀 | | | | | |
| ・自己 | | | | | |
| ・和同學一起 | | | | | |
| 2. 我有寫數學習題 | | | | | |
| 3. 我有寫學習日誌 | | | | | |
| 4. 我有練習寫字 | | | | | |
| 5. 我有訂正作業 | | | | | |
| 6. 我有在以下工作站練習： | | | | | |
| ・閱讀站 | | | | | |
| ・聽力練習站 | | | | | |
| ・電腦 | | | | | |
| ・藝術創作站 | | | | | |
| 7. 我有做我的專題計畫 | | | | | |
| 8. 我有做科學實驗 | | | | | |
| 9. 我有與老師討論以下問題： | | | | | |
| ・閱讀 | | | | | |
| ・寫作 | | | | | |
| 10. 我有參加以下小組活動： | | | | | |
| ・語文 | | | | | |
| ・數學 | | | | | |
| ・其他 | | | | | |

資料來源：修改自 Maurice（1996, p. 27）

# 跨年級教學於
# 德國小學的實施概況：
# 以布蘭登堡邦為例

林忻叡[1]

## 壹、前言

過去二十年來，跨年級教學（Jahrgangsübergreifendes Lernen）已成為德國小學教育最重要的課題之一。由德國教育史的角度而言，跨年級教學並非本世紀的新發明。早在 1920 年，教育改革家 Peter Petersen（1884-1952）於耶拿（Jena）設立的實驗學校（Probeschule）便已部分引入跨年級教學（Ani, 2013）；1924 年，耶拿設立的全德國第一所蒙特梭利學校中，也全面實施跨年級教學。此外，1974 年創建的比勒菲爾德實驗學校（Laborschule Bielefeld）以及 1988 年創建的卡塞爾改革學校（Reformschule Kassel）亦是混齡教學的先驅者。不過，跨年級教學在德國引起廣泛討論，卻是 1990 年代之後的新發展。

---

1 德國漢諾威音樂、戲劇與媒體學院研究生。

　　跨年級教學能夠引起廣泛關注，實有各種因素促成，一方面自 1990 年代起，德國的出生率開始大幅下降，許多小學生源不足，面臨閉校的危機。部分學校於是實施跨年級教學，以降低運作成本，讓學校得以存續（Kucharz & Wagner, 2009）。另一方面，各界專家則試圖利用這個契機，系統化地引入新的教學概念與模式，讓混齡班級成為德國小學的常態。由於跨年級教學的實施，必定提升學生的歧異性，而學校便不再適合以學生入學準備度不足為由，延緩學生入學，因而政策制訂者也期待透過跨年級教學以及彈性起步階段（Flexible Schuleingangsphase）的實施，來降低學生的平均入學年齡和延遲入學的比例。教育學者亦希冀，跨年級教學能夠促進學生社會能力的發展，並且落實融合教育的理念，使學生盡可能留在最自然的環境中學習。由此看來，德國實施跨年級教學的過程中，不僅是為了適應人口結構的變化，更承載著各界利害關係人的多種期許。

　　有鑒於此，於 1990 年代起，德國各邦便陸續開始進行教學實驗，評估跨年級教學的可行性。德國教育屬於邦政府的管轄範圍，每邦實施狀況不一，在德國十六邦中，以布蘭登堡（Brandenburg）、巴登—符登堡（Baden-Württemberg）以及圖林根（Thüringen）三邦於教學實驗研究挹注資源最多。在這三邦之中，又以布蘭登堡開始時間最早，於 1992 年就已有實驗進行。至 2013 年為止，布蘭登堡邦的跨年級教學普及率已相當高，有 41% 的小學例行實施跨年級教學，普及率位居全國第三，僅次於柏林邦的 65% 及薩克森—安哈特邦（Sachsen-Anhalt）的 60%（Carle & Metzen, 2014）。

　　布蘭登堡邦的小學屬於六年制，和德國其他多數地區小學只有四個年段的情況不同，與臺灣的制度較為相似。本文即以布蘭登堡邦為例，說明跨年級教學在德國的實施概況。考量到德國這一波跨年級教學的發展，與小學實施彈性起步階段有密不可分的關聯，因此本文首先介紹布蘭登堡邦實施彈性起步階段的歷程，再敘述布蘭登堡邦為跨年級教學的

實施提出之標準與規範，呈現該邦的實施目標。接著，描述布蘭登堡邦小學實施彈性起步階段的排課狀況，並以兩個課表為例，說明課程時間的安排。此外，筆者以兩個實際教學案例來呈現德國教師設計跨年級教學課程的方式，最後再以彈性起步階段的實施成效評鑑結果總結全文。

## 貳、布蘭登堡邦的彈性起步階段與跨年級教學

### 一、何謂「彈性起步階段」

彈性起步階段係德國自 1992 年開始，針對小學一年級及二年級新生設計的教育模式，旨在協助小學低年級學童發展學習準備度（Lernbereit-schaft），以適應學校生活，降低延遲入學的比例，最終達到零拒絕的目標（Faust, 2008）。

彈性起步階段有兩個主要特色：其一，依照學生發展成熟度不同，學生可在起步階段停留一至三年不等，這時不同年齡的孩子們混齡上課，由同一組教學團隊引導孩子們跨越這段的學習歷程；其二，由於學生的異質性升高，教學團隊包含了各式專業人員，除了各學科專任教師之外，尚有社會教育工作者（Sozialpädagoge）[2]、特教老師或是學校心理師，協助任課教師進行教學診斷，或是進行協同教學及直接教學，以提升授課品質，落實個別化及差異化教學。

一般以為，該模式有許多優點。針對能力較弱的孩子而言，直到離開彈性起步階段正式升上三年級之前，可以接受同一個教學團隊的指導。如此一來，教師能更深入了解孩子們的發展狀況，為後續的學習奠定良

---

[2] 德國設有社會教育系（Sozialpädagogik），培育社會教育工作者，以協助有行為困難或是家庭環境不利的兒童及青少年融入學校及社會生活。在臺灣，這個任務主要是由社工師來擔任。

好的基礎。而不論學生待在彈性起步階段幾年，每年皆會有學生離開班級，也會有新同學進來，就外部人士的眼光來看，便不似「跳級」和「留級」這般惹人注目。不論是對於高能力或低能力的孩子，皆可省去不必要的心理壓力。

值得一提的是，並非每一邦所實施的彈性起步階段皆包含上述兩個特色。據 Faust（2008）依照 2006 年的資料所述，除布蘭登堡邦之外，尚有柏林、布萊梅（Bremen）、黑森（Hessen）、下薩克森（Niedersachsen）及圖林根五邦的模式也完整涵蓋了上面兩個特徵。在巴伐利亞（Bayern）及巴登—符登堡兩邦，雖進行跨年級教學，卻未引入跨專業教學團隊。而梅克倫堡—西波美恩（Mecklenburg-Vorpommern）、萊茵蘭—普法茲（Rheinland-Pfalz）及薩克森—安哈特邦的部分地區，雖引入跨專業教學團隊，進行差異化教學及個別化的教學診斷，卻未實施跨年級教學。

## 二、布蘭登堡邦實施彈性起步階段的歷程

布蘭登堡邦是全德國最早開始試驗跨年級教學與彈性起步階段的地方政府。在 1992 年，布蘭登堡邦便進行了一個前驅實驗，於 2 所學校進行為期三年的研究計畫。1999 至 2001 年間，於另 2 所學校進行正式教學實驗，該計畫並於 2000 至 2004 年間擴大參與至 20 個學校、47 個班級。這三個實驗之目的是研發適合每個孩子的教學模式，以促進適性發展。

同時，2003／2004 學年，布蘭登堡邦頒布了新的學校法《布蘭登堡邦學校法》（Brandenburgisches Schulgesetz, BdgSchulG），其中第 19 條第 4 款及第 5 款第 1 項為彈性起步階段實施的法源依據。《布蘭登堡邦學校法》第 19 條第 4 款規定：「小學一年級及二年級得實施彈性起步階段，設置彈性起步階段需經國家教育主管機關同意。」第 5 款規定：「小學行政主管機關有權為下列學校發展事務制訂規則，特別是針對：（1）實施彈性起步階段及跨年級教學的前提及行政條件；（2）校務評鑑的基

本準則；（3）針對讀寫困難及數學學習困難的孩子們所提出之協助措施；（4）提供給因主要照顧者工作緣故而不停遷居的孩子們之額外教學活動」（BdgSchulG，2017 年 7 月 10 日修訂）。

新的學校法頒布之後，至 2007 年為止，彈性起步階段的實施更進一步擴大至 139 個學校、342 個班級。2003 至 2007 年間，也同時有教育學者進行研究計畫，評鑑整個教學實驗計畫的成效，其研究項目包含：學生學業成就、社會情緒發展、教師反應、授課品質等，研究成果由柏林—布蘭登堡邦立學校與媒體研究院（Landesinstitut für Schule und Medien Berlin-Brandenburg, LISUM）集結出版，並置於該院網頁免費查閱（LISUM, 2007）。此外，該院還委託學者專家編纂八卷《彈性起步階段實施手冊》（*Flexhandbücher*，以下簡稱《實施手冊》），不僅對學校及教師提出明確的標準和建議，也說明進行跨年級教學時可運用的教學活動種類及差異化教學的實施方法，並提供各學科的教案範例和教師實務經驗分享。對於學習速度較快或是較慢的孩子，以及需要特殊教育服務的孩子，家長和教師能夠給予何種支持，也在這八卷手冊中有所陳述。最後，《實施手冊》也說明了與幼兒教育機構合作的方法，以及如何協助孩子順利銜接三年級的課程與校園生活節奏。

## 參、布蘭登堡邦跨年級教學的實施標準

如前所述，柏林—布蘭登堡邦立學校與媒體研究院為了推動彈性起步階段與跨年級教學的實施，委託學者編纂了八卷《實施手冊》，其中第一卷便針對彈性起步階段訂出了明確的實施準則。

該手冊將彈性起步階段的實施分為四個面向，分別是：（1）零拒絕的入學；（2）以社會支持確保孩子的個別化能力發展；（3）藉由跨專業教學團隊進行診斷、觀察與介入；（4）與幼兒教育機構之間為合作關係，並為每個面向訂下了詳細的實施準則。以下陳述的是第二面向中，

與跨年級教學相關的規範。

## 一、與課堂活動相關的規範

首先，針對彈性起步階段中的跨年級教學課堂活動，《實施手冊》提出了下列規範（Averdiek, Bendel et al., 2003, pp. 11-12）：

1. 一、二年級的孩子在同一個班級內一起上課，原則上，兩年後孩子就應轉換班級，升上三年級。

2. 跨年級教學的課程時數，需占每週總時數的三分之二以上。

3. 課堂中需有共同的學習材料，惟作業及學習任務需考慮個別化差異，針對學生能力做出區分性。

4. 跨年級教學的活動，應以練習及複習舊教材內容，提升精熟度為主要目標。

5. 跨年級教學的課堂，可包含跨年級的大班教學、小組活動、個別指導、與其他班級合班進行的教育活動。

6. 每週至多三分之一的課程可進行分年級的小組教學（以下稱「分班教學」）。這時，學生主要學習該年級所應習得的新內容。

7. 進行跨年級教學需重視下列幾項教學方法要點：

   ・課程需考慮學生的先備能力、興趣及需求。

   ・每個課程階段，學生需有機會選擇自己想進行的任務。

   ・教師需於學習環境中提供結構化的學習任務。

   ・學習時間需有彈性。學生可依照能力差異，有足夠的時間完成任務。

   ・課堂中需包含儀式性活動（如開始及結束課堂的歌曲、口號等）。

   ・教師需進行差異化教學。

   ・授課形式可包含：方案導向的課程（projektorientierter Unterricht）、學習站（Lernen an Stationen）、自由學習（freie Arbeit）、每日及每週學習計畫（Tages- und Wochenpläne）、工作坊（Werkstätten）。

- 教學活動需整合更廣泛的學習環境，包含校園外的學習地點（如圖書館、劇院等），並納入家長參與（參加部分方案課程、陪伴學生練習等）。

8. 進行跨年級教學的班級需以質性評量敘述記錄學生發展，而不為學生的表現評分。

## 二、與孩子們的社會行為發展相關的規範

為了促進孩子的社會行為發展，《實施手冊》提出的規範如下（Averdiek, Bendel et al., 2003, p. 13）：

1. 在跨年級教學的課堂中，透過各種自然的情境，來支持孩子的社會發展。教師需引導孩子，注意班級中每個孩子彼此之間的異質性，並學習彼此寬容。
2. 課程中應時常提供合作學習情境，讓孩子幫助其他同學學習，同時也學習接受他人的協助。
3. 課堂中應時常運用小組活動或以兩人一組進行任務，促進孩子的社會行為。
4. 制訂共同的教室規則，並且張貼在每個孩子都看得見的地方。
5. 每週舉辦一次會議，和孩子們討論自己遵守規則的情況，並視情況修正規則。
6. 每天早上安排時間舉辦班級會議，讓孩子討論事務，也可以進行師生之間的對話。
7. 讓孩子輪流值勤，完成班級的公共事務，培養責任感。

## 三、課表安排的規範

最後，對於每日課表的實施及課程時間安排，《實施手冊》提出的

規範如下（Averdiek, Bendel et al., 2003, p. 13）：

1. 每日課表安排需考慮孩子的專注能力、學習持久度、肢體活動的需求，以及每個學科的情況，作彈性調整。安排課表時，不必以45分鐘為單位，而是視情況上課和下課，藉著切換上課和課間的休息時間，來維持每日的學習節奏。

2. 每日安排時間區塊進行前述的各種學習活動，進行跨學科的學習。原則上，教師可以利用知識課（Sachunterricht）[3] 進行的主題，設計跨學科的學習活動。

3. 在固定的課程開始之前，需有開放的階段，讓孩子依照自己的狀況，適應學校生活的節奏。

4. 每日皆有直接教學的時間。

## 肆、彈性起步階段的課表安排

為了檢驗上述提到的實施標準於教育現場的落實狀況，Adelmeier 與 Liebers（2007）分析了布蘭登堡邦 274 個實施彈性起步階段的班級於 2005 ／ 2006 學年的課表。依照《實施手冊》的建議，實施彈性起步階段的班級，每週至少要有三分之二的時數進行跨年級教學。德國小學一年級及二年級每週共有 20 個上課時數，以此換算下來就應該是 13 個小時，而據 Adelmeier 與 Liebers 所述，僅有 35%的班級達到這個標準。不過，另有 31%班級每週進行 12 個小時的跨年級教學，顯見《實施手冊》訂下的標準在時數安排方面，可能略顯嚴苛，但也並非極難達成。

Adelmeier 與 Liebers（2007）更進一步分析跨年級教學的時數及分班教學的時數各自分配在哪些科目上。結果顯示，跨學科的課程最常運用

---

3 知識課的性質類似臺灣小學的社會課，但範疇更加廣泛，包含一般常識的學習，舉凡社會、政治、經濟、城市、所居城市的歷史和地理等，皆在知識課的範疇之內。

在跨年級教學，其次是體育課，這兩個項目便占了全邦跨年級教學時數的 50%。對比之下，德語課和數學課則較常實施分班教學，在所有分班教學的時數中，80% 是德語課及數學課。由此可知，布蘭登堡邦的小學常用分班教學來讓學生習得德語及數學兩科的教材內容，並輔以跨年級教學的時數，使學生精熟舊內容。此外，80% 的學校能夠依照《實施手冊》的規範，進行區塊排課，讓學習時間更有彈性。

以下用 Adelmeier 與 Liebers（2007）文中提到的兩份實際課表為例，說明彈性起步階段課表安排的可能作法。

案例一及案例二為 2005 ／ 2006 學年來自兩所不同學校的課表。首先就課程安排而言，A 校每週安排六堂跨學科課程，運用主題式的教學，將部分數學課和德語課，與知識課及其他科目的學習融合在一起，並同時進行跨年級教學；B 校則維持傳統的學科分際，但是安排了許多跨年級教學的時數。相同的是，德語課和數學課有許多分年段的分班教學時段，體育課、音樂課及美術課則全部是跨年級教學活動。

就教學人力而言，在兩校的教學團隊中，每週都有五堂課會有特教老師進班協同教學，或進行診斷及觀察。學科專業的協同教學老師，則是擔任分班教學活動的主要教學者，或是在某些跨年級教學活動中進班提供協助。協同老師和特教老師的參與以德語課和數學課為主，知識課為輔，音樂課、美術課及體育課則沒有安排額外的教學人力。

就排課的區塊而言，彈性的排課區塊主要也是運用在德語、數學及知識課上。綜合上述資訊可知，案例中的兩個學校針對德語課、數學課及知識課挹注了較多教學人力資源，在排課上也做出許多彈性調整，以維持學生的學習品質。

案例一：A校課表

|  | 週一 | 週二 | 週三 | 週四 | 週五 |
|---|---|---|---|---|---|
| 第一堂 | 跨學科<br>（跨年級） | 德語<br>（分班）<br>特、協同 | 英語<br>（跨班） | 音樂<br>（跨年級） | 跨學科<br>（跨年級）<br>特 |
| 第二堂 | 跨學科<br>（跨年級）<br>特 | 數學<br>（分班） | 德語<br>（分班）<br>協同 | 德語／數學<br>（分班）<br>協同 | 跨學科<br>（跨年級）<br>特 |
| 第三堂 | 德語<br>（分班）<br>協同 | 跨學科<br>（跨年級）<br>特 | 數學<br>（分班）<br>協同 | 跨學科<br>（跨年級） | 美術<br>（跨年級） |
| 第四堂 | 數學<br>（分班）<br>協同 | 體育<br>（跨年級） | 體育<br>（跨年級） | 體育<br>（跨年級） | 跨學科<br>（跨年級）<br>協同 |

案例二：B校課表

|  | 週一 | 週二 | 週三 | 週四 | 週五 |
|---|---|---|---|---|---|
| 第一堂 | 知識<br>（跨年級）<br>協同 | 德語<br>（跨年級）<br>特 | 德語<br>（分班）<br>協同 | 數學<br>（分班）<br>協同 | 數學<br>（跨年級）<br>特 |
| 第二堂 | 德語<br>（分班）<br>協同 | 數學<br>（跨年級）<br>特 | 數學<br>（分班）<br>協同 | 德語<br>（分班）<br>協同 | 體育<br>（跨年級） |
| 第三堂 | 數學<br>（分班）<br>協同 | 德語<br>（分班）<br>協同 | 美術<br>（跨年級） | 音樂<br>（跨年級） | 英語<br>（跨班） |
| 第四堂 | 體育<br>（跨年級） | 體育<br>（跨年級） | 德語<br>（跨年級）<br>特 | 知識<br>（跨年級）<br>特 | 知識<br>（跨年級） |

註：「分班」指的是分年段的小組教學，「跨年級」表示跨年級教學，而「跨班」則是同年級的兩個班級合併上課。有特教老師進班協同時數寫上「特」，有第二位學科老師進班協同時數寫上「協同」，學校進行區塊排課時，格線以雙線表示之。

## 伍、跨年級教學的課堂案例

以下介紹兩個《實施手冊》第二卷中的教學案例，分別呈現德國小學老師如何設計「每日及每週學習計畫」（Averdiek, Betker et al., 2003, pp. 22-36）以及「方案導向的課程」（Averdiek, Betker et al., 2003, pp. 53-58）。

每日及每週學習計畫是德國及奧地利學校老師實施跨年級教學時所使用的一種教學方法（Hyry-Beihammer & Hascher, 2015），老師可依照不同科目的學習進度，對不同能力組的學生分別設置合適的教學目標，指派相異的教學任務。學生在課堂上自主學習，透過同儕互助的方式減輕教師的教學負擔；老師則視情況從旁協助，或者針對能力較弱的學生進行直接教學。下文提出的例子是德語及數學兩科的每日及每週學習計畫，教案中也記錄了特教老師在課堂中所發揮的功能。

方案導向的課程則是利用一特定的主題建構課程，將不同學科的學習融合在一起。本文所舉的案例乃是透過學習童書的內容，將德語課、音樂課及美術課合成同一個單元。孩子們學習單字、製作繪本，並且學習和課程主題相關的歌曲。

# 一、每日及每週學習計畫

科目：德語、數學

時間：兩堂課（共 90 分鐘）

教材：學習單、練習冊、德語教材 LOGICO[4]、算數積木拼圖（Rechendom-ino）[5]、算數公車（Rechenbus）[6]、謎題、繪畫指示[7]、補充教材 LüK[8]、數字板（Hundertquadrat）—遊戲角[9]

## （一）課程目標

### 1. 綜合目標

- 練習並精熟分班教學時學過的材料。
- 發展獨立性，不需要老師的協助。
  - 自己讀懂學習任務指示、自己辨識符號。
  - 自己準備學習時需要的材料。
  - 獨力完成學習任務。
  - 自行取得需要的練習冊。
  - 自己對答案。
  - 和夥伴或是學習小組一起練習。
- 幫助別人，也接受別人的協助。
- 維持工作區域的整潔。
- 遵守教室規則。

---

4 LOGICO 是一套由教科書出版社編輯的德語教材。

5 讓孩子學習算數的拼圖。每一組拼圖的第一塊有一個算式，接著下一塊拼圖會有上一個算式的答案以及一個新的題目，就這樣一直接到最後一塊拼圖。

6 火車形狀的玩具，上面可放入不同數量的積木，讓孩子學習簡單算數。

7 卡片上寫著一段文字，告訴孩子要畫出什麼圖形，考驗孩子的閱讀理解能力。

8 德國教科書出版社針對國小學童設計的教材，包含德語、數學及邏輯思考。

9 數字板的每一行、每一列上各有 10 個數字，規律地由小到大排列，讓孩子認識數字之間的關係。

## 2. 各學科目標

數學：一年級

- 精熟個位數的加減法（範圍 1～10）。
- 理解學過的內容。
- 補充練習材料：算數公車。

數學：二年級

- 精熟個位數及十位數的加減法（範圍 1～100）。
- 解答應用問題。
- 理解學過的內容。
- 遵守解題的步驟。

德語：一年級

- 分辨 D 字母於字首及字尾時的發音 [10]。
- 書寫帶有字母 D 的文字。
- 自行取得練習冊、熟悉使用格線紙。
- 將黑板上的字記住，並且到座位上正確地寫出來。

德語：二年級

- 閱讀一段短文，並且完成畫圖的任務（閱讀理解）。
- 練習基礎字彙中，名詞的單數和複數。
- 辨認字組（原型—變化型）。
- 安靜地做作業。
- 和其他同學練習對話（「我喜歡做些什麼？」「我常常做些什麼？」）。

---

10 在德語裡，字母 D 於字首以及兩個音節之間的發音是/d/，但是在字尾的發音是/t/。

對於有特殊需求的孩子、處於觀察期的孩子：

- 針對練習名詞的單數和複數，進行聽力和口說練習，並練習造句。
- 利用文字和圖畫配對的練習，促進閱讀理解，增加字彙量。

## （二）教材規劃

### 一年級

- 數學練習冊、初級課本（由孩子攜帶進教室）、德語練習冊（由孩子攜帶進教室）。

### 補充材料

- 數學學習單、德語教材 LOGICO、算數積木拼圖、算數公車、謎題。

### 二年級

- 數學學習單2、數學學習單3、繪畫指示、任務卡盒子（位於教室書架）、德語學習單。

### 補充材料

- 補充教材 LüK、算數謎題、數字板（遊戲角）、讀物（閱讀角）、謎題。

## （三）上課流程

- 問候、唱歌（5分鐘）。
- 說明每日及每週學習計畫、學生提問（3分鐘）。
- 一年級學生的每日學習計畫（30～35分鐘）：於分組教室裡圍成一圈坐下，向孩子詳細解釋每日及每週計畫，回答孩子的問題（孩子自行決定，是否要參加這個階段，孩子如果沒有討論的需求，也可以立刻開始作業）。

・二年級學生練習每週計畫。實施步驟同上。

・開始作業。

## 1. 特教老師支援項目

針對有特殊需求的孩子進行直接教學：

・增加字彙量。

・閱讀理解練習（文字和圖畫配對）。

材料：字卡和圖卡。

・於分組教室加強教學。

・名詞單數和複數的聽說，造句練習。

材料：圖卡和字尾變化字卡。

行為觀察項目：

・學習行為：M 生與 D 生。

・學習方法：U 生、Ch 生、D 生與 H 生。

・學習成效診斷：J 生、N 生、S 生、D 生與 B 生。

## 2. 範例

下面是一份一年級學生的每日學習計畫及二年級學生的每週學習計畫。

・每日學習計畫

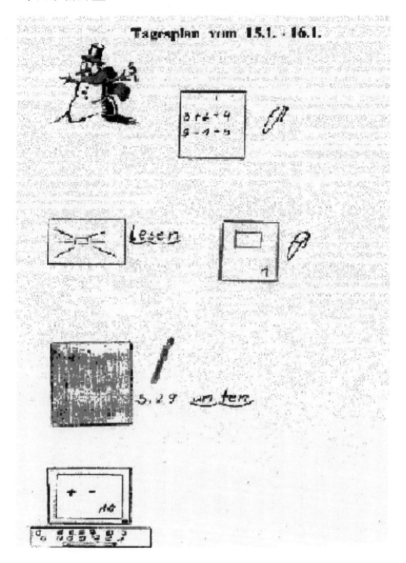

註：某生 1 月 15 日和 16 日的學習計畫，有算數的任務、閱讀和寫字的任務，以及利用學習軟體練習加減法的任務。

・每週學習計畫

時間：1 月 14 日至 18 日
**數學**
・課本，第 44 頁第一大題
  Sabri 生及 DH 生：a，b，c，d，e 五小題
  N 生及 DL 生：a，b，c 三小題
  B 生及 Sabi 生：a，b 小題
・練習冊的習題
  Sabri 生及 DH 生：紅色標記的題目
  N 生及 DL 生：黃色標記的題目
  B 生及 Sabi 生：綠色標記的題目
・寫一張學習單
  Sabri 生、DH 生、N 生及 DL 生：紅色標記的題目
  B 生及 Sabi 生：綠色標記的題目
・補充材料：學習單 2
**德語**
・課本第 62 頁
  閱讀故事
  和你的夥伴一起閱讀故事，回答課本上的問題！
  分組：B 生—Sabi 生、DL 生—Sarbi 生、DH 生—N 生
・寫學習單
・以冬天為主題，寫一個簡短的故事，並為這個故事畫一張插畫，
  請使用字彙卡！
・補充材料：LOGICO

註：老師將學生依能力分組，給予難度不同的學習任務，並且準備額外的材料，
    給速度較快的孩子們有足夠的練習機會。

## 二、方案導向的課程

| |
|---|
| 科目：德語、音樂、美術 |
| 主題：雷歐・里歐尼（Leo Lionni）作的童書《弗里德利克》（*Frederic*），<br>　　　該書第二部分「老鼠們怎麼度過冬天」 |
| 時間：兩週 |
| 教材：童書、投影片、投影機、兩個紙偶、電腦、文具、印章、印泥、紙<br>　　　條、學習單、奧福樂器[11]、音樂 CD 及音響設備 |

### （一）背景資訊

　　童書《弗里德利克》講述小老鼠弗里德利克在冬天為他的家人帶來了豐厚糧食的過程。透過這個故事，孩子們會認識到，每個人可以利用自己的知識和能力，為整個團體帶來貢獻。

　　課程目標：學習口語表達和書面表達的能力、發展閱讀能力、正確拼寫文字、學習更多歌曲、培養美感、利用老鼠家族的故事來說明每個人的獨特性。

　　學生：20 人，一年級及二年級學生各 10 人。有 4 個孩子來自移民家庭，其中有 2 個孩子的德語能力相當有限，有 2 個學習能力很強的孩子，有 1 個過動兒。

　　兩週之中完整授課內容：

- ・認識故事主角弗里德利克的特質，了解他為了度過冬天做了什麼準備。
- ・布置弗里德利克的生活環境：利用繪畫、絲紙和黏貼的技法，來表達故事主角的生活世界。
- ・利用弗里德利克的顏色創作一幅潑墨畫。
- ・創作一本摺頁小書。

---

11 奧福教學法中經常使用的樂器，適合初學者學習音樂。

- 創作一隻紙偶，並用它演出偶戲，呈現故事的某段情節。
- 聆聽與學習歌曲「貓咪腳丫舞蹈」。
- 演奏聲響故事「弗里德利克的日出」。
- 小組作業，蒐集弗里德利克的字彙，記在電腦裡，再列印出來。
- 進行一段想像的旅行。

## （二）系列課程的其中一堂課舉例

本節課內容：

- 複習舊內容。
- 首次利用紙偶來練習戲劇。
- 利用投影片的圖畫學習新的文章段落：弗里德利克的特質可以幫助其他老鼠過冬。其他老鼠發現到弗里德利克並不是懶惰，他只是一隻很特別的老鼠。
- 小組作業：弗里德利克為了度過冬天，蒐集了什麼？用文字表達出來。
- 使用電腦作業。
- 創作摺紙書。

本節課需要的材料：

- 投影片和童書、投影機、教師事先準備好的兩個紙偶、小組作業需要的文具和電腦、完成學習單所需的紙條和紙張。

授課流程：總長 90 分鐘。

## 1. 複習

- 和孩子討論：夏天跟秋天的時候，其他老鼠們做了什麼？弗里德利克又做了什麼？
- 鼓勵害羞的孩子發言。
- 藉由兩個事先預備好的紙偶，表達老鼠之間的差異。

・利用紙偶，把之前學過的情節用戲劇呈現出來，清楚地表現每隻老鼠不同的思考和行動方式。

## 2. 使用第 8 張到第 13 張投影片來學習新的內容

・孩子們坐在枕頭上，確保每個孩子都可以看到投影片。

・老師朗誦故事，提出問題，孩子們回應，最後發現到弗里德利克儲存下來的東西是有用處的。

## 3. 小組作業

・孩子們組成 4～6 人的小組，自行分工，有人負責將字彙寫到紙條上，有人負責輸入電腦。（這時要考慮的是：誰字跡比較工整？誰寫字比較正確？誰可以正確操作電腦？）

・老師檢查過之後，孩子們就輪流將寫下來的字輸入到電腦裡。

・這時，沒有在操作電腦的孩子，可以開始製作小書。

## 4. 製作小書

・老師將小書的製作方式貼在黑板上。

・小書的製作方式相當自由，孩子們可以視情況互相幫忙。

・沒有完成的孩子，可以利用之後課程的自由時間來完成。

## 5. 黑板上的圖片

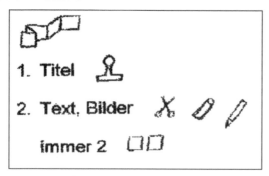

註：Titel：標題、Text：文字、Bilder 圖片、immer：總是

## 6. 總結活動

- 觀賞完成的小書，提出評論，再將孩子的作品收到一個小盒子裡，讓他們之後可以自行觀賞。

- 向孩子說明，接下來的課程裡，他們會知道弗里德利克蒐集了這些字彙之後做了什麼事，這些東西又對其他老鼠有什麼幫助。

- 所有孩子一起整理教室，結束這堂課。

## 陸、布蘭登堡邦的成效評鑑

　　為了檢驗布蘭登堡邦之彈性起步階段與跨年級教學的實施成效，柏林—布蘭登堡邦立學校與媒體研究院委託學者進行研究，比較二年級學生的學業成就，並分析教師授課品質。

　　Krüsken（2008）比較 2004 年及 2005 年參與彈性起步階段的學生及普通班級二年級學生，在德語和數學兩科標準化成就測驗上的表現。2004 年與 2005 年參與研究的彈性起步階段共有 51 個和 158 個班級，學生共 587 及 1,850 人，普通班則有 101 及 117 個班級，學生共 1,989 及 1,850 人。普通班級的班級人數較多，每班平均有 19 人，班級人數中位數為 21 人，彈性起步階段班級的平均人數則是 11 人，中位數也是 11 人。

　　結果發現，參加彈性起步階段班級的二年級學生在 2004 年的閱讀理解測驗、閱讀速度測驗及數學成就測驗三個項目之表現與普通班學生表現無異，而 2005 年則在這三個測驗項目的表現皆略為優於普通班學生，閱讀速度的表現差異還達到了統計顯著水準。此外，Krüsken（2008）將學生依照測驗表現分為三組，他發現 2004 年和 2005 年的彈性起步階段班級裡，數學及閱讀理解測驗低能力組的學生人數比例明顯低於普通班。Krüsken因此認為，布蘭登堡邦所實施的彈性起步階段和跨年級教學有良好的成就，參與實驗的學生在標準化成就測驗上的整體表現不僅略為優

於普通班學生，對於能力較弱的學生更是有良好的學習成效。

　　Carle與Metzen（2008）蒐集5所不同學校的上課錄影，並且依照課堂學習氣氛、課堂學習任務的品質、結構性、效能、學習環境、教學診斷的實施等十四個項目，來分析跨年級教學的授課品質。Carle與Metzen也發現，跨年級教學授課經驗較豐富的老師，課堂上的學習氣氛較佳，更擅於使用教學診斷，授課流程較為流暢，也更會安排學生的學習環境。然而，他們也指出，即使是較有經驗的教師，仍然不易設計出品質良好的學習任務，以致於學生的合作學習流於表面化，失去了同儕學習的原意。據此Carle與Metzen指出，教材的調整和作業的設計乃是實施跨年級教學時最困難的面向。在一篇較新的文獻回顧中，Carle 與 Metzen（2014）更進一步說明了某些教師遭遇的難處及常犯的錯誤，其中最重要的就是教材的運用。他們提到，許多教師誤解了跨年級教學的精神，無法在現有的教材中加以調整，以適應不同學生的需求，導致教師不是花太多時間在新編教材，就是使用了不適當的教材，造成課堂流程不順暢，學生學習成效不佳等狀況。

　　由上述文獻可窺知，布蘭登堡邦推行彈性起步階段的過程可謂十分順利，雖未盡完善，但也引起了相當好的迴響，學生也有不錯的學習成效。需要注意的是，布蘭登堡邦參與此一新興教學模式的學生，至今比例仍不算太高。根據柏林—布蘭登堡統計處（Amt für Statistik Berlin-Brandenburg）於2013年發布的教育統計報告（Bildungsbericht 2013）指出，布蘭登堡邦於2012／2013學年有183所學校457個班級實施彈性起步階段，參與跨年級教學的學生共 10,348 人（Leerhoff, Rehkämper, Rockmann, Brunner, Gärtner, & Wendt, 2013）。依德國國家統計處（Statistisches Bundesamt）資料顯示，該學年布蘭登堡小學一、二年級學生共計38,887人。由此可知，彈性起步階段班級的學生約僅占該學年的26%。可見彈性入學階段的概念，在德國仍未完全受到教育現場的接納。

## 柒、結語

　　跨年級教學乃是德國小學教育的新潮流，目前也有相當完整的學術文獻記錄不同地區的推行過程與成效。本文首先概述德國實施跨年級教學的情況，並以布蘭登堡邦的實踐為例，說明跨年級教學的教育標準、課表安排方式，並且提供實際教學案例，最後並以布蘭登堡邦的實施成果總結全文。由該邦的經驗可知，跨年級教學若實施得當，投入足夠的教學人力與資源，便可帶來比傳統教學安排更好的效果。然而，若第一線教師經驗不足，可能會遭遇授課結構安排上的困難，而較有經驗的教師也未必能夠設計出合宜的教學任務，給學生帶來有意義的學習經驗。未來在教師專業成長上，應更重視培養教師發展改編教材的知能，以進一步提升整體教學品質。

## 參 考 文 獻

Adelmeier, C., & Liebers, K. (2007). Umsetzung der pädagogischen Elemente "jahrgangsstufenübergreifender Unterricht" und "rhythmisierter Tagesablauf" in den Stundenplänen in flexiblen Eingangsklassen. In LISUM (Ed.), *Evaluation der flexiblen Schuleingangsphase FLEX im Land Brandenburg in den Jahren 2004-2006* (pp. 245-258). Brandenburg, Germany: Landesinstitut für Schule und Medien Berlin-Brandenburg (LISUM).

Ani, L. (2013). *Jahrgansübergreifendes Lernen in der Grundschule in der Bundesrepublik Deutschland.* (Margister), Universität Tartu, Tartu.

Averdiek, K., Bendel, E., Betker, I., Blanck, K.-H., Branzke, R., Kohle, K.,... Wonneberger, U. (2003). *FLEX-Handbuch 1: Standards und Kriterien der pädagogischen Arbeit an Schulen mit flexibler Schuleingangsphase.* Brandenburg, Germany: Landesinstitut für Schule und Medien Brandenburg.

Averdiek, K., Betker, I., Bodemann, P., Branzke, R., Gronau, A., Janetzky, E.,... Wilke, M. (2003). *FLEX-Handbuch 2: Differenzierte Unterrichtsgestaltung in der flexiblen Schuleingangsphase.* Brandenburg, Germany: Landesinstitut für Schule und Medien Brandenburg.

Carle, U., & Metzen, H. (2008). *Projektentwicklungsbeurteilung zur Unterrichtsqualität der FLEX-Schulen auf der Basis exemplaricher Unterrichtsanalysen.* Weinheim, Germany: Beltz Verlag.

Carle, U., & Metzen, H. (2014). *Wie wirkt Jahrgangsübergreifendes Lernen?* Frankfurt am Main, Germany: Grundschulverband e.V.

Faust, G. (2008). Die Entwicklung der flexiblen Eingangsphase im Land Brandenburg im Vergleich der Bundesländer. In K. Liebers, A. Prengel, & G.

Bieber (Eds.), *Die flexible Schuleingangsphase: Evaluation zur Neugestaltung des Anfangsunterrichts*. Weinheim, Germany: Beltz Verlag.

Gesetz über die Schulen im Land Brandenburg (Brandenburgisches Schulgesetz － BdgSchulG) IdF vom 02.08.2002 (GVBI.I/02, [Nr. 08], S.78) zuletzt geändert durch Artikel 4 des Gesetzes vom 18. Dezember 2018 (GVBI.I/18, [Nr. 35], S.15)

Hyry-Beihammer, E. K., & Hascher, T. (2015). Multigrade teaching in primary education as a promising pedagogy for teacher education in Austria and Finland. In C. J. Craig & L. Orland-Barak (Eds.), *International teacher education: Promising pedagogies (Part C) (Advances in research on teaching, Volume 22C)* (pp. 89-113). Bingley, UK: Emerald Group Publishing Limited.

Krüsken, J. (2008). Schülerleistungen in FLEX-Klassen bei den Vergleichsarbeiten Jahrgangsstufe 2 in Brandenbrg in den Jahren 2004 bis 2006. In K. Liebers, A. Prengel, & G. Bieber (Eds.), *Die flexible Schuleingangsphase: Evaluation zur Neugestaltung des Anfangsunterrichts* (pp. 30-56). Weinheim, Germany: Beltz Verlag.

Kucharz, D., & Wagner, M. (2009). *Jahrgangsübergreifendes Lernen: Eine empirische Studie zu Lernen, Leistung und Iteraktion von Kindern in der Schuleingangsphase*. Baltmannsweiler, Germany: Schneider Verlag.

Leerhoff, H., Rehkämper, K., Rockmann, U., Brunner, M., Gärtner, H., & Wendt, W. (2013). *Bildung in Berlin und Brandenburg 2013: Ein indikatorengestützter Bericht zur Bildung im Lebenslauf*. Berlin, Germany: Institut für Schulqualität der Länder Berlin und Brandenburg.

LISUM. (2007). *Evaluation der flexiblen Schuleingangsphase FLEX im Land Brandenburg in den Jahren 2004-2006*. Brandenburg, Germany: Landesinstitut für Schule und Medien Berlin-Brandenburg (LISUM).

國家圖書館出版品預行編目（CIP）資料

跨年級教學的實踐與眺望：小校教學創新／洪儷瑜等著.
-- 初版. -- 新北市：心理，2019.09
面；　公分. --　（課程教學系列；41332）
ISBN 978-986-191-877-8（平裝）

1. 教學研究　2.小校教學　3.文集

523.307　　　　　　　　　　　　　　　108013600

課程教學系列 41332

# 跨年級教學的實踐與眺望：小校教學創新

主　　編：洪儷瑜、陳聖謨
作　　者：洪儷瑜、梁雲霞、林素貞、張倫睿、李佩臻、陳金山
　　　　　洪千惠、洪文芬、詹翠文、余威杰、陳文正、劉俊億
　　　　　陳淑卿、乃瑞春、何佩容、羅廷瑛、簡瑋成、蕭莉雯
　　　　　常本照樹、許恆禎、葉珍玲、林忻叡
責任編輯：郭佳玲
總 編 輯：林敬堯
發 行 人：洪有義
出 版 者：心理出版社股份有限公司
地　　址：231 新北市新店區光明街 288 號 7 樓
電　　話：(02) 29150566
傳　　真：(02) 29152928
郵撥帳號：19293172　心理出版社股份有限公司
網　　址：http://www.psy.com.tw
電子信箱：psychoco@ms15.hinet.net
駐美代表：Lisa Wu（lisawu99@optonline.net）
排 版 者：辰皓國際出版製作有限公司
印 刷 者：辰皓國際出版製作有限公司
初版一刷：2019 年 9 月
I S B N：978-986-191-877-8
定　　價：新台幣 450 元